中国人事科学研究院
·学术文库·

劳动力市场发展及测量

田永坡 著

中国社会科学出版社

图书在版编目（CIP）数据

劳动力市场发展及测量/田永坡著. —北京：中国社会科学出版社，2016.10

ISBN 978-7-5161-9173-6

Ⅰ.①劳… Ⅱ.①田… Ⅲ.①劳动力市场—研究—中国 Ⅳ.①F249.212

中国版本图书馆 CIP 数据核字（2016）第 255237 号

出 版 人	赵剑英
责任编辑	孔继萍
责任校对	张依婧
责任印制	何　艳

出　　版	中国社会科学出版社
社　　址	北京鼓楼西大街甲 158 号
邮　　编	100720
网　　址	http://www.csspw.cn
发 行 部	010-84083685
门 市 部	010-84029450
经　　销	新华书店及其他书店

印刷装订	北京市兴怀印刷厂
版　　次	2016 年 10 月第 1 版
印　　次	2016 年 10 月第 1 次印刷

开　　本	710×1000　1/16
印　　张	15.25
插　　页	2
字　　数	212 千字
定　　价	59.00 元

凡购买中国社会科学出版社图书，如有质量问题请与本社营销中心联系调换
电话：010-84083683
版权所有　侵权必究

目 录

第一章 绪论 …………………………………………………… （1）
  一 劳动力市场建设目标演变 ………………………… （2）
  二 劳动力市场管理体制变革 ………………………… （6）
  三 本书的框架 ………………………………………… （10）

第二章 劳动力市场发展状况及其演变特征 ………………… （13）
  第一节 就业现状及发展特征 ………………………… （13）
    一 就业在产业和行业间的变化 ………………… （14）
    二 城镇不同性质单位就业的变化 ……………… （23）
    三 农村就业的变化 ……………………………… （24）
  第二节 劳动力市场机制形成及变化 ………………… （29）
    一 劳动力市场的流动性逐步增强 ……………… （29）
    二 市场化的收入机制逐步形成 ………………… （35）
    三 劳动力市场分割的变化 ……………………… （39）
  第三节 劳动力市场基础建设 ………………………… （43）
    一 劳动力市场"三化"建设 …………………… （43）
    二 公共服务体系建设 …………………………… （45）
    三 劳动力市场信息化 …………………………… （48）

第三章 劳动力市场的制度变革 ……………………………… （51）
  第一节 劳动力市场供需主体培育制度 ……………… （53）

一　以用工自主权为核心的用工制度改革……………（53）
　　二　确认劳动者市场主体地位的制度改革……………（59）
第二节　促进劳动力市场运行机制形成和完善的改革……（64）
　　一　劳动力市场流动和收入机制的制度改革…………（64）
　　二　市场中介组织发展……………………………………（73）
　　三　劳动力市场规范性制度建设………………………（74）
第三节　公共服务和社会保障………………………………（93）
　　一　公共服务体系改革和建设…………………………（93）
　　二　社会保障制度………………………………………（103）

第四章　人力资源服务业发展……………………………（119）
第一节　国外人力资源服务业发展状况…………………（120）
　　一　全球民间职介服务机构的基本状况………………（121）
　　二　全球民间职介服务市场状况………………………（126）
　　三　全球民间职介服务市场的特点……………………（132）
第二节　我国人力资源服务业的发展状况………………（133）
　　一　人力资源服务业发展概况…………………………（134）
　　二　人力资源服务业的法律法规和政策………………（141）
　　三　技术进步与人力资源服务业发展…………………（153）
　　四　人力资源服务业发展对劳动力市场的影响………（161）
第三节　劳动力市场变革与人力资源服务业发展………（165）
　　一　人力资源服务业发展相关研究综述………………（165）
　　二　劳动力市场供需的主要变化………………………（166）
　　三　促进人力资源服务业进一步发展的对策建议……（170）

第五章　劳动力市场发展的测量与评估…………………（172）
第一节　劳动力市场发展的相关研究综述………………（172）
　　一　劳动力市场发展状况评估的相关研究……………（173）
　　二　成熟度相关理论……………………………………（182）

  三　文献评述…………………………………………（188）
 第二节　劳动力市场成熟度评估的理论基础和
     指标体系构建……………………………………（189）
  一　劳动力市场成熟度评估指标体系的理论和
    现实基础………………………………………（189）
  二　市场发展测量与评估的相关模型和方法…………（192）
  三　劳动力市场成熟度评价维度和指标选择…………（197）
  四　数据来源和评估方法选择…………………………（199）
 第三节　劳动力市场成熟度的实证分析……………………（202）
  一　全国劳动力市场成熟度分布特征…………………（202）
  二　结论及启示…………………………………………（207）

第六章　主要结论、政策建议和研究展望………………………（208）
 第一节　主要结论和政策建议………………………………（208）
  一　主要结论……………………………………………（208）
  二　政策含义……………………………………………（212）
 第二节　研究展望……………………………………………（215）
  一　本书仍需要解决的问题……………………………（215）
  二　未来研究的重点……………………………………（217）

附录………………………………………………………………（219）

主要参考文献……………………………………………………（226）

后记………………………………………………………………（235）

第一章

绪　论

劳动力市场作为重要的要素市场，其发展状况会对就业、收入分配乃至经济增长产生重要影响（Topel，1999），因此，受到了社会各界的高度重视，众多学者将其作为劳动经济学中的一个重要议题进行研究（李实、丁塞，2003；蔡昉、都阳、高文书，2004；曾湘泉，2004；田永坡，2010；赖德胜、纪雯雯，2015）。

改革开放以来，适应建设市场经济体制的总体要求，我国对计划经济体制下的劳动力市场制度进行了全面改革，劳动力市场开始处于一个改革和发展的新时期。一方面，劳动力配置中市场化程度逐步提高（王亚柯等，2012），劳动力流动、就业的环境不断优化；另一方面，劳动力市场分割、劳动争议等问题依然存在，对收入差距、劳动力流动、就业质量仍具有较大影响（蔡昉等，2001；李实、丁赛，2003；赖德胜、田永坡，2005；吴愈晓，2011；解垩，2011；章元等，2011；严善平，2011）。综合各界判断，我国劳动力市场还将面临一系列调整，因此，如何客观、科学地刻画当前的劳动力市场发展状况，为将来劳动力市场改革和建设提供相应的参考，则成为摆在研究者和相关各界面前的一个重要问题。

在劳动力市场改革和建设的过程中，我国政府根据经济社会不同发展阶段的需要和劳动力市场自身的发展规律，提出并动态调整劳动力市场建设目标，同时对劳动力市场管理体制进行了相应改革，推动劳动力市场不断完善和发展。从一定程度上讲，把握劳动力市场建设目标和管理体制的演变，是理解我国劳动力市场发展历程的前提，因此本章首先对这些演变进行简单回顾，然后给出本书的研究逻辑和框架。

劳动力市场建设目标，是在改革开放过程中，综合判断经济社会发展需要以及劳动力市场自身的发展特征而提出来的，而且，各界对于劳动力市场建设的认识也有一个不断深化的过程，因此，劳动力市场建设目标也呈现出阶段性的特点。[①]

一 劳动力市场建设目标演变

1993年，党的十四届三中全会通过《中共中央关于建立社会主义市场经济体制若干问题的决定》，提出"改革劳动制度，逐步形成劳动力市场"。1993年12月，为贯彻落实党的十四届三中全会精神，全面推进劳动体制改革，逐步建立符合市场经济要求的新型劳动体制，原劳动部研究制定了《劳动部关于建立社会主义市场经济体制时期劳动体制改革总体设想》，第一次明确了"劳动力市场"的概念，认为"劳动力市场是生产要素市场的重要组成部分，是按照市场规律对劳动力资源进行配置和调节的一种机制"，设想中指出"培育和发展劳动力市场的目标模式，是建立竞争公平、运行有序、调控有力、服务完善的现代劳动力市场"，劳动力市场建设正式被提上日程。1994年8月，中组部、原人事部联合下发了《加快培育和发展我国人才市场的意见》（以下简称《意见》），《意见》提出，培育和发展人才市场是建立社会主义市场经济体制的一项重要任务，以专业技术人员和管

---

① 在劳动力市场的管理上，我国曾长期采用身份管理，管理部门涉及原人事部、原劳动部、原劳动和社会保障部、人社部等。因此，在相关文献特别是政策性文件的表述中，存在人才市场、劳动力市场、人力资源市场等表述，除政策文本表述和特别说明外，本书均以"劳动力市场"表述。

理人员为主体的人才市场是社会主义市场体系的重要组成部分，人才市场建设要"实现个人自主择业，单位自主择人，市场调节供求，社会服务完善，社会保障健全，在国家宏观调控下，使市场在人才资源配置方面起基础性作用"。从1994年起，原人事部与地方政府共建了一批国家级人才市场，原劳动部与地方建立了国家级劳动力市场。1996年1月，原人事部发布《人才市场管理暂行规定》，对人才中介结构、人才交流会、招聘、应聘以及处罚等作了系统规定，明确"人才市场管理，是指对人才市场中介机构以及用人单位招聘和个人应聘等活动的管理"，从这里可以看出，该规定已经是从广义的市场概念对相关问题设计相关制度。1999年1月，为进一步贯彻落实中共中央国务院关于切实做好国有企业下岗职工基本生活保障和再就业工作的精神，按照国务院召开的国有企业下岗职工基本生活保障和再就业工作会议的要求，推进劳动力市场科学化、规范化、现代化建设，促进下岗职工和失业人员再就业，加快建立适应社会主义市场经济体制要求的就业机制，原劳动和社会保障部下发了《关于开展劳动力市场"三化"建设试点工作的通知》，提出为了"推进劳动力市场科学化、规范化、现代化（简称'老三化'）建设，促进下岗职工和失业人员再就业，加快建立适应社会主义市场经济体制要求的就业机制"，组织开展劳动力市场"三化"建设试点工作。试点工作主要包括建立劳动力市场信息网络和信息公开发布系统，积极主动地开展免费就业咨询、专门就业培训等就业服务，建立统一完善的劳动力市场管理制度和管理流程，健全就业服务和失业保险的组织体系和工作队伍等。同年12月，原劳动和社会保障部发布《关于印发〈试点城市劳动力市场"三化"建设评估标准〉的通知》，要求具体落实各项任务和工作要求，保证试点工作取得实效。

2001年9月，人事部、国家工商总局颁布《人才市场管理规定》，修订和完善了暂行规定的部分内容，《人才市场管理暂行规定》同时废止。后来，根据2005年3月22日发布的《人事部、国家工商行政管理总局关于修改〈人才市场管理规定〉的决定》、2015年4月30日发布的《人力资源社会保障部关于修改部分规章的决定》进行了两次修订。2003年年底，全国人才工作会议召开，中共中央、国务院下发《关于进一步加强人才工作的决定》，提出"建立和完善人才市场体系。根据完善社会主义市场经济体制的要求，全面推进机制健全、运行规范、服务周到、指导监督有力的人才市场体系建设，进一步发挥市场在人才资源配置中的基础性作用"。2003年，时任中共中央总书记胡锦涛同志在全国再就业工作座谈会上提出，"要进一步探索和完善再就业服务的运行机制，实现就业服务体系的制度化、专业化、社会化（简称'新三化'），尽可能为下岗失业人员提供更好的服务"。2004年6月，为贯彻落实胡锦涛总书记在2003年全国再就业工作座谈会上提出的就业服务要实现制度化、专业化和社会化的要求，进一步完善就业服务功能，提高就业服务质量和效率，为求职者和用人单位提供便捷高效的服务，更好地促进就业和再就业，原劳动和社会保障部发布了《关于加强就业服务制度化、专业化和社会化工作的通知》。2004年2月，原人事部下发了《关于加快发展人才市场的意见》，强调要加快发展人才市场，进一步发挥市场在人才资源配置中的基础性作用，提出加快发展人才市场的目标："遵循市场发展规律，健全与其他要素市场相贯通的人才市场运行机制；加强调控与监管，建立与社会主义市场经济体制相适应的比较完善的人才市场管理体制；按照法制建设要求，营造公平透明、竞争有序、规范运作、恪守诚信的市场环境；健全以市场需求为导向，与政府公共服务相配套的专业化、信息化、产业化、国际化人才市场服务体系。"

2006年10月11日，中国共产党第十六届中央委员会第六次全体会议通过了《中共中央关于构建社会主义和谐社会若干重大问题的决定》，对人才市场和劳动力市场的统一进行了部署，提出要"深化户籍、劳动就业等制度改革，逐步形成城乡统一的人才市场和劳动力市场，完善人员流动政策，规范发展就业服务机构"，劳动力市场建设进入整合发展的新时期。2007年出台的《中华人民共和国就业促进法》首次在国家法律层面明确提出"人力资源市场"的概念，要求"县级以上人民政府培育和完善统一开放、竞争有序的人力资源市场，为劳动者就业提供服务"。2008年，原劳动和社会保障部与原人事部合并为人力资源和社会保障部，原来分由两部管理的劳动力市场和人才市场开始统称为人力资源市场，适应大部制改革的需要，人社部提出了建设统一规范灵活的人力资源市场的目标。2010年5月，中央召开全国人才工作会议并下发《国家中长期人才发展规划纲要（2010—2020年）》，提出"根据完善社会主义市场经济体制的要求，推进人才市场体系建设，完善市场服务功能，畅通人才流动渠道，建立政府部门宏观调控、市场主体公平竞争、中介组织提供服务、人才自主择业的人才流动配置机制。健全人才市场供求、价格、竞争机制"。

2011年3月公布的《国民经济和社会发展第十二个五年规划纲要》提出，健全统一规范灵活的人力资源市场，完善城乡公共就业服务体系，推动就业信息全国联网，为劳动者提供优质高效的就业服务。2013年，人力资源和社会保障部下发《关于加快人力资源市场整合的意见》，提出要统一市场管理，建立健全功能完善、机制健全、运行有序、服务规范的人力资源市场体系，人力资源市场开始进入统筹发展的新时期。2015年5月，国务院下发《国务院关于进一步做好新形势下就业创业工作的意见》，提出要加强人力资源市场建设，加快建立统一规范灵活的人力资源市场，消除城乡、行业、身份、性别、残疾等影响平等就业的制度障碍和就业歧视，形成有利于公平就业的制度环境。2016年3月，《中华人民共和国国民经济和社会发展第十三个五年规划纲要》发布，提出要"增强劳动力市场灵活性，促进劳动力在地区、行业、企业之间自由流动"，"统筹人力资源市场，打破城乡、地区、行业分割和身份、性别歧视，维护劳动者平等就业权利"。

二 劳动力市场管理体制变革

以经济社会发展、劳动力市场发展需要和中国行政体制改革的要求为导向，中国对劳动力市场的管理体制和部门进行了多次改革。1978年以来，我国国务院进行了7次大规模机构改革，其中有4次涉及劳动力市场发展管理部门的设置与更改。

1982年2月，全国人大常委会通过了关于国务院机构改革问题的决议，提出组建劳动人事部和广播电视部。为解决人员超编问题，1988年，国务院机构再次实行改革，希望通过定编、定岗、定员政策实现精减人员的目标，并首次提出转变政府职能的要求。1988年3月，七届全国人大一次会议审议通过了国务院机构改革方案，决定撤销劳动人事部，组建人事部、劳动部。1998年3月，九届全国人大一次会议审议通过《国务院机构改革方案》，提出建立办事高效、运转协调、行为规范的政府行政管理体系，完善国家公务员制度，建设高素质的专业化行政管理队伍，逐步建立适应社会主义市场经济体制的有中国特色的政府行政管理体制的目标。这次改革方案决定将国家经济体制改革委员会改为国务院高层次的议事机构，不再列入国务院组成部门序列，并组建劳动和社会保障部。根据党的十七大和十七届二中全会精神，2008年国务院改革的主要任务明确为围绕转变政府职能和理顺部门职责关系，探索实行职能有机统一的大部门体制，合理配置宏观调控部门职能，加强能源环境管理机构，整合完善工业和信息化、交通运输业管理体制，以改善民生为重点，加强与整合社会管理和公共服务部门。在此次改革方案中，提出组建人力资源和社会保障部，组建国家公务员局，由人力资源和社会保障部管理，不再保留人事部、劳动和社会保障部。

表1—1　　1978年以来7次大规模国务院机构改革内容

	时间	目的	主要内容	与劳动力市场管理体制有关的内容
第一次改革	1982年	精简机构，提高政府工作效率，实行干部年轻化	明确规定各级各部的职数、年龄和文化结构；国务院各部委、直属机构、办事机构从100个减为61个；省、自治区政府工作部门从50—60个减为30—40个；直辖市政府机构稍多于省政府工作部门；城市政府机构从50—60个减为45个左右；行署办事机构从40个左右减为30个左右，县政府部门从40多个减为25个左右；在人员编制方面，国务院各部门从原来的5.1万人减为3万人；省、自治区、直辖市党政机关人员从18万人减为12万余人。市县机关工作人员约减20%；地区机关精简幅度更大一些。	组建劳动人事部

续表

	时间	目的	主要内容	与劳动力市场管理体制有关的内容
第二次改革	1988年	转变政府职能，精减人员	合理配置职能，科学划分职责分工，调整机构设置，转变职能，改变工作方式，提高行政效率，完善运行机制，加速行政立法。国务院部委由原有的45个减为41个，直属机构由22个减为19个，非常设机构由75个减到44个，部委内司局机构减少20%。在国务院66个部、委、局中，有32个部门共减少1.5万多人，有30个部门共增加5300人，增减相抵，机构改革后的国务院人员编制比原来减少9700多人。	决定撤销劳动人事部，组建人事部、劳动部
第三次改革	1993年	转变政府职能，适应社会主义市场经济的需要	国务院组成部门设置41个，加上直属机构、办事机构18个，共59个，比原有的86个减少27个，人员减少20%。国务院的直属机构由19个调整为13个；不再设置部委归口管理的国家局，国务院直属事业单位调整为8个；设置了国务院台湾事务办公室与国务院新闻办公室。	

续表

	时间	目的	主要内容	与劳动力市场管理体制有关的内容
第四次改革	1998年	建立办事高效、运转协调、行为规范的政府行政管理体系，完善国家公务员制度，建设高素质的专业化行政管理队伍，逐步建立适应社会主义市场经济体制的有中国特色的政府行政管理体制。	不再保留15个部、委，新组建4个部、委，更名3个部、委，保留22个部、委、行、署。改革后除国务院办公厅外，国务院组成部门由原有的40个减少到29个，包括国家政务部门12个，宏观调控部门4个，专业经济管理部门8个，教育科技文化、社会保障和资源管理部门5个。	组建劳动和社会保障部。
第五次改革	2003年	进一步转变政府职能，改进管理方式，推进电子政务，提高行政效率，降低行政成本。	除国务院办公厅外，国务院29个组成部门经过改革调整为28个，不再保留国家经贸委和外经贸部，其职能并入新组建的商务部。	
第六次改革	2008年	优化组织结构，规范机构设置，完善运行机制，为全面建设小康社会提供组织保障。	合理配置宏观调控部门职能；加强能源管理机构；组建工业和信息化部；组建交通运输部；组建人力资源和社会保障部；组建环境保护部；组建住房和城乡建设部；国家食品药品监督管理局改由卫生部管理。除国务院办公厅外，国务院组成部门设置27个。本次国务院改革涉及调整变动的机构共15个，正部级机构减少4个。	组建人力资源和社会保障部，组建国家公务员局，由人力资源和社会保障部管理，不再保留人事部、劳动和社会保障部。

续表

	时间	目的	主要内容	与劳动力市场管理体制有关的内容
第七次改革	2013年	以职能转变为核心，继续简政放权、推进机构改革、完善制度机制、提高行政职能，加快完善社会主义市场经济体制，为全面建成小康社会提供制度保障。	实行铁路政企分开，组建国家卫生和计划生育委员会、国家食品药品监督管理总局、国家新闻出版广电总局，重新组建国家海洋局、国家能源局，不再保留国家电力监管委员会。国务院正部级机构减少4个，其中组成部门减少2个，副部级机构增减相抵数量不变。改革后，除国务院办公厅外，国务院设置组成部门25个。	

资料来源：根据《国务院历次机构改革》整理，http://guoqing.china.com.cn/2013-03/10/content_28191192.htm。

三 本书的框架

本书围绕我国劳动力市场改革和发展这一主线，从劳动力市场发展状况、劳动力市场的制度变革、人力资源服务业发展、劳动力市场发展的测量与评估四个方面，对我国劳动力市场的发展状况和历程进行全面研究。其中，劳动力市场发展状况从就业、市场机制以及劳动力市场基础建设三个维度，对我国劳动力市场的发育状况进行了全面刻画，以反映当前我国劳动力市场的整体状况及其变化特征；劳动力市场的制度变革则着眼于政府在劳动力市场建设中的角色，分析政府为推动劳动力市场改革和发展所做出的努力；人力资源服务业发展则从劳动力配置市场化和专业化的角度，分析人力资源服务自身的发展及其在优化劳动力供需匹配、提高劳动力市场配置效率所发挥的作用；劳动力市场测量与评估是将成熟度的概念引入对劳动力市场的评估中，以劳动力市场基本构成框架和我国劳动力市场的现实特点为基础，构建了一套用于测量我国劳动力市场成熟度的指标体系，并使用相关数据对我国劳动力市场的发展状况进行了定量评估。本书最后概括了全书的主要结论和研究展望。

各章的主要内容如下：

第一章，绪论。该章对本书写作的缘起、劳动力市场建设目标发展演变以及本书的写作框架进行阐述。

第二章，劳动力市场发展状况及其演变特征。本章侧重于劳动力市场结果及影响这一结果的运行机制和基础，以大量的数据和文献为基础，对改革开放以来我国的劳动力市场的发展进行了系统分析。主要内容包括供需状况、市场机制以及劳动力市场基础建设三个维度，其中，供需状况以就业这个劳动力供需双方选择的结果为切入点，对改革开放以来的就业规模、结构等进行了分析；市场机制分析了最为关键的劳动力流动和价格机制，基础建设则选取了对劳动力市场发展影响较大的劳动力市场"三化"建设[①]、公共服务体系和信息化加以分析，这三者之间有交叉，因此本书的分析各有侧重。"三化"建设带有综合性的特点，涵盖的内容比较丰富，公共服务体系建设注重机构、人才队伍、服务手段和方式等，信息化发展则包括整个信息技术发展状况及其对劳动力市场的影响，这种影响也包括公用服务体系建设中的信息化建设。

第三章，劳动力市场的制度变革。劳动力市场制度是一个复杂的体系，它受一个国家经济社会发展阶段、劳动力市场禀赋、经济体制以及文化传统等多个因素的影响。本章结合中国劳动力市场的基本特征，以劳动力市场构成要素为框架，从劳动力供需主体、劳动力市场运行机制、公共服务和社会保障三个方面，对劳动力市场

[①] 指劳动力市场建设的"科学化、规范化、现代化"，后来又演变为"制度化、专业化、社会化"（简称"新三化"），具体可见原劳动和社会保障部分别于1999年1月发布的《关于开展劳动力市场"三化"建设试点工作的通知》和2004年6月《关于加强就业服务制度化、专业化和社会化工作的通知》。

制度进行分析。在一个劳动力市场中，劳动力市场参与主体需要按照市场的运行机制进行择业、雇用、流动等活动，因此，本章首先对劳动力市场参与主体培育、形成市场运行机制的两个方面的制度变革进行了分析。公共服务和社会保障制度是劳动力市场运行的重要保障，是发挥政府作用、弥补市场"失灵"、为劳动者提供基本的就业和生活条件的重要保障，因此也是本章关注的第三个重点内容。

第四章，人力资源服务业发展。人力资源服务业是为劳动者就业和职业发展、为用人单位管理和开发人力资源提供相关服务的专门行业。作为生产性服务业的重要组成部分，无论是加大人力资本投资力度还是提高劳动力配置效率，人力资源服务业都扮演着重要角色，是发挥市场在人力资源开发中的决定性作用、提升劳动力配置效率的重要载体。本章首先分析了国内外人力资源服务业发展的状况及其对劳动力市场的影响，然后，结合我国劳动力市场的变化，提出了人力资源服务业发展的对策。

第五章，劳动力市场发展的测量与评估。本章首先对我国劳动力市场发展评估的相关文献进行综述，在此基础上构建了测量劳动力市场发展的指标体系；然后使用相关统计数据，对我国劳动力市场发展状况进行定量评估。评估结果表明：我国各地区的劳动力市场成熟度得分呈现出金字塔形的分布特点，成熟度较高的地区较少，而成熟度较低的地区居多；在地理分布上，劳动力市场发育程度呈现出明显的地域差异，这种差异与各地区的经济发展水平差异表现出较大的一致性；从劳动力市场发展的影响因素看，市场类的因素起到了较大作用。

第六章，主要结论、政策建议和研究展望。本章首先对本书的研究发现进行了总结，然后结合研究之中的不足和未来劳动力市场发展的趋势，对未来需要研究的议题进行了展望。

第二章

劳动力市场发展状况及其演变特征

经过三十多年的发展，我国的劳动力市场取得了长足发展，市场在劳动力配置中的作用逐步增强，劳动力市场的流动性不断增加，就业结构不断改善，劳动力市场基础建设稳步推进。本章首先结合相关数据对我国就业现状以及变化特征进行探讨，这是劳动力市场最为主要的结果之一；其次，从流动性、收入分配机制以及劳动力市场分割变化的角度，分析劳动力市场运行机制的运行情况；最后是对劳动力市场基础建设的研究，这里选取了对劳动力市场发展影响较大的劳动力市场"三化"建设、公共服务体系和信息化加以分析。

第一节 就业现状及发展特征

就业是劳动力供需双方选择的一个结果，受劳动力供需变化、劳动力市场流动性、劳动力市场制度等多个方面影响，是反映劳动力市场状况的一个关键内容。伴随着改革开放的步伐，我国劳动力市场的就业状况也发生了巨大变化。1978年，全国就业人数为40152万人，其中城镇就业人数为9514万人，乡村就业人数为30638万人；截至2014年年底，全国就业人数上升至77253万人，城镇就业人数为39310万人，乡村就业人数为37943万人，分别比1978年增加了92.4%、313.2%和23.8%。

在就业规模扩大的同时，劳动力就业的结构也发生了巨大变化，主要表现在：（1）在产业和行业结构上，呈现出从第一产业向第二产业和第三产业转移的趋势，在不同行业之间，电力煤气及水的生产和供应业、金融保险业、房地产业、租赁和商务服务业以及教育、卫生行业等行业的就业人数和比例不断上升；（2）从城镇就业情况来看，呈现出公有制经济就业比例逐步下降，非公有制经济就业比例逐步上升并超过公有制经济就业比例的特点；（3）在农村劳动力市场上，从事私营和个体经济的农民占农民总数的比例不断上升，农民的就业形式从单一的农业生产向农业生产和私营就业、经营个体并存转变。

一　就业在产业和行业间的变化

（一）就业在三次产业间的变化

1978年以来，三次产业的就业规模和比例经历了比较大的变化，总体趋势是第一产业的就业规模和比例不断降低，第二产业和第三产业比例不断增加，在不同时期，这一变动趋势有所波动。先来看第一产业，1978年至1991年，我国第一产业就业人数一直处于上升的状态，并于1991年达到最高值39098万人，其后，第一产业就业人数呈波动性下降趋势。2011年，我国第一产业就业人数为26594万人，第三产业人数为27282万人，我国第一产业就业人数首次低于第三产业就业人数。此后，我国第一产业人数一直低于第三产业人数。2014年，我国第一产业人数为22790万人，第二产业人数为23099万人，我国第一产业就业人数首次低于第二产业就业人数。

与第一产业就业规模的下降相对应，我国第一产业就业人数占就业总人数的比例不断下降，从1978年的70.5%下降到2014年的29.5%。2000—2002年，我国第一产业的就业人数比例维持在50%左右，其后，第一产业就业人数占主导的局面被打破：2011年，三大产业的就业人数的比例分别为34.8%、29.5%、35.7%。

从 2011 年起，我国第一产业就业人数占三次产业就业人数比例均开始低于第三产业就业比例。2014 年，我国第一产业就业人数占就业总人数比例为 29.5%，首次低于第二产业就业比例 29.9%。

第二产业的就业规模和比例在 1978—2014 年呈现出波动上升的趋势。1978 年，我国第二产业就业人数为 6945 万人，2014 年为 23099 万人，比 1978 年增加了 2.33 倍。1994 年，我国第二产业就业人数为 15312 万人，第三产业就业人数为 15515 万人，第二产业就业人数首次低于第三产业就业人数并一直持续到 2014 年。在就业比例方面，第二产业就业比例从 1978 年的 17.3% 上升到了 2014 年的 29.9%。与就业规模变化相一致的是，1994 年，第二产业就业人数比例为 22.7%，首次低于第三产业的 23.0% 并持续到 2014 年。

第三产业的就业规模和比例在 1978—2014 年呈现出波动上升的趋势，但上升速度要快于第二产业。1978 年，我国第三产业就业人数为 4890 万人，2014 年为 31364 万人，增加了 5.41 倍，而且近几年就业人数增幅变大。第三产业就业人数占就业总人口比例由 1978 年的 12.2% 上升到了 2014 年的 40.6%。

表 2—1　　1978—2014 年全国三次产业就业变化情况　　单位：万人

年份	经济活动人口（万人）	就业人员（万人）	第一产业	第二产业	第三产业	构成（合计=100） 第一产业	第二产业	第三产业
1978	40682	40152	28318	6945	4890	70.5	17.3	12.2
1979	41592	41024	28634	7214	5177	69.8	17.6	12.6
1980	42903	42361	29122	7707	5532	68.7	18.2	13.1
1981	44165	43725	29777	8003	5945	68.1	18.3	13.6
1982	45674	45295	30859	8346	6090	68.1	18.4	13.5
1983	46707	46436	31151	8679	6606	67.1	18.7	14.2
1984	48433	48197	30868	9590	7739	64.0	19.9	16.1
1985	50112	49873	31130	10384	8359	62.4	20.8	16.8

续表

年份	经济活动人口（万人）	就业人员（万人）	第一产业	第二产业	第三产业	构成（合计=100） 第一产业	第二产业	第三产业
1986	51546	51282	31254	11216	8811	60.9	21.9	17.2
1987	53060	52783	31663	11726	9395	60.0	22.2	17.8
1988	54630	54334	32249	12152	9933	59.3	22.4	18.3
1989	55707	55329	33225	11976	10129	60.1	21.6	18.3
1990	65323	64749	38914	13856	11979	60.1	21.4	18.5
1991	66091	65491	39098	14015	12378	59.7	21.4	18.9
1992	66782	66152	38699	14355	13098	58.5	21.7	19.8
1993	67468	66808	37680	14965	14163	56.4	22.4	21.2
1994	68135	67455	36628	15312	15515	54.3	22.7	23.0
1995	68855	68065	35530	15655	16880	52.2	23.0	24.8
1996	69765	68950	34820	16203	17927	50.5	23.5	26.0
1997	70800	69820	34840	16547	18432	49.9	23.7	26.4
1998	72087	70637	35177	16600	18860	49.8	23.5	26.7
1999	72791	71394	35768	16421	19205	50.1	23.0	26.9
2000	73992	72085	36043	16219	19823	50.0	22.5	27.5
2001	73884	72797	36399	16234	20165	50.0	22.3	27.7
2002	74492	73280	36640	15682	20958	50.0	21.4	28.6
2003	74911	73736	36204	15927	21605	49.1	21.6	29.3
2004	75290	74264	34830	16709	22725	46.9	22.5	30.6
2005	76120	74647	33442	17766	23439	44.8	23.8	31.4
2006	76315	74978	31941	18894	24143	42.6	25.2	32.2
2007	76531	75321	30731	20186	24404	40.8	26.8	32.4
2008	77046	75564	29923	20553	25087	39.6	27.2	33.2
2009	77510	75828	28890	21080	25857	38.1	27.8	34.1
2010	78388	76105	27931	21842	26332	36.7	28.7	34.6
2011	78579	76420	26594	22544	27282	34.8	29.5	35.7
2012	78894	76704	25773	23241	27690	33.6	30.3	36.1

续表

年份	经济活动人口（万人）	就业人员（万人）	第一产业	第二产业	第三产业	构成（合计=100）		
						第一产业	第二产业	第三产业
2013	79300	76977	24171	23170	29636	31.4	30.1	38.5
2014	79690	77253	22790	23099	31364	29.5	29.9	40.6

资料来源：《中国统计年鉴2015》，中国统计出版社2015年版。

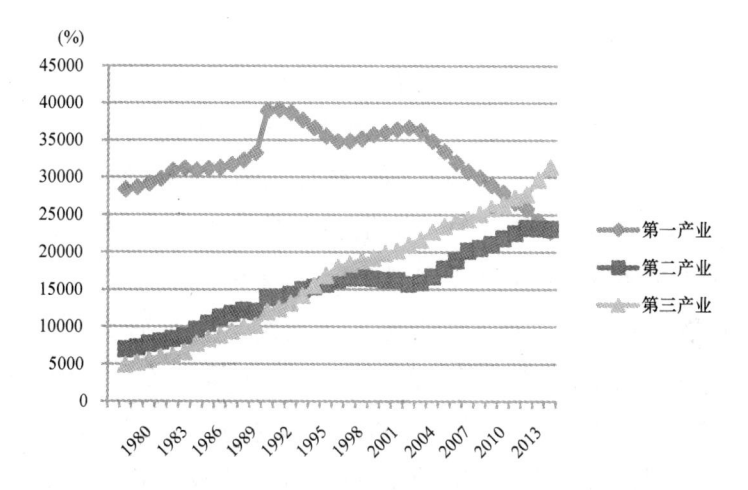

图2—1 1978—2014年全国三次产业就业人员数

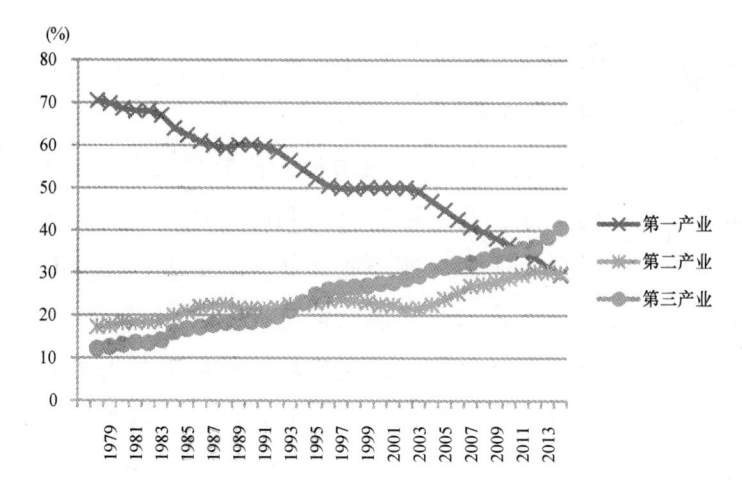

图2—2 1978—2014年全国三次产业就业比例

(二) 就业在不同行业间的变化

在对行业间的就业变化进行分析之前，需要做一个说明，这里分析所使用的数据来自《中国统计年鉴》。以 2003 年为分界点，《中国统计年鉴》对我国的行业分类进行了调整，把"采掘业"更名为"采矿业"，"电力煤气水的生产和供应业"更名为"电力、热力、燃气及水生产和供应业"，"交通运输仓储和邮电通信业"更名为"交通运输、仓储和邮政业"，"批发零售贸易和餐饮业"分为"批发和零售业""住宿和餐饮业"两类，"地质勘察业、水利管理业"更名为"水利、环境和公共设施管理业"，"金融保险业"更名为"金融业"，"社会服务业"和"国家机关、党政机关和社会团体"更名为"公共管理、社会保障和社会组织"，"卫生体育和社会福利业"更名为"卫生和社会工作"，"教育、文化艺术和广播电影电视业"分为"教育""文化、体育和娱乐业"两类，"科学研究和综合技术服务业"更名为"科学研究和技术服务业"，将 2003 年前行业分类中的"其他"删除，增加"信息传输、软件和信息技术服务业""租赁和商务服务业""居民服务、修理和其他服务业"。因此，2003 年前后各行业的数据并不是完全一致对应，本节在分析时将分 1978—2002 年和 2003—2014 年两个时段展开。1978—2002 年，我国不同行业劳动力就业人员数如表 2—2、表 2—3 所示。2003—2014 年，我国城镇单位不同行业每年就业人员数如表 2—4、表 2—5 所示。

1978—2002 年，我国就业人数增加的行业主要有电力煤气水的生产和供应业，建筑业，交通运输仓储和邮电通信业，批发零售贸易和餐饮业，金融保险业，房地产业，社会服务业，卫生体育和社会服务业，教育、文化艺术和广播电影电视业，国家机关、政党机关和社会团体以及其他行业；而就业人数先增后减的有农林牧副渔业、采掘业、制造业、地质勘察业、水电管理业、科学研究和综合技术服务业。

表2—2　　　　1978—2002年全国分行业就业人员数（一）　　　单位：万人

年份	全国就业人数	农林牧渔业	采掘业	制造业	电力煤气水的生产和供应业	建筑业	地质勘察业、水利管理业	交通运输仓储和邮电通信业	批发零售贸易和餐饮业
1978	40152	28318	652	5332	107	854	178	750	1140
1979	41024	28634	670	5516	112	916	185	781	1232
1980	42361	29122	697	5899	118	993	188	805	1363
1981	43725	29777	728	6122	125	1028	188	844	1491
1982	45295	30859	747	6329	128	1142	191	878	1576
1983	46436	31151	758	6508	131	1282	193	936	1732
1984	48197	30868	767	7029	134	1660	197	1122	1994
1985	49873	31130	795	7412	142	2035	197	1279	2306
1986	51282	31254	809	8019	152	2236	197	1376	2413
1987	52783	31663	819	8359	164	2384	200	1453	2576
1988	54334	32249	832	8652	177	2491	204	1521	2743
1989	55329	33225	842	8547	180	2407	199	1522	2770
1990	63909	34117	882	8624	192	2424	197	1566	2839
1991	64749	34956	905	8824	203	2482	199	1617	2998
1992	64799	34795	898	9106	215	2660	202	1674	3209
1993	65554	33966	932	9295	240	3050	144	1688	3459
1994	66373	33386	915	9613	246	3188	139	1864	3921
1995	67199	33018	932	9803	258	3322	135	1942	4292
1996	68065	32910	902	9763	273	3408	129	2013	4511
1997	68950	33095	868	9612	283	3449	129	2062	4795
1998	69820	33232	721	8319	283	3327	116	2000	4645
1999	70637	33493	667	8109	285	3412	111	2022	4751
2000	71394	33355	597	8043	284	3552	110	2029	4686
2001	72085	32974	561	8083	288	3669	105	2037	4737
2002	73740	32487	558	8307	290	3893	98	2084	4969

资料来源：《中国统计年鉴》，中国统计出版社2003年版。

表 2—3　　　　1978—2002 年全国分行业就业人员数（二）　　　　单位：万人

年份	全国就业人数	金融保险业	房地产业	社会服务业	卫生体育和社会福利业	教育、文化艺术和广播电影电视业	科学研究和综合技术服务业	国家机关、政党机关和社会团体	其他
1978	40152	76	31	179	363	1093	92	467	521
1979	41024	86	34	210	386	1131	100	505	527
1980	42361	99	37	276	389	1147	113	527	588
1981	43725	107	38	305	375	1095	127	556	819
1982	45295	113	38	322	399	1128	132	611	702
1983	46436	117	37	367	415	1151	133	646	879
1984	48197	127	36	439	435	1204	137	743	1305
1985	49873	138	36	401	467	1273	144	799	1319
1986	51282	152	38	466	482	1324	152	873	1338
1987	52783	170	39	501	496	1375	158	925	1502
1988	54334	194	42	534	508	1403	161	971	1655
1989	55329	205	43	550	518	1426	165	1022	1709
1990	63909	218	44	594	536	1457	173	1079	1798
1991	64749	234	48	604	553	1497	179	1136	1910
1992	64799	248	54	643	565	1520	183	1148	2313
1993	65554	270	66	543	416	1210	173	1030	3740
1994	66373	264	74	626	434	1436	178	1033	4155
1995	67199	276	80	703	444	1476	182	1042	4484
1996	68065	292	84	747	458	1513	183	1093	4563
1997	68950	308	87	810	471	1557	186	1093	4862
1998	69820	314	94	868	478	1573	178	1097	5118
1999	70637	328	96	923	482	1568	173	1102	4969
2000	71394	327	100	921	488	1565	174	1104	5643
2001	72085	336	107	976	493	1568	165	1101	5852
2002	73740	340	118	1094	493	1565	163	1075	6245

资料来源：《中国统计年鉴》，中国统计出版社 2003 年版。

2003—2014年，我国城镇单位就业人数增加的行业主要有采矿业、制造业、电力煤气及水的生产和供应业、建筑业、批发和零售业、交通运输仓储和邮政业、住宿和餐饮业、信息传输软件和信息技术服务业、金融保险业、房地产业、租赁和商务服务业、科学研究和技术服务业、水利环境和公共设施管理业、居民服务修理和其他服务业以及教育、卫生和社会工作、文化体育和娱乐业，公共管理社会保障和社会组织；而就业人数减少的行业主要为农林牧副渔业。

综合1978—2002年和2003—2014年两个时间段全国各行业就业人数的变化情况，我国就业人数增加量处于上升趋势的行业主要有电力煤气及水的生产和供应业、金融保险业、房地产业、租赁和商务服务业以及教育、卫生行业；而就业人数减少的行业有农林牧副渔业、采掘业。

表2—4　　2003—2014年全国城镇单位分行业就业人员数（一）　单位：万人

年份	合计	农、林、牧、渔业	采矿业	制造业	电力、热力、燃气及水生产和供应业	建筑业	批发和零售业	交通运输、仓储和邮政业	住宿和餐饮业	信息传输、软件和信息技术服务业	金融业
2003	10969.7	484.5	488.3	2980.5	297.6	833.7	628.1	636.5	172.1	116.8	353.3
2004	11098.9	466.1	500.7	3050.8	300.6	841.0	586.7	631.8	177.1	123.7	356.0
2005	11404.0	446.3	509.2	3210.9	299.9	926.6	544.0	613.9	181.2	130.1	359.3
2006	11713.2	435.2	529.7	3351.6	302.5	988.7	515.7	612.7	183.9	138.2	367.4
2007	12024.4	426.3	535.0	3465.4	303.4	1050.8	506.9	623.1	185.8	150.2	389.7
2008	12192.5	410.1	540.4	3434.3	306.5	1072.6	514.4	627.3	193.6	159.5	417.6
2009	12573.0	373.7	553.6	3491.9	307.7	1177.5	520.8	634.4	202.1	173.8	449.0
2010	13051.5	375.7	562.0	3637.2	310.5	1267.5	535.1	631.1	209.2	185.8	470.1
2011	14413.3	359.5	611.6	4088.3	334.7	1724.8	647.5	662.8	242.7	212.8	505.3

续表

年份	合计	农、林、牧、渔业	采矿业	制造业	电力、热力、燃气及水生产和供应业	建筑业	批发和零售业	交通运输、仓储和邮政业	住宿和餐饮业	信息传输、软件和信息技术服务业	金融业
2012	15236.4	338.9	631.0	4262.2	344.6	2010.3	711.8	667.5	265.1	222.8	527.8
2013	18108.4	294.8	636.5	5257.9	404.5	2921.9	890.8	846.2	304.4	327.3	537.9
2014	18277.8	284.6	596.5	5243.1	403.7	2921.2	888.6	861.4	289.3	336.3	566.3

资料来源：《中国统计年鉴》，中国统计出版社2015年版。

表2—5　2003—2014年全国行业分城镇单位就业人员数（二）　单位：万人

年份	合计	房地产业	租赁和商务服务业	科学研究和技术服务业	水利、环境和公共设施管理业	居民服务、修理和其他服务业	教育	卫生和社会工作	文化、体育和娱乐业	公共管理、社会保障和社会组织
2003	10969.7	120.2	183.5	221.9	172.5	52.8	1442.8	485.8	127.8	1171.0
2004	11098.9	133.4	194.4	222.1	176.1	54.2	1466.8	494.7	123.4	1199.0
2005	11404.0	146.5	218.5	227.7	180.4	53.9	1483.2	508.9	122.5	1240.8
2006	11713.2	153.9	236.7	235.5	187.0	56.6	1504.4	525.2	122.4	1265.6
2007	12024.4	166.5	247.2	243.4	193.5	57.4	1520.9	542.8	125.0	1291.2
2008	12192.5	172.7	274.7	257.0	197.3	56.5	1534.0	563.6	126.0	1335.0
2009	12573.0	190.9	290.5	272.6	205.7	58.8	1550.4	595.8	129.5	1394.3
2010	13051.5	211.6	310.1	292.3	218.9	60.2	1581.8	632.5	131.4	1428.5
2011	14413.3	248.6	286.6	298.5	230.3	59.9	1617.8	679.1	135.0	1467.6
2012	15236.4	273.7	292.3	330.7	243.8	62.1	1653.6	719.3	137.7	1541.5
2013	18108.4	373.7	421.9	387.8	259.2	72.3	1687.2	770.0	147.0	1567.0
2014	18277.8	402.2	449.4	408.0	269.1	75.4	1727.3	810.4	145.5	1599.3

资料来源：《中国统计年鉴》，中国统计出版社2015年版。

二 城镇不同性质单位就业的变化

不同所有制单位就业比例可以从另外一个角度反映我国劳动力市场就业结构的变化和我国劳动力市场化的进程。随着社会主义市场经济体制改革的深入和完善，我国城镇就业劳动力市场各类单位就业人员的规模和比例呈现出公有制单位所占比例下降，非公有制经济所占比例增加的特点。在这里，我们将国有和集体企业归为公有制单位，其他类型的单位归为非公有制单位。

从不同性质单位就业规模的变化情况看，国有单位、集体单位、股份合作单位及联营单位的就业人数均是先稳步上升后逐步减少，而有限责任公司、股份有限公司、外商投资单位和个体经营均呈上升趋势。值得注意的是，2014年之前，国有单位就业人数一直高于其他类型单位的城镇就业人数，但在2014年，个体经营就业人数超过国有单位就业人数，成为城镇就业人员的第一大领域。具体来说，国有单位就业人数在1995年达到顶峰后逐渐下降，并且在2012年小幅度上升后一直处于人数减少的状态。不同于国有单位就业情况，集体单位就业人数在1991年为3628万人，达到峰值，随后就业人数不断下降。类似于集体单位的就业人数发展趋势，股份合作单位的就业人数在2004年最多，为192万人，之后一直处于下降趋势；联营单位的就业人数1990年为96万人，达到最大值，其就业人数其后处于波动下降趋势。在就业人数呈上升趋势的几类单位中，个体经营和有限责任公司的就业人数增长最快，并且相较于往年的增幅，有限责任公司的就业人员在2013年出现了爆发式增长（就业人数比2012年增加2282万人，远高于往年的增幅）。股份有限公司和外商投资单位的就业人数增幅较小，但一直处于增长状态。

与就业规模变化特点相类似，我国公有制单位就业比例不断下降，而非公有制单位就业的比例逐步上升。从统计数据来看，我国国有和集体单位的就业比例从1978年的99.84%下降到了2014年的17.17%；相应地，我国城镇非公有制单位的就业比例由1978年的0.16%上升到2014年的82.83%。1999年，我国城镇国有单位和集体单位就业人员占城镇总就业人员的比例开始低于50%，为45.89%，以1999年为临界点，我国城镇就业以公有制单位为主导转向非公有制单位和公有制单位并重，这种变化与1998年开始的大规模的国有企业改革有密切关系。从更为具体类型单位的就业变化情况来看，国有单位、集体单位、股份合作单位联营单位的就业人数占城镇总就业人数的比例均呈波动性下降的趋势。其中，国有单位就业人数所占比例从1978年的78.32%下降到2014年的15.82%，下降了62.5个百分点，下降幅度最大；其次为集体单位就业人数所占比例，从1978年的21.53%下降到2014年的1.35%，下降了20.18个百分点。有限责任公司、股份有限公司、外商投资单位和个体经营的就业人数占城镇就业总人数的比例均呈上升趋势。其中从事个体经营的人数比例增幅最大，从1978年的0.16%上升到2014年的17.56%，上升了17.4个百分点；其次为有限责任公司就业人数所占比例，该比例从1998年的2.24%上升到2014年的15.82%，上升了13.58个百分点。

三　农村就业的变化

在我国乡村，务农为乡村居民的主要就业方式。但是，随着农业技术和生产率的提高以及出于贴补家用等原因，部分农民也开始从事农业生产以外的工作。总体来看，从1978年开始，我国乡村就业人数逐步增加，在1997年达到最大值49039万人，之后这一数字开始呈下降趋势。这与我国城市化进程加快，大量农村人口外出农工和转化为城市人口有密切的联系。

从就业比例来看，我国从事私营和个体经济的农民占农民总数的比例不断上升，从1990年的3.39%上升到2014年的21.37%，上升了5.31倍，农民的就业形式从最开始的只从事农业生产向农业生产和进入私营企业就业、从事个体经营并存。就变化趋势而言，农村在私营企业就业的人数从1990年的113万人增加到2014年的4533万人，增加了39.12倍，并仍有不断上升的趋势。从事个体经营的农民人数呈N字形发展，从1990年的1491万人增加到2014年的3575万人，增加了1.40倍。目前来看，从事个体经营的人数亦呈上升趋势。以2005年为分界点，从事个体经营的人数在2005年以前多于私营企业就业人员，之后开始低于私营企业就业人员。

表2—6　　　　1978—2014年城乡分所有制就业人员数　　　　单位：万人

年份	合计	城镇									乡村		
		小计	国有单位	集体单位	股份合作单位	联营单位	有限责任公司	股份有限公司	外商投资单位	个体	小计	私营企业	个体
1978	40152	9514	7451	2048						15	30638		
1980	42361	10525	8019	2425						81	31836		
1985	49873	12808	8990	3324		38			6	450	37065		
1987	52783	13783	9654	3488		50			20	569	39000		
1988	54334	14267	9984	3527		63			29	659	40067		
1989	55329	14390	10108	3502		82			43	648	40939		
1990	64749	17041	10346	3549		96			62	614	47293	113	1491
1991	64799	16977	10664	3628		49			96	692	47822	116	1616
1992	65554	17241	10889	3621		56			138	740	48313	134	1728
1993	66373	17589	10920	3393		66			133	930	48784	187	2010
1994	67199	18413	11214	3285		52			195	1225	48786	316	2551
1995	68065	19040	11261	3147		53		317	241	1560	49025	471	3054
1996	68950	19922	11244	3016		49		363	275	1709	49028	551	3308
1997	69820	20781	11044	2883		43		468	300	1919	49039	600	3522
1998	70637	21616	9058	1963	136	48	484	410	293	2259	49021	737	3855
1999	71394	22412	8572	1712	144	46	603	420	306	2414	48982	969	3827
2000	72085	23151	8102	1499	155	42	687	457	332	2136	48934	1139	2934
2001	72797	24123	7640	1291	153	45	841	483	345	2131	48674	1187	2629
2002	73280	25159	7163	1122	161	45	1083	538	391	2269	48121	1411	2474

续表

年份	合计	城镇									乡村		
		小计	国有单位	集体单位	股份合作单位	联营单位	有限责任公司	股份有限公司	外商投资单位	个体	小计	私营企业	个体
2003	73736	26230	6876	1000	173	44	1261	592	454	2377	47506	1754	2260
2004	74264	27293	6710	897	192	44	1436	625	563	2521	46971	2024	2066
2005	74647	28389	6488	810	188	45	1750	699	688	2778	46258	2366	2123
2006	74978	29630	6430	764	178	45	1920	741	796	3012	45348	2632	2147
2007	75321	30953	6424	718	170	43	2075	788	903	3310	44368	2672	2187
2008	75564	32103	6447	662	164	43	2194	840	943	3609	43461	2780	2167
2009	75828	33322	6420	618	160	37	2433	956	978	4245	42506	3063	2341
2010	76105	34687	6516	597	156	36	2613	1024	1053	4467	41418	3347	2540
2011	76420	35914	6704	603	149	37	3269	1183	1217	5227	40506	3442	2718
2012	76704	37102	6839	589	149	39	3787	1243	1246	5643	39602	3739	2986
2013	76977	38240	6365	566	108	25	6069	1721	1566	6142	38737	4279	3193
2014	77253	39910	6312	537	103	22	6315	1751	1562	7009	37943	4533	3575

资料来源：《中国统计年鉴》，中国统计出版社 2015 年版。

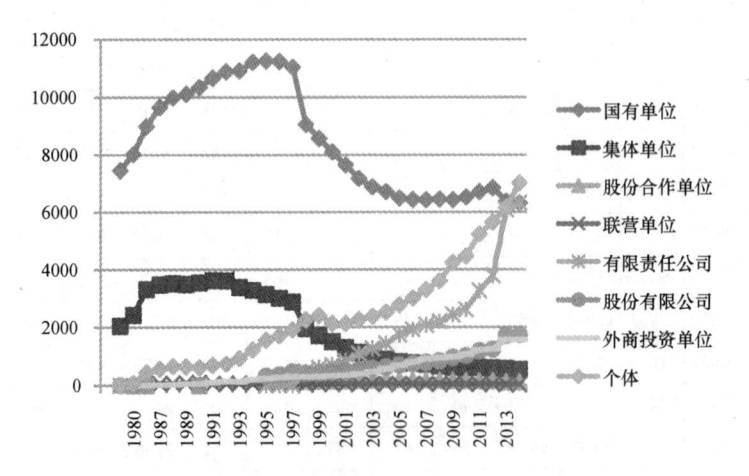

图 2—3　1978—2014 年城镇分所有制就业人员数（万人）

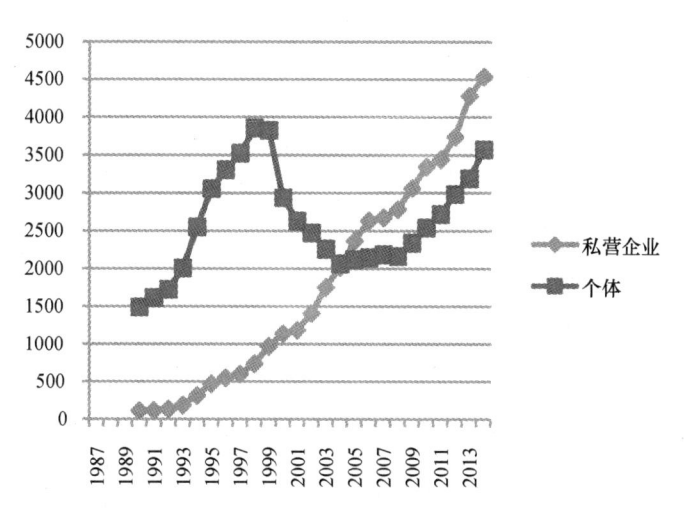

图 2—4 1978—2014 年乡村分所有制就业人员数（万人）

表 2—7　　1978—2014 年全国城乡分所有制就业人员数占比例　　单位：%

年份	城镇								农村	
	国有单位	集体单位	股份合作单位	联营单位	有限责任公司	股份有限公司	外商投资单位	个体	私营企业	个体
1978	78.32	21.53						0.16		
1980	76.19	23.04						0.77		
1985	70.19	25.95		0.30			0.05	3.51		
1987	70.04	25.31		0.36			0.15	4.13		
1988	69.98	24.72		0.44			0.20	4.62		
1989	70.24	24.34		0.57			0.30	4.50		
1990	60.71	20.83		0.56			0.36	3.60	0.24	3.15
1991	62.81	21.37		0.29			0.57	4.08	0.24	3.38
1992	63.16	21.00		0.32			0.80	4.29	0.28	3.58
1993	62.08	19.29		0.38			0.76	5.29	0.38	4.12
1994	60.90	17.84		0.28			1.06	6.65	0.65	5.23
1995	59.14	16.53		0.28		1.66	1.27	8.19	0.96	6.23
1996	56.44	15.14		0.25		1.82	1.38	8.58	1.12	6.75
1997	53.14	13.87		0.21		2.25	1.44	9.23	1.22	7.18
1998	41.90	9.08	0.63	0.22	2.24	1.90	1.36	10.45	1.50	7.86

续表

年份	城镇									农村
	国有单位	集体单位	股份合作单位	联营单位	有限责任公司	股份有限公司	外商投资单位	个体	私营企业	个体
1999	38.25	7.64	0.64	0.20	2.69	1.87	1.36	10.77	1.98	7.81%
2000	35.00	6.48	0.67	0.18	2.97	1.97	1.43	9.23	2.33	6.00
2001	31.67	5.35	0.64	0.19	3.49	2.00	1.43	8.83	2.44	5.40
2002	28.47	4.46	0.64	0.18	4.30	2.14	1.55	9.02	2.93	5.14
2003	26.21	3.81	0.66	0.17	4.81	2.26	1.73	9.06	3.69	4.76
2004	24.58	3.29	0.70	0.16	5.26	2.29	2.06	9.24	4.31	4.40
2005	22.85	2.85	0.66	0.16	6.17	2.46	2.42	9.78	5.11	4.59
2006	21.70	2.58	0.60	0.15	6.48	2.50	2.69	10.17	5.80	4.73
2007	20.75	2.32	0.55	0.14	6.70	2.55	2.92	10.69	6.02	4.93
2008	20.08	2.06	0.51	0.13	6.83	2.62	2.94	11.24	6.40	4.99
2009	19.27	1.86	0.48	0.11	7.30	2.87	2.93	12.74	7.21	5.51
2010	18.79	1.72	0.45	0.11	7.53	2.95	3.04	12.88	8.08	6.13
2011	18.67	1.68	0.41	0.10	9.10	3.29	3.39	14.55	8.50	6.71
2012	18.43	1.59	0.40	0.11	10.21	3.35	3.36	15.21	9.44	7.54
2013	16.64	1.48	0.28	0.07	15.87	4.50	4.10	16.06	11.05	8.24
2014	15.82	1.35	0.26	0.06	15.82	4.39	3.91	17.56	11.95	9.42

资料来源：根据表2—6数据计算得来。

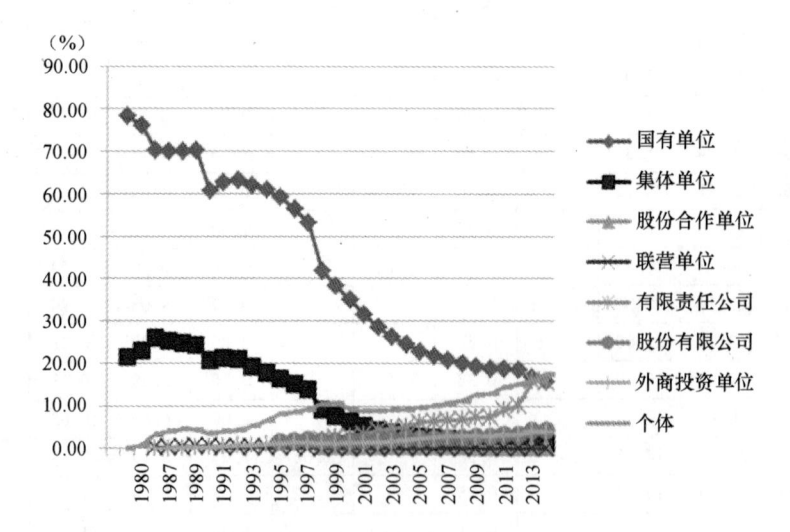

图2—5　1978—2014年全国城镇分所有制就业人员数所占比例

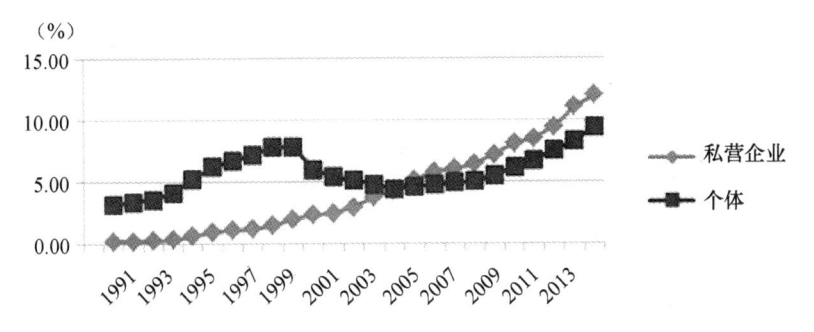

图 2—6　1978—2014 年全国乡村分所有制就业人员数所占比例

第二节　劳动力市场机制形成及变化

改革开放以来，我国劳动力市场机制经历了一个从无到有的过程，并取得了巨大的成就。同时也应该看到，由于时间不长、经验不足等原因，我国的劳动力市场机制仍存在一些问题。本节将分别从劳动力市场的流动性、市场化的收入分配机制、劳动力市场分割的变化三个方面对我国劳动力市场机制的形成与发展进行探讨。

一　劳动力市场的流动性逐步增强

1978 年以后，为解决新中国成立后的失业问题，我国政府允许劳动力"自愿组织起来就业"和"自谋职业"，大力扶持知识青年和城镇待就业青年创建合作社和集体所有制企业，在一定程度上促进了城镇劳动力的流动。此后，随着多种所有制经济的发展和劳动力流动条件的放宽，我国的就业人口不再局限于公有制内的流动，劳动力在不同所有制之间、区域间、行业间的流动性逐渐加强。从企业角度看，我国逐渐建立起了市场导向的用人制度，促进了劳动力流动；从社会管理的角度看，我国严格的户籍制度逐渐宽松，也促进了劳动力在城乡之间的流动（吴克明、田永坡，2008）。

"劳动力流动"是一个含义相对丰富的概念，它包括地理区域的流动、行业间的流动、同一就业单位内部的工作变化等，这些变化有时又是交织在一起的，比如，一个劳动者有可能从一个城市到另外一个城市工作，同时改变了就业的行业。因此，关于劳动力流动研究的界定，多数取决于研究者的目标。为了分析方便，这里选取了区域间流动、城乡间流动、劳动者的就业与失业变化三个角度加以分析，而这也是我们观测劳动力流动时使用比较多的三个视角。

（一）区域间的劳动力流动

劳动力在区域间的流动主要表现为跨省、跨市、跨地区的转移，一方面，这种流动促进了劳动力资源在区域间的优化配置；另一方面，也促进了劳动力流入地经济的发展。关于区域间的流动，这里使用流动人口及其占总人口的比例近似代替。根据2010—2014年的数据可以发现，劳动力的流动性逐步提高。五年间，人户分离的（居住地和户口登记地所在乡镇街道不一致且离开户口登记地半年以上的）人口由2.61亿增加到2.98亿，增长了14.18%，其中，流动人口由2.21亿增加到2.53亿，增长了14.48%。农民工总量由2.42亿人增加到2.74亿人，增长了13.22%，其中，外出农民工由1.53亿人增加到1.68亿人，增长了9.80%。

表2—8　　　　　2010—2014年劳动力流动情况　　　　单位：亿人，%

指标	年末数					占劳动年龄人口（16—59岁）比重				
	2010	2011	2012	2013	2014	2010	2011	2012	2013	2014
人户分离人口	2.61	2.71	2.79	2.89	2.98	27.78	28.81	29.77	31.43	32.54
流动人口	2.21	2.30	2.36	2.45	2.53	23.52	24.45	25.18	26.64	27.63
农民工总量	2.42	2.53	2.63	2.69	2.74	25.76	26.89	28.06	29.25	29.92
外出农民工	1.53	1.59	1.63	1.66	1.68	16.28	16.90	17.39	18.05	18.34

资料来源：《中国统计年鉴》，中国统计出版社2015年版。2010—2014年度人力资源和社会保障事业发展统计公报。

《2013年全国农民工监测调查报告》，http：//www.stats.gov.cn/tjsj/zxfb/201405/t20140512_551585.html。

《2015年农民工监测调查报告》，http：//www.stats.gov.cn/tjsj/zxfb/201604/t20160428_1349713.html。

（二）城乡间的劳动力流动

劳动力在城乡间的流动主要表现为农村剩余劳动力离开土地外出务工。随着农业生产率的提高，大量农民开始离开土地进入城镇务工。1990年以后，我国农民的规模在不断减少，但农民工数量在不断上升，农民工数量占农民就业数量的比重也在持续上升。根据农业部课题组的估计，1992—1995年，平均每年转移出540万人左右；1995—1997年，受宏观经济增长速度放慢的影响，农村劳动力外出就业增幅下降，年均转移360万人左右；1998年以后，农村劳动力外出就业人数又开始进入一个新的增长期，1998—2004年，每年平均转移380万人，年均增长约4%（农业部课题组，2005）。根据农业部固定调查点的调查，2014年全国共有27395万名农村劳动力转移就业，2014年比2013年增加501万人。

国家统计局的调查数据也显示出类似的规律，自2008年以来，东部地区农民工数量较中西部地区大，且外出务工农民工均以东部地区为主，中西部地区外出务工的比重也有所提高，特别是2014年之后，我国西部地区的农民工数量增速快于东部和中部地区。但也应该注意，自2008年以来，我国外出农民工数量在不断增加的同时，其增速在2010年后不断放缓，表现为外出农民工增速由2010年的5.5%下降到2015年的0.4%，这种变化的主要原因包括愿意外出农民数量下降、本地经济发展对本地农民工需求上升等。

表2—9　　　　　　　　　农民数量及其构成　　　　　单位：万人，%

年份	农民数量	农民就业数量	农民工数量	外出农民工	本地农民工	农民工数量占农民就业数量比	与上一年相比，外出农民工增长比例
2008	70399	44368	22542	14041	8501	50.81	
2009	68938	43461	22978	14533	8445	52.87	3.50
2010	67113	42506	24223	15335	8888	56.99	5.52
2011	65656	41418	25278	15863	9415	61.03	3.44

续表

年份	农民数量	农民就业数量	农民工数量	外出农民工	本地农民工	农民工数量占农民就业数量比	与上一年相比，外出农民工增长比例
2012	64222	40506	26261	16336	9925	64.83	2.98
2013	62961	39602	26894	16610	10284	67.91	1.68
2014	61866	38737	27395	16821	10574	70.72	1.27
2015			27747	16884	10863		0.37

资料来源：《中国统计年鉴》，中国统计出版社2015年版。

《2013年全国农民工监测调查报告》，http://www.stats.gov.cn/tjsj/zxfb/201405/t20140512_551585.html。

《2015年农民工监测调查报告》，http://www.stats.gov.cn/tjsj/zxfb/201604/t20160428_1349713.html。

（三）劳动者的就失业状态变化

一般来说，劳动力的就业状态变化包括三种情形：一是就业变为失业（主要表现为非自愿离职）；二是就业变为从事非生产性活动（主要表现为退休或自动离开劳动力市场）；三是就业岗位的转换（肖红梅，2015）。在这种变化中，通常都伴随着劳动力的流动。

相关数据显示，我国当年城镇新增就业人数从1994年的824万人上升到2014年的1070万人，增加了246万人，总体呈上升趋势，且上升的幅度较大；我国城镇失业人员再就业人数从1994年的106万人增加到了2014年的551万人，与当年新增就业之比从1994年的12.86%增加到了2014年的51.50%。

表2—10　　　1994—2014年我国城镇职工就业变化情况　　单位：万人，%

年份	城镇当年就业增加人数	城镇失业人员实现再就业人数	城镇失业人员再就业人数/城镇新增就业人数
1994	824	106	12.86
1995	627	140	22.33
1996	882	160	18.14
1997	859	433.5	50.47

续表

年份	城镇当年就业增加人数	城镇失业人员实现再就业人数	城镇失业人员再就业人数/城镇新增就业人数
1998	835	609.9	73.04
1999	796	492	61.81
2000	739	361	48.85
2001	972	227	23.35
2002	1036	518	50.00
2003	1071	440	41.08
2004	1063	510	47.98
2005	1096	510	46.53
2006	1241	505	40.69
2007	1323	515	38.93
2008	1150	500	43.48
2009	1219	514	42.17
2010	1365	547	40.07
2011	1227	553	45.07
2012	1188	552	46.46
2013	1138	566	49.74
2014	1070	551	51.50

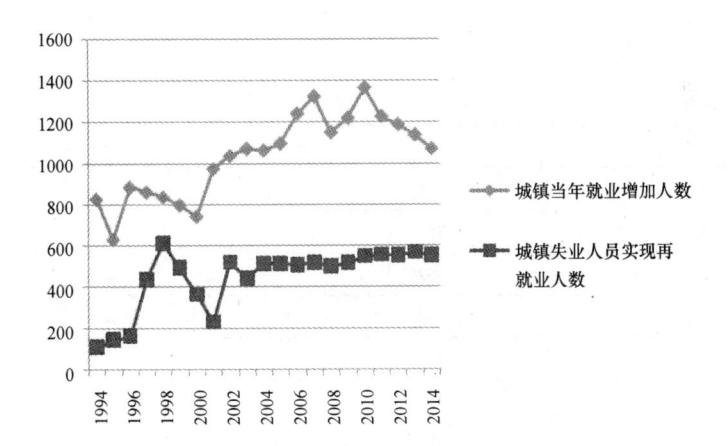

图 2—7　1994—2014 年我国城镇职工就业变化情况（万人）

从城镇登记失业人员情况看,也反映出来这一特点。总体来说,自 1978 年以来,我国城镇登记失业人数呈波动性上涨趋势,这里选用 1978—2014 年我国城镇登记失业人数加以说明。1978 年,我国城镇登记失业人数为 530 万人,2014 年,城镇登记失业人数为 952 万人,较 1978 年增加了 422 万人。其间,我国城镇登记失业人数在 1984 年最少(236 万人)。这种变化与我国劳动力总体规模上升有关,从城镇登记失业率看,变化趋势略有不同。1978—1985 年呈不断下降趋势,1985—2009 年,城镇登记失业率呈波动性上涨趋势,并于 2010 年以后维持在 4.1% 的水平上。

表 2—11　　　　　1978—2014 年我国城镇登记失业情况

年份	城镇登记失业人数(万人)	城镇登记失业率(%)
1978	530	5.3
1979	568	5.4
1980	542	4.9
1981	440	3.8
1982	379	3.2
1983	271	2.3
1984	236	1.9
1985	239	1.8
1986	264	2.0
1987	277	2.0
1988	296	2.0
1989	378	2.6
1990	383	2.5
1991	352	2.3
1992	364	2.3
1993	420	2.6
1994	476	2.8
1995	520	2.9
1996	553	3.0

续表

年份	城镇登记失业人数（万人）	城镇登记失业率（%）
1997	570	3.1
1998	571	3.1
1999	575	3.1
2000	595	3.1
2001	681	3.6
2002	770	4.0
2003	800	4.3
2004	827	4.2
2005	839	4.2
2006	847	4.1
2007	830	4.0
2008	886	4.2
2009	921	4.3
2010	908	4.1
2011	922	4.1
2012	917	4.1
2013	926	4.1
2014	952	4.1

资料来源：《中国统计年鉴》，中国统计出版社2015年版。

二 市场化的收入机制逐步形成

从收入机制的变化趋势看，在计划经济时代，中国实行平均分配制度，市场在收入分配中的作用几乎没有或者很小。随着改革开放的深入，开始实施按劳分配为主体、多种分配方式并存的收入制度，市场机制在收入分配中的作用开始凸显。

（一）我国收入分配制度的演变

1978年以来，我国收入分配制度经历了从平均主义向以按劳分配为主体、多种分配方式并存的转变，市场机制在收入分配中的变化中发挥了重要的推动作用。

具体来看，1978年至20世纪80年代中期，我国的收入分配方式主要是反对平均主义，倡导真正意义上的按劳分配，并允许一部分地区、一部分企业、一部分工人农民先富起来，鼓励先富带动后富。20世纪80年代中期至90年代初期，我国开始从高度统一的计划经济逐渐转变为有计划的商品经济。1987年，党的十三大首次提出"以按劳分配为主体，其他分配方式为补充"的收入分配原则。该收入分配政策的出台激发了我国劳动力的就业和创业积极性，对我国劳动力市场的繁荣发展起了铺垫作用。1993年，中共中央提出个人收入分配应坚持以按劳分配为主体、多种分配方式并存，应体现效率优先、兼顾公平的原则。同时，个人劳动报酬应引入竞争机制。1997年，党的十五大提出了按生产要素分配的原则，并在十六大进一步提出生产要素包括劳动、资本、技术和管理等。至21世纪初，我国收入分配的差距不断扩大。鉴于此，党的十七大报告中指出，"合理的收入分配制度是社会公平的重要体现。要坚持和完善按劳分配为主体、多种分配方式并存的分配制度，健全劳动、资本、技术、管理等生产要素按贡献参与分配的制度，初次分配和再分配都要处理好效率和公平的关系，再分配更加注重公平"。该阶段的收入分配政策相较于前三阶段更加突出了社会公平原则。党的十八大报告提出"初次分配和再分配都要兼顾效率和公平，再分配更加注重公平。完善劳动、资本、技术、管理等要素按贡献参与分配的初次分配机制，加快健全以税收、社会保障、转移支付为主要手段的再分配调节机制。深化企业和机关事业单位工资制度改革，推行企业工资集体协商制度，保护劳动所得。多渠道增加居民财产性收入"。从这里可以看出，党的十八大报告再次强调了收入分配中的公平原则，并且指出了劳动、资本、技术、管理等要素在初次分配中的地位，以及税收、社会保障、转移支付在再分配中的作用。

（二）人力资本投资收益的市场化机制

劳动力市场化程度的提高还可以通过人力资本投资的收益率体现出来。在收入分配实现计划手段的条件下，人力资本的价值被大大低估，人力资本投资收益不能得到充分的回报。随着劳动力市场化程度的提高，人力资本价值被市场重新认识，劳动者的收入水平由边际贡献决定，受教育程度和劳动技能熟练程度对收入水平的影响逐步占据主导地位，人力资本投资的收益率逐步提高。通常情况下，学者们会使用教育收益率这一指标来反映人力资本的收益率。从已有研究看，20世纪80年代中期以来，我国教育收益率呈逐年上升趋势。赖德胜（1998）的研究发现，1995年的教育收益率比1988年有较大幅度的提高，比如，全国的平均数字从3.84%提高到5.73%（赖德胜，1998）。陈晓宇、陈良焜和夏晨（2003）选取了1991年、1995年、2000年三个时点，使用全国范围的抽样住户的相关数据对教育收益率进行了估算，结果发现教育收益率呈上升趋势。李实和丁塞（2003）计算了1990—1999年我国城镇私人教育收益率的动态变化，发现教育的私人收益率逐年上升，从1990年的2.43%增加到了1999年的8.10%（李实、丁塞，2003）。张俊森和赵耀辉（2005）以长期的住户调查数据为基础进行计算得出，1988—1999年，我国城镇收益率分别为4.7%、5.5%、5.4%、5.1%、5.1%、5.7%、7.8%、7.7%、7.7%、7.8%、9.1%和11.5%，城镇教育收益率逐年上升。

（三）国有企业改革中分配方式的变化

改革开放前，我国国有企业的分配方式是由政府主导的计划分配模式，其分配方式以平均主义为特点。伴随着我国收入分配制度的变化，国有企业收入分配制度也随之变化，竞争和效率因素被引入收入分配机制中。

1978年至20世纪80年代初期，我国国有企业分配制度实行"三步走"策略，即扩大企业自主权和实行企业利润留成，盈亏包干责任制，利改税。1988年2月27日，国务院颁发《全民所有制工业企业承包经营责任制暂行条例》，条例规定："经营承包责任制的主要内容是包上交国家利润，包完成技术改造任务，实行工资总额与经济效益挂钩。其具体形式，可根据国家的规定和企业的实际情况而定。"根据该条例，企业在承包制下有较大的自由活动空间，国有企业内部分配上有越来越大的自主权。因此，国有企业以员工的劳动贡献和岗位情况为依据，采用了奖金、津贴等分配方式提高员工的工作积极性。1990年，原劳动部要求实行包括岗位工资和技能工资的岗位技能工资，规范了结构工资制。1992年7月，国务院颁发《全民所有制工业企业转换经营机制条例》，该条例重述企业的工资总额依照与经济效益挂钩，企业可以在相应提取的工资总额内自主使用、分配工资和奖金。同时，该条例还规定，"企业有权根据职工的劳动技能、劳动强度、劳动责任、劳动条件和实际贡献，决定工资、奖金的分配档次。企业可以实行岗位技能工资制或者其他适合本企业特点的工资制度，选择适合本企业的具体分配形式"。1992年党的十四大提出，国有企业改革的目标是建立现代企业制度，使国有企业成为自主经营、自负盈亏、自我发展、自我约束的商品生产和经营单位。同时敦促国有企业加快工资制度改革，逐步建立起符合国有企业特点的工资制度与正常的工资增长机制。1999年，党的十五届四中全会通过了《中共中央关于国有企业改革发展的若干重大问题的决定》，"强调健全国有企业经营者激励约束机制，可以试行经理年薪制、持有股权等分配方式"。2001年，原国家经济贸易委员会、原人事部、原劳动和社会保障部联合下发的《关于深化国有企业内部人事、劳动、分配制度的改革意见》提出，应"尽快形成企业管理人员能上能下、职工能进能出、收入能增能减的机制"。2005年，国资委下发的《关于中央企业试行年金制度的指导意见》提出，"企业应根据人力资源发展战略、内部分配制度改革的需要，统筹考虑建立企业年金与调整薪酬福利结构的关系"。企业年金制度应坚持效率优先、兼顾公平以及兼顾出资人、企业和职工利益三个原则。

综上可知，我国国有企业改革收入分配方式经历了从单纯的平均分配到单纯的按劳分配，再到以按劳分配为主体，同时健全生产要素按贡献大小参与分配的过程。

三 劳动力市场分割的变化

改革开放以来，中国处于复杂快速的转轨经济之中，劳动力市场运行也从原来的计划体制转向市场体制。对这一时期劳动力市场特征的判断有多个维度，其中，分割被认为是最为重要的一个特征并得到了众多学者的关注。所谓分割，是指对劳动力市场"按行业、地理区域，或者按性别、种族之类的人口特点而进行的分类"。推动劳动力市场分割在理论和政策研究方面发展的主要动力是劳动力市场中存在的不平等，"尤其是各职业、行业和人口集团在工资和工资条件方面的不平等"。田永坡（2010）对我国劳动力市场分割的表现形式、成因和影响等进行了比较系统的分析，发现中国的"劳动力市场分割"是一个外延比较广泛的概念。从分割的表现看，具有城乡之间、城镇内部、地区之间、行业之间等多个层次；在分割的成因方面，既包括户籍、就业等相关制度，也包括性别等个人特征；就分割的效应来说，它会对劳动力的就业和流动、人力资本收益、劳动力市场效率、经济增长等多个方面产生影响。从变化特征看，随着束缚劳动力市场发展制度的逐步改革或者废除，我国劳动力市场的制度性分割程度逐步减弱，但同时还伴随着职业、性别等形成的分割，在某一时期，这种分割还有加重的趋势。这里选择我国劳动力市场上表现比较突出的城乡分割、行业分割、职业分割来加以分析，当然，这些分割只是从不同视角对劳动力市场分割进行的一个观测，在它们之间可能还有交叉，比如，一些职业分割的形成，可能就跟某些制度性安排有关（张昭时，2009）。

（一）城乡分割

城乡分割是我国劳动力市场中最为典型的一种分割，其成因既包括城乡劳动者自身的差异，如性别、年龄、人力资本水平等，也包括相关的制度安排，而且，由于制度惯性和依赖的存在，还加重了劳动力市场发育过程中前者的作用。赖德胜（1998，2001）指出，中国的劳动力市场除了功能性分割和区域性分割外，还存在着典型的制度性分割，他系统分析了新中国成立以来中国劳动力市场制度性分割的成因和表现形式，把城乡之间劳动力市场的制度性分割归结为户口迁移制度、劳动用工制度和粮油供应制度三个方面。在造成劳动力市场分割的因素中，户籍制度是对劳动力市场分割影响最为严重、被研究者关注和讨论最多的一项制度。在改革之前，它是政府推行重工业优先发展战略的需要，在改革以后则是受到城市利益集团的影响而得以维持（蔡昉、都阳、王美艳，2001）。除了户籍制度以外，以其为基础所派生出来的就业、社会保障和城市管理等政策也是分割形成的重要原因。许多地区、行业和单位以户籍为标尺，将农业和城镇户口的劳动力分流到了不同的劳动力市场，相对于农业户口的劳动力来说，具有城镇户口的劳动力则更容易进入那些收入高、就业稳定和工作条件较好的主要劳动力市场；各个地区在制定就业和社会保障等政策时，通常会优先考虑具有本地户口的劳动力。

从2000年开始，中央政府明确提出改革城乡分割体制，取消对农民进城务工的不合理限制，但由于劳动力市场的户籍分割的惯性效应，分割的影响依然存在。杨云彦、陈金永（2000）使用1998年武汉市的调查数据对外来劳动力和本地的收入决定进行了实证研究，发现二者的收入决定存在明显的分层，户口登记状况及单位性质等对劳动力的（工资）收入产生着显著的影响。他们认为，一方面，随劳动力市场的不断开放，外来劳动力所具有的低成本优势，将对本地劳动力就业产生竞争与替代效应。另一方面，城市劳动力市场的保护性政策，导致劳动力成本的系统性差异，在很大程度上削弱了国有企业创造就业的能力以及本地劳动力在开放性劳动力市场中的竞争能力。在其后不久的相关住户调查显示，2002年，我国农民工的小时工资为2.64元，占城镇职工小时工资的49.25%，不足城镇职工小时工资的一半；2008年，农民工和城镇职工工资较2002年都有大幅度上涨，但农民工小时工资占城镇职工小时工资的比例下降到45.37%。农民工小时工资占城镇职工工资的比例还将进一步减少。除了工资存在差距，农民和城镇职工在社会保障方面的差异更大。有资料显示，在失业保险、养老保险、医疗保险、工伤保险和住房公积金等传统的社会保障项目上，农民工群体的覆盖量较城镇职工低得多。此外，农民工和城镇职工在公共服务上也存在较大的差异，如进入城镇务工的农民不能享受城市廉租房的住房优惠政策等（王亚柯、罗楚亮，2012）。

表2—12　　2002年和2008年城镇职工与农民工工资率分布差异

	2002年		2008年	
	农民工	城镇职工	农民工	城镇职工
小时工资	2.64	5.37	6.08	13.40
相对水平	49.16	100	45.37	100
基尼系数	0.362	0.368	0.286	0.429

资料来源：王亚柯、罗楚亮：《经济转轨背景下的中国劳动力市场发育》，《中国人民大学学报》2012年第3期，第75—82页。

（二）行业分割

20世纪90年代中期以来，我国城市劳动力市场内部出现了行业分割，劳动力在垄断行业和竞争行业间缺乏流动性（王大鹏，2006）。行业垄断性造成了不同行业间工资的差距。1978—1988年，我国行业间平均工资的不均等程度逐渐缩小，且下降幅度小，但1988年后，我国行业间平均工资的不均等程度不断扩大，且扩大幅度大，未出现不均等程度减小的趋势（王亚柯、罗楚亮，2012）。从影响收入的性别、年龄、受教育程度等主要因素看，相比垄断行业，性别、受教育程度在竞争性行业中对收入的影响要大，而年龄这个因素则正好相反。这也与行业特征相一致，垄断行业的劳动力市场具有一定的封闭性，流动性较低，因此资历的影响作用更大。

王亚柯、罗楚亮（2008）对行业之间的分割进行了定量分析，结果发现：（1）在性别方面，竞争行业的男性比女性的收入水平更高，即在竞争性行业中，性别对收入差异的作用更明显；(2) 在年龄方面，垄断行业中年龄的系数远高于竞争行业中年龄的系数，这说明，资历在垄断行业中对收入的影响高于竞争行业；(3) 在受教育程度方面，大学本科及以下学历在垄断行业中能获得更高的收入，但研究生及以上学历在竞争行业中得到的收入更高，这表明相对于垄断行业，在竞争行业中学历对收入的影响更大。在所处地区方面，将中部地区的垄断行业和竞争行业收入设为参照组，东部和中部地区在垄断行业和竞争行业的收入均高于西部地区。且相比来说，东部地区和中部地区的竞争行业收入差异高于垄断行业的收入差异，西部地区垄断行业的收入差异高于竞争行业的收入差异。总体来说，尽管教育程度对不同行业收入差异有很强的解释作用，但垄断程度仍是造成垄断行业和竞争行业收入差异的最主要因素。

(三) 职业分割

20世纪90年代，我国城镇劳动力市场从劳动者单纯的"单位"人身依附关系转向劳动力资源市场配置，扩大企业自主权、实行劳动合同制、国有企业产权改革及企业保险制度的改革使得国有企业的终身雇用制度逐渐打破，这大大促进了劳动力在不同职业间的流动，但这种流动并不完全通畅，在不同的职业之间，尚存在不同程度的分割，这种分割的因素来自两个方面：一是性别、年龄、受教育程度等劳动者个体特征；二是户籍身份等制度性因素。

教育程度的不同在很大程度上也导致了职业分割的出现。中国住户收入调查的相关数据表明，我国高学历劳动者在固定工、长期合同工中的比例远高于低学历劳动者，而在短期合同工、无合同临时工、自我经营、打零工这几类职业中，低学历劳动者的比例高于高学历劳动者，且高学历劳动者在这几类职业中所占的比例在不断减少，低学历劳动者数量则在不断增加。李实、马欣欣 (2006) 对中国城镇职工的性别工资差异与职业分割进行了经验分析，他们所使用的数据库是1999年中国居民收入调查数据，覆盖范围包括北京市、甘肃省、江苏省、辽宁省、山西省和河南省6个省份的13

个城市。研究结果表明，在 20 世纪 90 年代后期中国城市存在较为严重的性别职业的分割，而职业内性别歧视性因素是职业所导致的男女工资差异的最主要原因。姚先国（2009）等人在 2000 年浙江省人口普查数据的基础上研究得出浙江省劳动力市场上的白领职业分割具有"分割梯度效应"，即农业省外劳动力、非农省外劳动力和非农省内劳动力在白领职业获得上的优势地位递增。符平、唐有财、江立华（2012）利用 2012 年全国性调查数据，分析了农民工内部职业分割和流动的现状及其决定因素。研究发现，农民工职业具有明显的性别和代际区隔。人力资本是农民工从事中高端职业的重要条件，社会资本仅对获取低端职业有意义，对中高端职业帮助不大，而政治资本对其职业获取几乎没有作用。尽管农民工向上流动存在较大障碍，但女性、受教育程度较高和城市工作经验较丰富的农民工更易实现基于职业的向上流动。

第三节　劳动力市场基础建设

劳动力基础建设是推动劳动力供需双方进行求职、雇用、流动等活动的重要保障。根据我国就业形势、劳动力市场供需状况的变化以及劳动力市场建设目标的需要，我国在劳动力的信息化、公共服务体系等方面实施了一系列政策措施，并取得了显著成效。本节首先对我国 20 世纪末 21 世纪初开展的劳动力市场"三化"建设进行分析，这是全面推动我国劳动力市场基础条件建设的措施，然后探讨在我国劳动力市场运行中发挥重要作用的公共服务体系和信息体系建设。

一　劳动力市场"三化"建设

为了推进劳动力市场科学化、规范化、现代化（简称"三化"）建设，促进下岗职工和失业人员再就业，加快建立适应社会主义市场经济体制要求的就业机制，原劳动和社会保障部于 1999

年1月发布了《关于开展劳动力市场"三化"建设试点工作的通知》，提出开展劳动力市场"三化"建设试点工作。试点工作主要包括建立劳动力市场信息网络和信息公开发布系统，积极主动地开展免费就业咨询、专门就业培训等就业服务，建立统一完善的劳动力市场管理制度和管理流程，健全就业服务和失业保险的组织体系和工作队伍等。根据试点工作的要求，原劳动和社会保障部办公厅于1999年7月发布《关于公布劳动力市场三化建设试点城市名单的通知》，确定了100个劳动力市场"三化"建设试点城市，2002年，又公布了劳动力市场"三化"建设推进试点城市名单，覆盖范围进一步扩大。

劳动力市场"三化"建设政策实施后，取得了一系列成效，大致包括10个方面：一是全国自下而上的劳动力市场信息网络初步形成，原劳动和社会保障部建立了全国劳动力市场信息网监测中心，17个省级劳动保障部门建立了省级劳动力市场信息网监测中心；二是信息收集和发布工作全面加强，试点城市普遍建立了专兼职信息人员队伍，有87个试点城市有效空岗信息逐年递增幅度达30%以上；三是劳动力市场职业供求分析信息和工资指导价位信息发布制度初步建立，自2001年第一季度起，原劳动和社会保障部开始正式向社会发布全国部分城市劳动力市场供求状况信息；四是就业服务网络建设取得长足进步，各试点城市建成了功能比较完善的劳动力市场综合性服务场所，为求职者和用人单位提供"一站式""一条龙"服务；五是公共就业服务形象逐步树立，通过提供免费的职业介绍、就业培训、职业指导服务，提升了公共就业服务形象；六是就业服务功能不断延伸，职业指导迅速发展，职业培训和职业介绍结合更加紧密，公共就业服务机构根据社会需求积极开发了相关服务项目；七是失业保险管理服务日趋完善，截至2001年，94个城市制定了就业服务和失业保险管理统一工作流程；八是劳动力市场法制建设进程空前加快，到2001年，共有25个省、自治区、直辖市出台了劳动力市场管理的地方性法规或政府规章，

94个试点城市出台了劳动力市场管理的法规和办法；九是劳动力市场秩序明显好转，对非法机构进行了清理整顿；十是服务队伍建设取得较大成效，有一批人员通过职业指导人员职业资格鉴定（佚名，2001）。

2003年，胡锦涛同志在全国再就业工作座谈会上提出应"进一步探索和完善再就业服务的运行机制，实现就业服务体系的制度化、专业化、社会化（简称'新三化'），尽可能为下岗失业人员提供更好的服务"。为落实上述要求，进一步完善就业服务功能，提高就业服务质量和效率，2004年6月，原劳动和社会保障部下发《关于加强就业服务制度化、专业化和社会化工作的通知》。与"老三化"相比，"新三化"提出了更高的完善就业服务的要求。"新三化"以人本服务为核心理念，要求完善失业人员登记和免费就业服务制度、就业困难群体再就业援助制度、政府出资购买和培训制度、公共就业服务统筹管理制度，实现就业服务制度化；推动就业服务专业化，实现就业服务的功能多元化、服务人性化、队伍专业化、手段信息化；促进就业服务面向社会，动员社会资源，接受社会监督，推动劳动力市场向统一、开放、公平、诚信的方向发展。

二 公共服务体系建设

公共服务作为劳动力市场的有机组成部分，在促进就业、提高劳动者素质、提升劳动力市场匹配效率等方面发挥着重要作用。从早期劳动力市场的公共服务看，由于在劳资斗争条件下，劳动力供需双方自己设立的招聘中介机构都有可能引起对方的不信任，以及人们对失业与贫困和公共不安定关系的重新认识等原因，欧洲许多国家和美国部分城市政府成立了各式各样的职业介绍所，以解决失业问题。在欧盟、北美以及东南亚地区，各国也把对劳动力供需双方的匹配作为公共就业服务的主要内容（范随艾伦·汉森、戴维·普瑞斯，2002）。以欧盟为例，各成员国的公共就业服务机构的任务尽管有所不同，但基本可以概括为：通过及时传递劳动力市场信息、提供各种中间性服务和提高劳动力市场中企业和雇员的协调适应能力来实现劳动力市场中供需双方的合理有效匹配,解决欧洲目前存在的严重失业问题,实现欧洲劳动力的完全就业和充分就业(冯正好、潘文富,2015)。

我国也高度重视劳动力市场公共就业服务体系建设,并在重要的法律法规和政策中给予明确。比如,2008年1月1日起施行的《中华人民共和国就业促进法》第35条规定,"县级以上人民政府建立健全公共就业服务体系,设立公共就业服务机构",政府应为劳动者免费提供诸如就业政策法规咨询、职业供求信息、市场工资指导价位和发布职业培训信息等服务,且"公共就业服务经费纳入同级财政预算"。我国首次以法律形式对政府建立健全公共就业服务体系、设立公共就业服务机构的职责作出明确规定,关于其他相关法律法规和政策的详细内容,将在第三章加以阐述,这里不再赘述。需要说明的是,由于分部门管理等体制原因,在相关制度和政策表述中,出现了"公共就业服务""人才公共服务"乃至"公共就业和人才服务"等表述,相关事项在相应的历史时期由不同部门管理,但从内容上讲,这些服务都属于广义上的公共就业服务。随着劳动力市场融合发展,原本服务交叉重叠的部分越来越多,随着原人事部、原劳动和社会保障部的合并,我国也在制度建设上推进这两类公共服务的整合。为了行文方便,除了特别说明以外,本书均使用公共就业服务的表述。

在相关公共服务体系建设政策的推动之下,我国的公共就业和人才服务体系建设取得了长足的进展。公共服务机构进一步健全,公共服务标准化程度不断提高。在公共服务机构方面,目前,已经形成了以职业介绍机构、人才交流服务中心等为主体的公共服务机构体系,并在下岗职工再就业、就业援助、劳动力流动等方面发挥了巨大作用。2012年,我国公共就业服务机构覆盖了98%的街道、96%的乡镇、95%的社区,许多行政村聘请了专职或兼职的工作人员,构建起覆盖中央、省、市、区县、街道(乡镇)、社区(行政村）五级管理、六级服务的公共就业和人才服务网络，并建立起职业指导员、劳动保障协理员、职业信息分析师等工作人员队伍（人力资源和社会保障部，2012）。为适应大部制改革的要求，人社部对分属于原人事部、原劳动和社会保障部的人才公共服务机构和公共就业服务机构进行了整合优化，根据《2015年度人力资源和社会保障事业发展统计公报》，截至2015年年底，公共就业和人才服务机构整合基本到位，省、市两级因地制宜，设立了综合性服务机构或专门性服务机构，区县一级85.4%的机构已经整合或计划年内整合设立综合性服务机构。根据历年《中国劳动统计年鉴》的数据，1995—2014年，累计有71797.69万人在职业介绍机构登记求职，职业介绍机构累计为36057.23万人成功介绍工作，年均推荐成功1802.86万人。

表2—13　　　　1995—2014年中国职业介绍发展概况

年份	本年末职业介绍机构个数（个）	本年末职业介绍机构人数（万人）	本年登记招聘人数（万人）	本年登记求职人数（万人）	本年介绍成功人数（万人）
1995	29930			1597.12	1258.1
1996	31322	7.77	926.1	1178.2	890.2
1997	33469	8.37	1143.7	1859.8	867.2
1998	35449	8.89	934.8	1184.3	798.8
1999	30242	8.53	1124.2	1600.0	884.4
2000	29024	8.67	1509.42	1991.67	975.24
2001	26793	8.4	1876.8	2439.5	1229.1
2002	26158	8.5	2250.2	2684.2	1354.3
2003	31109	9.7	3832.0	3060.2	1586.0
2004	33890	10.7	3565.2	3582.8	1837.7
2005	35747	11.2	4039.0	4128.9	2165.3
2006	37450	12.32	4951.21	4735.90	2492.99
2007	37897	12.9	5440.6	4938.6	2648.6
2008	37208	12.7	5507.0	5532.0	2764.3
2009	37123	12.6	6045.7	5805.7	2839.8

续表

年份	本年末职业介绍机构个数（个）	本年末职业介绍机构人数（万人）	本年登记招聘人数（万人）	本年登记求职人数（万人）	本年介绍成功人数（万人）
2010	—	—	6754.4	5388.5	2552.0
2011	—	—	7115.7	5125.3	2366.8
2012	—	—	7319.2	5736.0	2592.2
2013	—	—	6409.5	4673.5	2040.9
2014	—	—	6184.3	4555.5	1913.3

资料来源：1996—2015年历年《中国劳动统计年鉴》，中国统计出版社。

为提升公共服务质量，加快公共服务制度化建设，我国出台了一系列综合或者专门的规章和政策推进公共就业服务标准化建设。2012年1月，人社部印发《人力资源和社会保障标准化规划（2011—2015年）》。同年，人社部、国家发改委、国标委等27部委编制了《社会管理和公共服务标准化工作"十二五"行动纲要》，2013年，国标委等27个部委联合印发了《社会管理和公共服务综合标准化试点细则（试行）》，20多家地方人力资源社会保障系统申报了综合标准化试点。2014年，制定发布《现场招聘会服务规范》和《人才测评服务业务规范》两项国家标准。

三 劳动力市场信息化

完全竞争市场运行的基本条件之一就是信息充分，这对劳动力市场来说也不例外。不管是劳动力流动、雇用双方互相选择还是工资决定，都离不开信息。在束缚劳动力市场发育的各种不合理制度逐步消除后，信息将成为劳动力市场发育的一个必需条件。因此，考察劳动力市场的信息完善程度及其影响对中国劳动力市场发育更具基础性的意义。进入21世纪以来，以互联网为代表的新一代的信息技术呈现出加速发展的趋势，并对我国的经济社会发展产生深远影响。随着互联网和各个行业融合程度的深化，"互联网＋"逐步进入国家发展战略决策视野。在2015年3月5日十二届全国人大三次会议上，李克强总理在政府工作报告中首次提出"互联网+"行动计划，要求"推动移动互联网、云计算、大数据、物联网等与现代制造业结合，促进电子商务、工业互联网和互联网金融健康发展，引导互联网企业拓展国际市场"。在各类政策推动下、各行各业的努力探索下，"互联网+"行动计划开始成为中国推动信息化发展、实现国家经济社会发展的重要战略组成部分。

受信息技术发展大环境的影响，劳动力市场化的信息化水平不断提高。根据中国互联网络信息中心2015年1月发布的第35次《中国互联网络发展状况统计报告》，在企业开展的互联网应用中，基本涵盖了企业经营的各个环节。网络招聘在商务服务类和内部支撑类应用中属于普及率较高的一种应用，为53.8%。[1]

表2—14　　　　　　　主要企业互联网应用普及率一览

分类	应用	普及率（%）
沟通类	发送和接收电子邮件	83.0
信息类	发布信息或即时消息	60.9
	了解商品或服务信息	67.3
	从政府机构获取信息	51.1
商务服务类	网上银行	75.9
	提供客户服务	46.5
内部支撑类	与政府机构互动	70.6
	网络招聘	53.8
	在线员工培训	26.7
	使用协助企业运作的网上应用系统	20.5

资料来源：中国互联网络信息中心：《中国互联网络发展状况统计报告》，2015年1月，http：//www.cnnic.net.cn/hlwfzyj/hlwxzbg/201502/P020150203551802054676.pdf。

在公共就业服务和社会保障管理领域，信息化水平也取得了可

---

[1] 参见中国互联网络信息中心：《中国互联网络发展状况统计报告》，2015年1月，http：//www.cnnic.net.cn/hlwfzyj/hlwxzbg/201502/P020150203551802054676.pdf。

喜的进步。在劳动力市场监测体系建设方面，中国人力资源市场信息监测中心已经实现每个季度均对全国100多个城市的公共就业服务机构市场供求信息进行统计。统计内容主要包括全国劳动力市场供求现状、分区域同去年相比劳动力市场供求变化、行业需求的变化、进入市场求职的劳动者类型等，以及全国十大城市岗位需求和求职排行榜。根据《2010年人力资源和社会保障事业发展统计公报》，金保工程一期到2010年年底基本完成，全国32个省级单位全部实现与部中央数据中心的网络连接，90%的地级以上城市实现了与省数据中心的联网，92.5%的社会保险经办机构和就业服务机构已连接到城域网，并延伸到了街道、社区、乡镇和定点医疗服务机构，各地向人力资源和社会保障部上传的基本养老保险联网监测月度数据涉及参保人员已达到2.18亿人。而《2015年人力资源和社会保障事业发展统计公报》的数据则显示，2015年，全国31个省份和新疆生产建设兵团均已建设城乡居民养老保险信息系统。城镇职工养老保险关系转移系统已有29个省份和新疆生产建设兵团的347个地市（含省本级）正式接入。全国已有349个地市级以上人社部门（含省本级）开通了12333电话咨询服务，全年来电总量达9028.6万次。

第三章

劳动力市场的制度变革

劳动力市场制度是理论和实践界都非常关注的一个问题，同时这也是一个相对复杂的体系，它受一个国家经济社会发展阶段、劳动力市场禀赋、经济体制以及文化传统等多个因素的影响。对劳动力市场制度与政策的讨论是丰富而充满争议的，这与劳动力市场的属性有关，即劳动力市场的性质和运行方式，不仅有别于产品市场，也和其他生产要素市场有着很大的不同。造成这种差别的根本原因，是劳动者既作为生产要素的供给者，也作为劳动力市场规则的参与者，影响着劳动力市场制度的形成与改变（都阳，2014）。Blau 和 Kahn（1999）认为，劳动力市场制度包含影响劳动力市场行为的法律、政策和传统。从狭义的角度看，劳动力市场制度可以理解为对就业决定和工资形成两个环节的干预。但事实上，各国劳动力市场制度所涉及的内容和范围已远远超过这个范畴，因此，国内有学者将其总结为保证劳动力市场机制形成并有效发挥作用的制度安排（张福明，2012）。劳动力市场的制度建设既要考虑已有社会经济发展的制度惯性，也要结合劳动力市场自身的禀赋结构，使劳动力市场的运行在公平和效率之间得到最佳的平衡，其建设应该包括雇用决策、工资形成机制以及社会保障等基本方面（蔡昉、都阳，2005），从更广的角度看，它涵盖了劳动就业制度、劳动力流动制度、工资收入分配和社会保障制度（王枝茂、张璐琴，2008）。

1993年，党的十四届三中全会通过《中共中央关于建立社会主义市场经济体制若干问题的决定》，首次提出"改革劳动制度，逐步形成劳动力市场"。至此，我国政府相继出台一系列关于落实用人单位自主权、促进劳动力流动、扩大就业、规范劳动力供需双方行为、劳动力市场基础建设的政策法规，我国劳动力市场制度日臻完善。从制度建设特点看，一方面，计划经济体制所形成的对就业、工资收入、劳动力流动等制度、政策不断改革，政府由对劳动力市场供需双方的微观决策的直接干预转向对劳动力市场的宏观管理和劳动力行为的规范；另一方面，劳动力供需双方作为市场行为主体，按照最大化利益的原则进行求职和雇用决策，而服务于这些行为的基础条件，比如劳动力市场信息化、相关服务和行为的标准化、公共服务机构和体系的建设等不断完善，市场在劳动力配置中的基础性作用不断增强。

本章拟结合中国劳动力市场的基本特征，以劳动力市场构成要素为框架，从劳动力供需主体、劳动力市场运行机制、公共服务和社会保障三个方面，对劳动力市场制度进行分析。在一个劳动力市场中，供需双方需要按照市场的运行机制进行择业、雇用、流动等活动，因此，本章首先对劳动力市场参与主体培育、形成市场运行机制的两个方面的制度变革进行了分析；公共服务和社会保障制度是劳动力市场运行的重要保障，是发挥政府作用、弥补市场"失灵"、为劳动者提供基本的就业和生活条件的重要保障，也是本章关注的第三个重点内容。在这里，劳动力市场制度主要包括法律、部门规章及以国家名义出台的规划、意见等。当然，与劳动力市场制度的改革和建设有关的内容还远不止这三个方面，因此，在对政策文本的搜集和研究上，难免挂一漏万，本章的主要目的是构建一个劳动力市场制度的分析框架，从市场基本框架的角度对相关制度进行分析，以此刻画我国劳动力市场发展过程中的制度变迁。

第一节　劳动力市场供需主体培育制度

作为最基本的劳动力市场要素,劳动力供需双方能够作为独立的主体参与就业选择、薪酬协商、流动的活动,是发挥市场机制在劳动力配置中的基础性作用、促进劳动力市场发育完善的前提。改革开放以来,为了打破经济体制对劳动力供需双方束缚,保障劳动力供需行为符合市场规则,我国对用工制度、就业制度、劳动力流动制度进行了一系列改革,并根据市场经济发展的需要,出台了一系列法律法规和政策。

一　以用工自主权为核心的用工制度改革

用人单位的用工自主权是其市场主体地位的主要体现之一,是实现企业发展目标、保持市场竞争力的重要保障。用工制度的改革最先从公有制企业开始,并逐步扩展到外资、私营企业等,涉及的内容包括给予企业用工自主权、实施劳动合同制等。

1980年8月2—7日,中共中央召开全国劳动就业会议,会后以《中共中央关于转发全国劳动就业会议文件的通知》的形式转发了《进一步做好城镇劳动就业工作》,对劳动就业制度改革中企业用工、劳动者择业、扩大就业渠道、改革中等教育、举办公共服务机构等做出了全面部署。为解决人口增长过快、上山下乡知识青年返城和农村剩余劳动力进城务工等带来的城市就业压力问题,《通知》提出,实施"劳动部门介绍就业、自愿组织起来就业和自谋职业相结合"的就业方针(简称"三结合"),并明确提出要使企业享有一定的用工权,要"打破统配的就业制度,要逐步推行公开招工、择优录用的办法;要使企业有可能根据生产的需要增加或减少劳动力"。

针对当时国营企业存在的"大锅饭""铁饭碗"弊病,中共中央、国务院在1981年10月发布的《关于广开门路,搞活经济,解决城镇就业问题的若干决定》中指出，国营企业必须坚持体制改革的方向，积极而稳妥地解决存在的问题。招工用人要坚持实行全面考核，择优录用。要实行合同工、临时工、固定工等多种形式的用工制度，逐步做到人员能进能出。要切实整顿劳动纪律，对于违法乱纪、屡教不改的职工，根据情节轻重，给予处分，直至经过职工代表大会讨论和同级工会同意后予以开除。"六五"期间在国营企业、事业中，除新建单位必须增加的人员和按国家规定统一分配的人员以外，一般不再增加固定职工。

1984年，党的十二届三中全会通过了《中共中央关于经济体制改革的决定》，明确提出增强国有企业特别是国有大中型企业的活力是经济体制改革的中心环节，认为政企不分是传统国有企业制度的根本弊端，改革的基本思路是沿着所有权和经营权分离的原则逐步推进政企分开，"在服从国家计划和管理的前提下，企业有权选择灵活多样的经营方式，有权安排自己的产供销活动，有权拥有和支配自留资金，有权依照规定自行任免、聘用和选举本企业的工作人员，有权自行决定用工办法和工资奖励方式，有权在国家允许的范围内确定本企业产品的价格，等等。总之，要使企业真正成为相对独立的经济实体，成为自主经营、自负盈亏的社会主义商品生产者和经营者，具有自我改造和自我发展的能力，成为具有一定权利和义务的法人"，企业自主用人权的改革开始拉开序幕。1984年，国务院发布《国务院关于进一步扩大国营工业企业自主权的暂行规定》，对企业的人事劳动管理进行了具体规定，为企业用人自主权划定了具体的原则和范围，提出"厂长（经理）、党委书记分别由上级主管部门任命；厂级行政副职由厂长提名，报主管部门批准；厂内中层行政干部由厂长任免。企业可以根据需要从外单位、外地区招聘技术、管理人员，并自行确定报酬。企业可根据需要从工人中选拔干部，在任职期间享受同级干部待遇，不担任干部时仍当工人，不保留干部待遇。厂长（经理）有权对职工进行奖惩，包括给予晋级奖励和开除处分。企业有权根据生产需要和行业特点，在劳动部门指导下公开招工，经过考试，择优录用。有权抵制任何部门和个人违反国家规定向企业硬性安插人员"。

1986年，国务院发布《国务院关于发布改革劳动制度四个规定的通知》，公布了《国营企业实行劳动合同制暂行规定》《国营企业招用工人暂行规定》《国营企业辞退违纪职工暂行规定》和《国营企业职工待业保险暂行规定》四个文件，对国营企业用工制度给出了框架性的规定。其中，《国营企业招用工人暂行规定》提出，企业招用工人，必须在国家劳动工资计划指标之内，贯彻执行先培训后就业的原则，面向社会，公开招收，全面考核，择优录用。同年颁布的《国营企业辞退违纪职工暂行规定》，提出对有下列行为之一、经过教育或行政处分仍然无效的职工，企业可以辞退：（1）严重违反劳动纪律，影响生产、工作秩序的；（2）违反操作规程，损坏设备、工具，浪费原材料、能源，造成经济损失的；（3）服务态度很差，经常与顾客吵架或损害消费者利益的；（4）不服从正常调动的；（5）贪污、盗窃、赌博、营私舞弊，不够刑事处分的；（6）无理取闹，打架斗殴，严重影响社会秩序的；（7）犯有其他严重错误的。符合辞退情况的职工，按照《企业职工奖惩条例》处理。

合同制度是通过平等自愿、协商一致的原则，通过劳动合同明确双方权利和义务，保护双方合法权益的制度，有利于劳动者与用人单位之间建立稳定和谐劳动关系，保护劳动者和用人单位双方的合法权益，加强企业管理，提高劳动者的生产积极性。从我国劳动力市场的改革历程看，合同制度在不同阶段发挥作用的侧重点不同。最初实施劳动合同制时，一方面，是为了保护供需双方的相关权益，建立公平合理的劳动关系；另一方面，也更为重要的是，为了打破国有企业中就业的铁饭碗，增强劳动力市场灵活性。进入20世纪90年代以来，随着我国经济成分的多样化以及农村转移劳动力的增加，不规范的用工行为频发，因此，签订劳动合同，规范用人单位行为，保护劳动者权益，则成为劳动合同制度所承载的主要功能。本节介绍劳动力市场改革早期实行合同制的情况，在第二节，将结合劳动力市场规范的相关制度，对 20 世纪 90 年代以后的相关制度和政策进行介绍。

  为改革国营企业的劳动制度，增强企业活力，充分发挥劳动者的积极性和创造性，保障劳动者的合法权益，国务院于 1986 年发布了《国营企业实行劳动合同制暂行规定》，对签订劳动合同的主体、内容、劳动合同的解除等进行了明确规定，提出"国营企业在国家劳动工资计划指标内招用常年性工作岗位上的工人，除国家另有特别规定者外，统一实行劳动合同制。用工形式，由企业根据生产、工作的特点和需要确定，可以招用五年以上的长期工、一年至五年的短期工和定期轮换工。不论采取哪一种用工形式，都应当按照本规定签订劳动合同"。《国营企业招用工人暂行规定》也明确提出，企业招用工人，必须实行劳动合同制。1989 年国务院颁布《全民所有制企业临时工管理暂行规定》（以下简称《规定》），对全民所有制企业在临时用工方面的相关问题作了具体规定，将全民所有制企业临时工界定为"全民所有制企业（以下简称企业）招用的临时工，是指使用期限不超过一年的临时性、季节性用工"。这一《规定》的出台，进一步增加了国营企业用工的选择权，增加了经营的灵活性，以更加适应市场经济体制发展。《规定》指出："企业招用临时工，应当由企业与临时工本人签订劳动合同，并由企业向当地劳动行政部门备案。合同期限届满时必须终止合同。"《规定》从临时工的招收地点、待遇、工伤、上岗条件以及发生争议等方面进行了详细说明，规范了对临时工的管理。

  1990 年，原劳动部颁布了《全民所有制公司职工管理规定》（以下简称《职工管理规定》），规定了全民所有制公司对职工的管理方法，这一规定的颁布，为全民所有制公司职工管理提供了全面的政策依据，对于加强全民所有制公司职工的招收、管理、调整、争议等方面工作具有重要意义。在招聘职工方面，"公司在劳动计划内招收和聘用职工，应面向社会、公开招收、全面考核、择优录用。对新招收的工人，除国家另有规定者外，必须按照《国营企业实行劳动合同制暂行规定》签订劳动合同，实行劳动合同制"。公司内部对职工的工作进行调整方面，《职工管理规定》指出，"公司在核定的编制定员范围内，根据工作需要有权对原有机构设置和人员配备进行调整，并报送有关劳动行政部门备案。有关部门对公司提出机构设置和人员配备的要求，必须取得劳动行政部门的同意。"1991年，为了深化全民所有制企业劳动制度改革，进一步完善劳动合同制，国务院颁布了《全民所有制企业招用农民合同制工人的规定》，对于全民所有制企业招收农民工合同制工人作出了规定，"企业招用农民工必须在国家下达的劳动工资计划之内，用于国务院劳动行政主管部门确定的需要从农村中招用劳动力的生产岗位和工种。矿山企业招用农民工须报经省、自治区、直辖市人民政府或其授权的设区的市或相当于设区的市一级（以下简称市）人民政府批准，其他企业招用农民工须报经省、自治区、直辖市人民政府批准"。规定中还对农民工招收录用的条件，劳动合同的签订、变更、终止和解除的条件内容，农民工的工资、保险福利及其他待遇等作出了规定，保障了企业和农民合同制工人的合法权益，提高了劳动生产率和经济效益。

　　随着改革的深入，用工制度改革逐渐扩展到外资及私营企业，对企业招工对象、区域范围、雇用与辞退、国有部门职工到外资和民营企业就业作出了具体规定，在一定程度上促进了劳动力在不同性质企业之间的流动，为外资和民营企业的发展提供了有力支撑。1988年5月，国务院办公厅提出《关于进一步落实外商投资企业用人自主权的意见》，提出改善投资环境，进一步落实外商投资企业用人自主权，"外商投资企业需要的工人、专业技术人员和经营管理人员（包括高级管理人员），由企业面向社会公开招聘，也可以从中方合营者推荐的人员中选聘，在本地区招聘职工不能满足需要时，可以跨地区招聘"。而对于外商投资企业的招聘和辞退，都提出了有利于外商投资企业的规定，"外商投资企业从在职职工中招聘所需人员时，有关部门和单位应当积极支持，允许流动，不得采用不合理收费、收回住房等手段加以限制。如果原单位无理阻拦，被聘用职工可以提出辞职，辞职后其工龄可连续计算"。"外商投资企业按照合同和有关规定辞退职工，任何部门、单位或个人不得干预。"这一规定的发布，对于沿海地区经济发展战略的贯彻实施重大意义。1989年，原劳动部颁布的《私营企业劳动管理暂行规定》，对私营企业的用工制度作了具体规定，指出，私营企业享有用工自主权，可根据行业特点和生产经营的需要，确定职工数量、招用条件和考核办法，加强了私营企业的劳动管理，保障经营者和职工的合法权益，促进私营企业健康发展。随着用工制度改革的深入、用工自主权的逐渐放开，事业单位的用工自主权也得到了一定程度的开放。

事业单位是经济社会发展中提供公益服务的主要载体，是我国社会主义现代化建设的重要力量，伴随着改革的深入，事业单位用人自主权等也逐步得到落实。2002年，原人事部颁布了《关于在事业单位试行人员聘用制度的意见》，指出，要在事业单位试行人员聘用制度，基本原则是"事业单位与职工应当按照国家有关法律、政策和本意见的要求，在平等自愿、协商一致的基础上，通过签订聘用合同，明确聘用单位和受聘人员与工作有关的权利和义务。人员聘用制度主要包括公开招聘、签订聘用合同、定期考核、解聘辞聘等制度"。意见中还对全面推行公开招聘制度，严格人员聘用的程序，规范聘用合同的内容，建立和完美考核制度，规范解聘辞聘制度，认真做好人事争议的处理工作，积极稳妥地做好未聘人员安置工作，加强对人员聘用工作的组织领导等作出了一系列规定，为规范事业单位人员聘用工作，增加事业单位用人权，保护单位和职工的合法权益提供了可行的制度保障。2011年3月，中共中央、国务院印发《关于分类推进事业单位改革的指导意见》，对事业单位改革的意义、目标、主要措施进行全面部署，提出"创新管理方式，减少对事业单位的微观管理和直接管理，强化制定政策法规、行业规划、标准规范和监督指导等职责，进一步落实事业单位法人自主权"。

二　确认劳动者市场主体地位的制度改革

在市场经济体制下，劳动者独立的市场地位主要体现在劳动者在劳动力市场中不会受到户籍、行业限制等制度性因素的影响自由选择工作；可以根据市场和自身情况的变化，自由流动；劳动者与用人单位具有平等的法律地位等。长期以来，由于我国劳动管理体制的原因，我国劳动者的市场主体地位的发展略有不同，本节从城镇职工、高校毕业生、农村剩余劳动力几个主体加以说明。

1. 城镇职工

针对当时统配劳动制度下劳动者就业途径单一、没有自主选择权或者选择权很小的问题，1980年8月颁布的《中共中央关于转发全国劳动就业会议文件的通知》对劳动者的自主择业权进行了明确，指出"劳动者也有可能把国家需要和个人的专长、志向结合起来，选择工作岗位。可以在国营企业工作，可以在集体企业工作，可以组织合作社或合作小组进行生产和经营，还可以从事个体工商业和服务业劳动"。

1984年颁布的《中共中央关于经济体制改革的决定》，对企业和职工的关系进行了专章表述，肯定了职工在企业中的主体地位，并保证劳动者在企业中的主人翁地位。《中共中央关于经济体制改革的决定》提出，要"做到每一个劳动者在各自的岗位上，以主人翁的姿态进行工作，人人关注企业的经营，人人重视企业的效益，人人的工作成果同他的社会荣誉和物质利益密切相连"。"在社会主义条件下，企业领导者的权威同劳动者的主人翁地位是统一的，同劳动者的主动性创造性是统一的。这种统一，是劳动者的积极性能够正确地有效地发挥的必要前提。"

1986年9月15日，国务院颁布了《全民所有制工业企业职工代表大会条例》，指出，职工代表大会是保障职工参与企业经营管理、审议企业重大决策的制度。监督领导干部的权力机构、坚持和完善职工代表大会制度是当前企业全体职工行使民主权利的主要形式，有利于确立职工在企业中的主体地位。之后各地纷纷建立起企业职工代表大会制度，确立职工主体地位。2006年，总工委颁布《企业工会工作条例》，指出企业工会是中华全国总工会的基层组织，是工会的重要组织基础和工作基础，是企业工会会员和职工合法权益的代表者和维护者，"企业工会贯彻促进企业发展、维护职工权益的工作原则，协调企业劳动关系，推动建设和谐企业"。条例从工会的组织、基本任务和活动方式、工会主席的产生和职责、工作机制和制度、女职工工作的保护、工会经费和资产等方面确立职工的主体权利，保护职工的合法利益。2007年国资委发布的《关于建立和完善中央企业职工代表大会制度的指导意见》指出，职工代表大会是企业实行民主管理的基本形式，是职工行使民主管理权力的机构，是中国特色基层民主政治建设的成功经验。为建立健全现代企业制度，就必须建立和完善中央企业职代会制度，推进企业职工民主管理工作的制度化、规范化建设。

2. 高校毕业生

改革开放以来，高校毕业生就业制度经历了从"统包统分"到"双向选择、自主择业"的转变过程。这个制度变化的过程最主要的一个特点就是，高校毕业生的就业选择权逐步增强，国家由对高校毕业生具体分配等转为宏观就业管理和服务。1989年3月，国务院发布《国务院批转国家教委关于改革高等学校毕业生分配制度报告的通知》，通知指出，新中国成立之初形成的高等学校毕业生分配制度，与我国当时高度集中的、以产品经济为基本模式的经济体制相适应，在历史上曾起过积极作用。但是，随着经济社会改革的进展，这种以统和包为特征的制度，不利于调动学生学习、学校办学、用人单位合理使用人才的积极性。因此，要推进高校毕业生分配制度，"在国家就业方针、政策指导下，逐步实行毕业生自主择业、用人单位择优录用的双向选择制度"。通知同时指出，该方案是根据当时的改革条件和环境制定的过渡性方案，或称作中期改革方案。从高等学校毕业生分配制度改革的目标可以看出，国家开始回到了宏观管理的位置上，具体的就业行为由作为微观主体的用人单位与高校毕业生相互选择。1993年，中共中央、国务院颁布了《中国教育改革和发展纲要》，明确提出，"改革高等学校毕业生'统包统分'和'包当干部'的就业制度，实行少数毕业生由国家安排就业，多数由学生'自主择业'的就业制度。近期内，国家任务计划招收的学生，原则上仍由国家负责在一定范围内安排就业，实行学校与用人单位'供需见面'，落实毕业生就业方案，并逐步推行毕业生与用人单位'双向选择'的办法；委托和定向培养的学生按合同就业；自费生自主择业。随着社会主义市场经济体制的建立和劳动人事制度的改革，除对师范学科和某些艰苦行业、边远地区的毕业生，实行在一定范围内定向就业外，大部分毕业生实行在国家方针政策指导下，通过人才劳务市场，采取'自主择业'的就业办法。与此相配套，建立人才需求信息、就业咨询指导、职业介绍等社会中介组织，为毕业生就业提供服务"。原国家教委于1994年发布的《关于进一步改革普通高等学校招生和毕业生就业制度的试点意见》提出，"国家不再以行政分配而是以方针政策指导、奖学金制度和社会就业需求信息来引导毕业生自主择业。这样，逐步建立起'学生上学自己缴纳部分培养费用、毕业后多数人自主择业'的机制"。1995年，原国家教委发布《关于1995年进行普通高等学校招生和毕业生就业制度改革的意见》，对高校毕业生就业制度改革提出了具体要求，"中央部门所属普通高等学校中，毕业生就业途径的行业特点明显或有特殊要求的学校，实现两种招生计划形式'并轨'以后所招学生，毕业时可以规定原则上要在本系统、本行业范围内自主择业，并在条件成熟后逐步过渡到大多数毕业生自主择业"。"到2000年时，基本实现招生和毕业生就业制度的新旧体制转轨"，对毕业生就业制度提出了明确的改革时间表。

1997年3月，原国家教委发布的《普通高等学校毕业生就业工作暂行规定》，进一步明确了国家教委、国务院有关部委主管部门和高等学校的职责分工及工作程序，明确了国家教育主管部门、高等学校和毕业生的权利和义务，为高校毕业生就业工作走向规范化奠定了基础。2002年，国务院发布了《转发教育部等部门关于进一步深化普通高等学校毕业生就业制度改革有关问题意见的通知》，高校毕业生就业工作明确提出，要进一步转变高校毕业生就业观念，建立市场导向、政府调控、学校推荐、学生与用人单位双向选择的就业机制，努力实现高校毕业生的充分就业。2003年，国家发布的《关于做好2003年普通高等学校毕业生就业工作的通知》，提出坚持"市场导向、政府调控、学校推荐、学生与用人单位双向选择"的改革方向，体现了政策引导所具有的成本收益结构调整功能，改变了就业政策与行政命令合二为一的局面（杨伟国，2006）。2003—2004年，我国大学生就业从行政安置到市场选择的转变基本完成，其后的相关政策基本是在双向选择的框架下加以完善，同时加大政府及社会各界支持力度，进一步促进大学生就业工作。

3. 农村剩余劳动力

中国是一个农业大国，1978年，在农村就业的人口高达30638万人，而当时城镇就业人口则只有9514万人。随着农村生产率的提高和城市发展的需要，剩余劳动力开始出现并产生寻求其他工作的需求。对于农民来说，寻找工作基本的途径是离开乡村和土地，到城镇和乡镇企业工作。但是，由于新中国成立之后开始形成的一系列以户籍制度为核心的包括就业、流动、社会保障等在内的城乡分治的制度安排，给农民到农业以外的领域就业带来了不少的障碍。因此，对于农村剩余劳动力来说，市场化改革的内容大致可以分为两类：一是在就业选择上给农村剩余劳动力松绑，允许其在城镇的某些行业就业，承认其在城镇就业的合法性和合理性，这种制度变革主要体现在农村剩余劳动力转移的早期；二是减轻劳动力流动的成本特别是制度性成本，为农村剩余劳动力在转移就业中提供公平、自由的环境，这种变革主要体现在劳动力流动方面。本部分主要阐述第一类制度变革的情况，第二类制度变革主要在劳动力流动的部分展开。

为了改革劳动用工制度，补充部分艰苦行业的用工，提高企业生产效率，国务院和相关部门在 20 世纪八九十年代颁布了一系列国营企业从农村招录农村剩余劳动力的条例或者规定。1984 年 6 月 30 日，国务院发布的《矿山企业实行农民轮换工制度试行条例》，对全民所有制矿山使用农民工的条件、合同签署、管理体制等进行了规定，指出农民轮换工从农村社队招收，在矿工作期间是职工队伍的一部分，政治上应与所在单位的固定职工一视同仁，但其社员身份不变，户粮关系不转。虽然出台这一条例的目的是提高矿山企业的劳动生产率和经济效益，保护劳动者的身体健康，但也说明农民工可以到全民所有制企业就业。经国务院批准、原劳动人事部和原城乡建设环境保护部于 1984 年 10 月颁布的《国营建筑企业招用农民合同制工人和使用农村建筑队暂行办法》，则开辟了农村劳动力参加城乡建设的途径，农民工可以根据这一办法的相关规定，到国营建筑安装企业、房屋维修企业、园林和市政工程施工企业就业。1984 年 12 月，经国务院批准，原劳动人事部发布了《交通、铁路部门装卸搬运作业实行农民轮换工制度和使用承包工试行办法》，开辟了农村剩余劳动力到交通、铁路部门常年承担装卸搬运任务企业就业的途径。1991 年，为了深化全民所有制企业劳动制度改革，进一步完善劳动合同制，国务院颁布了《全民所有制企业招用农民合同制工人的规定》（中华人民共和国国务院令第 87 号），对企业招聘录用农民工的条件、合同签署、解聘等进行了明确规定，为农民工在全民所有制企业就业提供了制度保障。伴随着这一规定的实施，《矿山企业实行农民轮换工制度试行条例》《国营建筑企业招用农民合同制工人和使用农村建筑队暂行办法》《交通、铁路部门装卸搬运作业实行农民轮换工制度和使用承包工试行办法》同时失效。

第二节 促进劳动力市场运行机制形成和完善的改革

一个最为简单的市场配置资源的机制可以描述为，资源在价格信号的作用下，通过流动改变供需对比，实现资源的最优配置。这种机制在劳动力市场上的体现就是劳动力在工资水平的引导下，通过流动实现劳动力供需匹配的均衡。在劳动力市场上，供需双方除通过直接见面讨价还价来达成就业意向外，还有大量市场化的中介组织通过提供招聘、培训等服务来促进劳动力的供需匹配。按照这一逻辑，本节主要阐述与劳动力流动、工资和市场中介组织发展相关的政策。

一 劳动力市场流动和收入机制的制度改革

（一）劳动力流动机制

流动是市场发挥价格信号作用、引导劳动力合理配置的基本前提，为了打破城乡、地域、行业等之间的流动障碍，促进劳动力流动，我国进行了一系列改革。从与劳动力流动相关的制度看，户籍可以说是一项带有根本性的制度，并与就业、社会保障等劳动力市场制度一起，对我国劳动力市场产生了深远影响。早期的户籍管理制度与粮油供应等制度一起，对劳动力流动特别是城乡之间的流动起到了很大的抑制作用，随着市场经济改革的深入和劳动力流动的加速，以户籍制度为基础所形成的就业、社会保障等制度不断改革，对劳动力流动的束缚作用不断减弱。

在劳动力流动制度方面，最先松动的是城镇。1980年8月2—7日，中共中央召开全国劳动就业会议，会后发布《中共中央关于转发全国劳动就业会议文件的通知》，指出，要在控制大中城市人口的前提下，逐步做到允许城镇劳动力在一定范围内流动。

城乡之间劳动力流动的制度改革则要比城镇之间的慢并且复杂，涉及户籍、粮食等一系列改革。比如，在与上述城镇放开劳动力流动的同期，1981年10月，发布的《关于广开门路，搞活经济，解决城镇就业问题的若干决定》则提出要严格控制农村劳动力流入城镇。"对农村多余劳动力，要通过发展多种经营和兴办社队企业，就地适当安置，不使其涌入城镇，对于违反政策将家居农村的干部子女和亲属的户口迁进了城镇的，必须坚决制止和纠正。情节严重者，要给予必要的纪律处分。各级党政领导机关要严肃认真地对待这个问题。今后，农村人口迁入城镇的要严格履行审批手续，公安、粮食、劳动等部门要分工合作把好关，不要政出多门，要严格控制使用农村劳动力，继续清理来自农村的计划外用工。"

在粮油管理制度方面，为解决粮食供应紧张与市民生活和城市经济建设的矛盾，国家在新中国成立后的国民经济恢复时期，实施了一系列粮油供应制度，出台这些制度的初衷不是控制劳动力流动，只是因为粮油的控制与人的生活密切相关，因此，集中调控和分配的粮油制度对人员流动造成了很大程度的制约。在粮食管理上，国家采取了全国粮食大调运的措施，除军粮和其他必要的支拨外，公粮全部由中央贸易部调剂市场，进行合理调配。各地方人民政府发行了各类粮食票证，作为为供给制人员提供集体伙食用粮和因公出流动人员提供饮食的凭证（唐正芒、陈正良，2009）。1953年10月，中央在北京召开全国粮食紧急会议，通过了《关于实行粮食计划收购与计划供应的决议》，并在全国实施，11月15日又作出《关于在全国实行计划收购油料的决定》，后来国家又对棉花和棉布实行了计划收购和供应。1955年8月5日，国务院通过了《关于市镇粮食定量供应暂行办法》，并于8月25日由国务院公布实施。9月5日《粮食部关于〈市镇粮食定量供应凭证印制使用暂行办法〉的命令》（1955年9月5日）发布。这个办法的主要内容是实行四证三票制度。"四证"即实行市镇居民粮食供应证、工商行业用粮供应证、市镇饲料供应证、市镇居民粮食供应转移证，"三票"即全国通用粮票、地方粮票、地方料票。全国通用粮票、地方粮票、地方料票一律禁止买卖；市镇居民粮食供应证、工商行业用粮供应证、市镇饲料供应证一律不许转让。为了保证粮食定量供应办法的顺利实施，国务院又责成原粮食部下达了《关于全国通过粮票暂行管理办法的通知》，各地粮食部门相继印制发行了本地区的地方粮票和地方料票，并相应建立了粮票管理制度。统销粮票诞生后，中国百姓开始进入了一个实行粮食计划经济的票证时代，统销粮票的发行地区、发行数量、拥有者的人口数量都有一整套严密的管理体系，这套体系对于缓解粮食供需矛盾、稳定社会流动起到了应有的历史作用，但也大大阻碍了劳动力跨地域流动。改革开放后，中国经济百废待兴，大批落实政策从农村回城的人口以及上山下乡知识青年回城就业人员数量急剧增长，给城市粮食供应带来了巨大压力，因此，必须严格控制吃商品粮人口的增长。1993年，国务院发布了《国务院关于加快粮食流通体制改革的通知》，提出积极稳妥地放开粮食价格和经营，减轻国家财政负担，进一步向粮食商品化、经营市场化方向推进，1994年，全国各地基本取消粮票，一个粮油供应制度宣告终结，而这个制度给劳动力流动造成的制度约束也随之消失。

户籍制度的改革比劳动力的流动更加复杂一些。1956年12月，国务院发出了《关于防止农村人口盲目外流的指示》，明确规定了工厂、矿山等用人部门不应当私自招用农村剩余劳动力。1957年12月，中共中央和国务院联合发出《关于制止农村人口盲目外流的指示》，规定了一系列措施，严厉制止农民进入城市。1958年1月，全国人民代表大会常务委员会第91次会议通过《中华人民共和国户口登记条例》，以法律的形式将城乡有别的户口登记制度与限制迁徙制度固定了下来。1977年公安部颁布的《户口登记管理条例》指出，通过户口制度控制迁移主要是为了防止未经许可的迁移。1977年11月，国务院批转《公安部关于处理户口迁徙的规定》，强化了对户口迁徙工作的严格管理，尤其强化了对于人口进入大城市的控制，并第一次系统提出了"农转非"的具体政策，确立了对"农转非"实行政策控制加指标控制的双重管理体制（王春雷，2013）。

随着改革开放的深入和市场经济的发展，越来越多的人流动到了他们的正式户口登记地以外的地方，特别是对农业户口的人来说，进城务工成为快速发家致富的重要途径。1984年，国务院颁布了《中华人民共和国居民身份证试行条例》，身份证的使用使得城镇一家一簿、农村一村一簿的登记管理单位转变为人手一证。这种新的管理方法既有个人特征，也便于携带，很好地适应了人口流动的新环境。对农村居民来说，身份证基本上取代了家乡的介绍信，其具体许可授权不复存在。1985年，公安部制定了《公安部关于城镇暂住人口管理的暂行规定》，要求年满16岁、在非户口登记地的城市逗留3个月以上的人必须办理暂住证。而在之前，在一个地方逗留3日以上的外来人口都需要到当地的派出所登记。在这个暂行规定出台之前，农村劳动力暂时在城市工作必须在招工单位和公社之间进行协调安排。农村地区任何形式的"自发性"劳动力流动都是不允许的。因此，新规定与以往的重要区别在于，新规定默认了由农村向城市的"自发性"劳动力流动。这一措施也赋予当地政府通过发放暂住证来管理暂住人口流动的权力。1994年11月，原劳动部颁布了《劳动部关于颁布〈农村劳动力跨省流动就业管理暂行规定〉的通知》，以加强农村劳动力跨地区流动就业的管理，对用人单位用人、农村劳动者就业和各类服务组织从事有关服务活动的行为加以规范，引导农村劳动力跨地区有序流动。"用人单位或其委托代理人从应招对象户口所在地招收农村劳动力，须向该地劳动就业服务机构提交必要的文件，经核准后在劳动就业服务机构的协助下招收，并接受该地劳动行政部门的监督。"虽然这一规定没有解决阻碍农民工进城务工的户籍问题，但也承认了农村劳动力跨区流动的合理性和合法性。

随着大量农村剩余劳动力进城务工，对于限制农村劳动力流动制度的改革也进入快车道。进入21世纪以来，国家出台了一系列政策，强调农民工问题事关中国经济和社会发展全局，维护农民工权益是需要解决的突出问题,要着力解决农民工进城务工的户籍问题、工资偏低和拖欠问题、劳动管理问题、农民工子女教育问题、社会保障问题等,以引导农村富余劳动力合理有序转移,推动全面建设小康社会进程。2008年3月,国务院发布了《国务院关于解决农民工问题的若干意见》(以下简称《意见》),对农民工在我国经济社会发展进程中的重要地位给予了确认,提出"对农民工中的劳动模范、先进工作者和高级技工、技师以及其他有突出贡献者,应优先准予落户",人社部根据该《意见》精神,发布了《关于全国优秀农民工在就业地落户的通知》,决定准予国务院农民工工作联席会议表彰的1000名全国优秀农民工,根据本人意愿,将户口由原籍所在地迁入就业地。从这一文件开始,对于农民工的户籍政策由允许流动转向提倡落户。2011年2月,国务院办公厅提出《国务院办公厅关于积极稳妥推进户籍管理制度改革的通知》,积极稳妥推进户籍管理制度改革,提出"按照国家有关户籍管理制度改革的决策部署,继续坚定地推进户籍管理制度改革,落实放宽中小城市和小城镇落户条件的政策。同时,遵循城镇化发展规律,统筹推进工业化和农业现代化、城镇化和社会主义新农村建设、大中小城市和小城镇协调发展,引导非农产业和农村人口有序向中小城市和建制镇转移,逐步满足符合条件的农村人口落户需求,逐步实现城乡基本公共服务均等化"。2014年7月,国务院印发《关于进一步推进户籍制度改革的意见》,提出了发展目标:"进一步调整户口迁移政策,统一城乡户口登记制度,全面实施居住证制度,加快建设和共享国家人口基础信息库,稳步推进义务教育、就业服务、基本养老、基本医疗卫生、住房保障等城镇基本公共服务覆盖全部常住人口。到2020年,基本建立与全面建成小康社会相适应,有效支撑社会管理和公共服务,依法保障公民权利,以人为本、科学高效、规范有序的新型户籍制度,努力实现1亿左右农业转移人口和其他常住人口在城镇落户。"2014年9月,为深入贯彻落实党的十八大、十八届三中全会、中央城镇化工作会议精神和国务院的决策部署,进一步做好新形势下为农民工服务工作，切实解决农民工面临的突出问题，有序推进农民工市民化，提出《国务院关于进一步做好为农民工服务工作的意见》，对于推进农民工市民化提出了具体要求。

除了城乡之间流动以外，高校毕业生就业和流动的相关制度也得到了改革和完善，为高校毕业生营造了良好的就业环境，其改革方向是放松高校毕业生的落户限制，降低高校毕业生在不同性质单位之间流动时的社会保障等制度性障碍。2011年，国务院发布《国务院关于进一步做好普通高等学校毕业生就业工作的通知》，要求"各城市应取消高校毕业生落户限制，允许高校毕业生在就（创）业地办理落户手续（直辖市按有关规定执行）"，"对到各类用人单位就业的高校毕业生，其职称评定、工资待遇、社会保险办理、工龄确定等要严格按照国家有关规定执行。高校毕业生从企业、社会团体到机关事业单位就业的，其参加基本养老保险缴费年限合并计算为工龄"。在2013年发布的《国务院办公厅关于做好2013年全国普通高等学校毕业生就业工作的通知》，则进一步要求研究深化高校毕业生就业制度改革的具体意见，简化高校毕业生就业程序，消除其在不同地区、不同类型单位之间流动就业的制度性障碍。要指导督促各地制定实施办法，切实落实允许包括专科生在内的高校毕业生在就（创）业地办理落户手续的政策（直辖市按有关规定执行）。2014年发布的《国务院办公厅关于做好2014年全国普通高等学校毕业生就业创业工作的通知》则对高校毕业生的户籍和流动问题提出了更为具体的要求，"各地区、各有关部门要消除高校毕业生在不同地区、不同类型单位之间流动就业的制度性障碍。省会及以下城市要放开对吸收高校毕业生落户的限制，简化有关手续，应届毕业生凭《普通高等学校毕业证书》、《全国普通高等学校毕业生就业报到证》、与用人单位签订的《就业协议书》或劳动（聘用）合同办理落户手续；非应届毕业生凭与用人单位签订的劳动（聘用）合同和《普通高等学校毕业证书》办理落户手续。高校毕业生到小型微型企业就业、自主创业的，其档案可由当地市、县一级的公共就业人才服务机构免费保管。办理高校毕业生档案转递手续，转正定级表、调整改派手续不再作为接收审核档案的必备材料"。

伴随着乡镇企业、"三资"企业的发展，国家制定出台相关政策鼓励专业技术人才以辞职、借调、兼职以及领办等方式"下海"办企业，1983年，原劳动人事部和原国家经委发布了《关于企业职工要求"停薪留职"问题的通知》，通知中提到随着改革工作的发展，一些企业的少数职工要求"停薪留职"去从事个体经营。这是经济管理体制和劳动、人事制度改革中出现的新情况，"企业的固定职工要求'停薪留职'去从事政策上允许的个体经营，对于发挥富余职工的积极性、克服企业人浮于事的现象，有一定好处。但是，鉴于要求'停薪留职'的多数是有一技之长或年富力强的人员，他们离开企业对职工队伍的稳定和生产的正常进行会带来不良影响，因此，必须根据工作是否需要，严加控制，区别对待"。通知还制定了关于"停薪留职"、下海创业的相关规定。2015年，国务院发布了《关于进一步做好新形势下就业创业工作的意见》，要求探索高校、科研院所等事业单位专业技术人员在职创业、离岗创业有关政策，提出对于高校、科研院所等事业单位专业技术人员离岗创业的，经原单位同意，可在三年内保留人事关系，与原单位其他在岗人员同等享有参加职称评聘、岗位等级晋升和社会保险等方面的权利。原单位应当根据专业技术人员创业的实际情况，与其签订或变更聘用合同，明确权利义务。

(二) 收入分配机制

从劳动力市场的角度看，收入分配机制实际上就是在基本的经济制度安排下，发挥价格的信号和调节作用，优化劳动力的配置作用。从劳动力市场制度体系看，收入分配制度是一项相对重要、具有基础性的制度安排，因此，在历次党的报告以及重大文件中都有专门的表述。总体来看，收入分配机制改革的基本原则是在平衡国家、企业、管理者、普通职工各方利益的基础上，按照按劳分配的原则引入市场竞争机制，提升劳动力活力。

早期的改革主要是在分配机制中引入并发挥市场的竞争和激励作用，以提高劳动者积极性和用人单位的人力资源管理效率。中共中央、国务院《关于广开门路，搞活经济，解决城镇就业问题的若干决定》提出，城镇集体所有制经济，在国家统筹规划、指导和支持下，需要遵循自愿组合、自负盈亏、按劳分配、民主管理等项原则。按劳分配，就是使劳动者的报酬和企业生产经营好坏、岗位责任制、个人劳动成果紧密结合起来，分配形式可以灵活多样，在兼顾国家、集体和个人利益的原则下，劳动报酬不受国营企业水平的限制，有盈利时，可以从缴纳所得税后的利润中提取一定比例用于劳动分红。1989年3月，原劳动部、原国家体改委发布了《关于加强劳动定额标准工作的意见》，提出要提高对劳动定额标准工作的认识，建立、完善劳动定额标准管理体制。1993年12月，原劳动部研究制定了《劳动部关于建立社会主义市场经济体制时期劳动体制改革总体设想》，对"新型劳动体制"的框架进行了部署，提出，"工资由市场机制决定，企业自主分配，政府实行监督和调控"。1997年，党的十五大报告把坚持公有制为主体、多种所有制经济共同发展，坚持按劳分配为主体、多种分配方式并存，确定为我国在社会主义初级阶段的基本经济制度和分配制度。同时，报告提出，要整顿不合理收入，对凭借行业垄断和某些特殊条件获得个人额外收入的，必须纠正。调节过高收入，完善个人所得税制，开征遗产税等新税种。规范收入分配，使收入差距趋向合理，防止两极分化。

随着市场作用的逐步发挥以及我国开始出现的收入分配差距扩大问题，政策取向转向兼顾效率和公平，收入分配公平越来越得到重视。2002年，党的十六大报告指出，要按照劳动、资本、技术和管理等生产要素按贡献参与分配的原则完善按劳分配为主体、多种分配方式并存的分配制度。坚持效率优先、兼顾公平，既要提倡奉献精神，又要落实分配政策；既要反对平均主义，又要防止收入悬殊。初次分配注重效率，发挥市场的作用，鼓励一部分人通过诚实劳动、合法经营先富起来。再分配注重公平，加强政府对收入分配的调节职能，调节差距过大的收入。规范分配秩序，合理调节少数垄断性行业的过高收入，取缔非法收入。以共同富裕为目标，扩大中等收入者比重，提高低收入者收入水平。2006年，根据党的十六届三中全会关于推进事业单位分配制度改革的精神，原人事部和财政部联合发布了《事业单位工作人员收入分配制度改革方案》，方案指出，要贯彻按劳分配与按生产要素分配相结合的原则，建立与岗位职责、工作业绩、实际贡献紧密联系和鼓励创新创造的分配激励机制，完善工资正常调整机制，完善高层次人才和单位主要领导的分配激励约束机制。2007年，党的十七大报告对收入分配原则进行了调整，要求"初次分配和再分配都要处理好效率和公平的关系，再分配更加注重公平"，以应对日益扩大的收入分配差距。同时，进一步完善了要素参与收入分配的机制，提出"要坚持和完善按劳分配为主体、多种分配方式并存的分配制度，健全劳动、资本、技术、管理等生产要素按贡献参与分配的制度。创造条件让更多群众拥有财产性收入"。2012年，党的十八大报告对收入分配的基本制度进行了全面阐述，提出要坚持社会主义基本经济制度和分配制度，调整国民收入分配格局，加大再分配调节力度，着力解决收入分配差距较大问题。为此，"必须深化收入分配制度改革，努力实现居民收入增长和经济发展同步、劳动报酬增长和劳动生产率提高同步，提高居民收入在国民收入分配中的比重，提高劳动报酬在初次分配中的比重。初次分配和再分配都要兼顾效率和公平，再分配更加注重公平。规范收入分配秩序，保护合法收入，增加低收入者收入，调节过高收入，取缔非法收入"。2013年，国务院办公厅发布了《关于深化收入分配制度改革重点工作分工的通知》，从"继续完善初次分配机制，加快健全再分配调节机制，建立健全促进农民收入较快增长的长效机制，推动形成公开透明、公正合理的收入分配秩序"四个方面对收入分配改革进行了布置，提出要"促进中低收入职工工资合理增长。建立反映劳动力市场供求关系和企业经济效益的工资决定及正常增长机制"。2013年11月，中共中央发布《中共中央关于全面深化改革若干重大问题的决定》，明确提出要形成合理有序的收入分配格局，对劳动报酬增长机制、再分配调节机制以及收入分配秩序规范提出了明确要求，指出要"着重保护劳动所得，努力实现劳动报酬增长和劳动生产率提高同步，提高劳动报酬在初次分配中的比重。健全工资决定和正常增长机制"。

二　市场中介组织发展

在劳动力市场上，就业活动除了劳动者和用人单位直接通过报纸、电视、网络的媒介洽谈签约外，还可以通过一些组织来提供职业介绍及相关服务来完成，这些组织总体上包括两大类：一类是公共就业服务机构，通常情况下，此类机构及其提供的服务被归入到公共就业服务体系讨论；另一类是以提供人力资源服务为主的人力资源服务企业和组织。从各国劳动力市场的发展历程看，市场中介组织在促进就业、优化劳动力配置方面发挥了重要作用。从中国劳动力市场发育过程看，为了消除人员的流动障碍，优化劳动力配置，市场中介服务最早是国家通过设立劳动服务公司、政府所属的人才市场、劳动力市场等机构，随着人力资源管理专业化分工发展、人力资源理念变化以及产业结构的调整，专门提供一项或者多项人力资源服务的企业逐步增加，并形成了生产性服务业的一个重要组成部分——人力资源服务业。

无论是公共就业服务机构的发展，还是市场化人力资源服务机构的发展，都离不开相关制度和政策的推动和规范，对于公共服务的相关内容，本章后面的相关部分将对此加以论述；对于人力资源服务业的发展，由于其本身具有经济、社会等多重社会效益，因此其政策也具有多维性的特点。从历史演变的角度看，人力资源服务业在我国尚属于一个朝阳产业，因此，关于人力资源服务业发展的相关法律法规和政策也是近十几年才开始出现并快速增长，行业发展所需要的政策环境逐步优化。从已经出台的法律法规和政策看，主要包括三类：第一类是在国家人力资源开发、人才发展等综合性文件中进行相关表述，这样做主要是从推动人力资源开发、就业、劳动力流动、劳动力市场管理等角度进行安排，侧重的是人力资源服务业的社会效益。第二类是推动产业发展的角度，出台相关的综合或者专项的产业政策。综合性的产业政策主要是在推动服务业和生产性服务业发展的规划和政策中进行布局，其出发点主要是推动经济结构调整和新兴产业发展，注重的是人力资源服务业的经济效益。第三类是根据人力资源服务的特点，出台相关法律法规对提供人力资源服务行为进行监管和规范。关于政策的具体内容和特点，本书将在人力资源服务业发展这一章中专门进行分析，这里不具体展开。

三 劳动力市场规范性制度建设

建设中国劳动力市场，发挥市场在资源配置中的基础性作用，一方面，需要引入竞争机制，发挥价格在资源配置中的信号作用，提升劳动力市场的灵活性；另一方面，需要完善相关方面的制度，如合同制度、合理的劳动报酬与福利、合法的劳动关系、职业培训制度、劳动（人事）争议处理等，以保证市场规范有序运行。

（一）合同制度

如前所述，这里主要介绍进入 20 世纪 90 年代以来的合同制度的相关政策。为了规范劳动力市场，扩大合同制的覆盖范围，原劳动部在 1996 年 2 月发布了《关于订立劳动合同有关问题的通知》，指出，在 1995 年，全国已有 80% 以上的企业职工签订了劳动合同，企业新型的劳动用人制度正在逐步建立。对于企业的党委书记，该通知也作了具体说明，指出企业党委书记作为劳动者，也应当签订劳动合同。但在订立劳动合同的方式上，可采取党委书记和厂长、经理一起，与企业的上级主管部门签订劳动合同的方式来完成。同年5月，为了保障私营企业、个体工商户与劳动者双方的合法权益，依法调整劳动关系，促进私营和个体经济的健康发展，原劳动部、国家工商行政管理局、中国个体劳动者协会联合发布了《关于私营企业和个体工商户全面实行劳动合同制度的通知》，提出私营企业和个体工商户应当根据有关法律法规的规定，在平等自愿、协商一致的基础上，与劳动者签订劳动合同，建立劳动关系；对故意不实行劳动合同制度的私营企业和个体工商户，要依照《劳动法》和有关规定追究其法律责任。

劳动合同鉴证是提高劳动合同制和劳动仲裁制度效果的重要环节。1994年，原劳动部发布《劳动部关于开展劳动合同鉴证工作有关问题的通知》，要求"各地劳动行政部门要结合自己的实际情况，按照劳动部《劳动合同鉴证实施办法》中的规定，积极、稳妥、全面、深入地开展劳动合同鉴证工作。特别是对初次实行劳动合同制度的用人单位和发生劳动争议较多的用人单位，要主动上门开展劳动合同鉴证服务工作。对私营企业和外商投资企业，要按照《私营企业劳动管理暂行规定》和《外商投资企业劳动管理规定》，进一步加强劳动合同鉴证工作"。

集体协商和集体合同制是加强劳动者保护、构建和谐劳动关系的有益探索。1996年，原劳动部、中华全国总工会、原国家经贸委、中国企业家协会发布了《关于逐步实行集体协商和集体合同制度的通知》，指出，实行集体协商和集体合同制度要以《劳动法》和《工会法》为法律依据，在全面实行劳动合同制度的同时，本着积极稳妥、保证质量、注重实效的原则逐步实行，要建立健全劳动关系协调机制，促进集体协商和集体合同制度的健康发展。在有条件的地区应当逐步建立由劳动行政部门、工会组织、经贸部门和企业家协会共同组成的三方协调机制，定期就劳动关系中存在的重大问题进行协商，为企业的集体协商和劳动关系的和谐稳定创造良好环境。2000年11月，《工资集体协商试行办法》，对工资集体协商的内容、协商代表、工资协议审查等事宜作出了具体规定。办法指出,"工资集体协商,是指职工代表与企业代表依法就企业内部工资分配制度、工资分配形式、工资收入水平等事项进行平等协商,在协商一致的基础上签订工资协议的行为",所谓工资协议,是指专门就工资事项签订的专项集体合同。已订立集体合同的,工资协议作为集体合同的附件,并与集体合同具有同等效力。2001年11月,原劳动和社会保障部、原国家经济贸易委员会、中华全国总工会、中国企业联合会、中国企业家协会发布了《关于进一步推行平等协商和集体合同制度的通知》,提出各类企业都应该建立平等协商机制,切实维护职工的合法权益。平等协商,是用人单位(包括企业、雇主或雇主团体,或以进行以平等协商为目的的小企业联合组织)和相应的工会组织(未建立工会的企业由职工民主推举代表),在法律地位完全平等的基础上,就劳动标准、劳动条件以及其他与劳动关系相关的问题,依据国家法律法规而进行沟通、协商的行为。2004年,原劳动和社会保障部颁布了《集体合同规定》,对集体合同的定义、集体协商签署的内容、协商代表、协商程序等问题进行了全面安排,明确可以通过协商签订劳动合同,对劳动报酬、工作时间、休息休假、劳动安全与卫生、补充保险和福利、女职工和未成年工特殊保护、职业技能培训、劳动合同管理、奖惩、裁员、集体合同期限、变更、解除集体合同的程序、履行集体合同发生争议时的协商处理办法、违反集体合同的责任、双方认为应当协商的其他内容等15项内容进行约定。2006年10月11日,中国共产党第十六届中央委员会第六次全体会议通过《中共中央关于构建社会主义和谐社会若干重大问题的决定》,提出要完善劳动关系协调机制,全面实行劳动合同制度和集体协商制度,确保工资按时足额发放。

2007年6月29日,第十届全国人民代表大会常务委员会第二十八次会议修订通过了《中华人民共和国劳动合同法》,这是第一部专门针对劳动合同的法律,包括总则,订立、发行和变更,特别规定,监督检查,法律责任和附则;2012年12月28日,第十一届全国人民代表大会常务委员会第三十次会议又通过了《关于修改〈中华人民共和国劳动合同法〉的决定》修正案，2014年4月，人社部发布《关于推进实施集体合同制度攻坚计划的通知》，提出从2014年至2016年，在全国范围内推进实施集体合同制度攻坚计划，总目标是不断扩大集体协商和集体合同覆盖范围，确保2015年年末集体合同签订率达到80%，2016年继续巩固和提高；着力提升集体协商质量、增强集体合同实效，逐步形成规范有效的集体协商机制，畅通职工利益诉求表达渠道，促进企业发展、维护职工权益，更好地发挥集体协商和集体合同制度对调整劳动关系的基础性作用。

(二) 劳动报酬

为了保证薪酬劳动者及时、合理取得报酬，规范劳动力市场的薪酬支付行为，我国出台了一系列政策，这些政策的内容大致分类三类：一是工资支付制度，主要是为了保证劳动者可以及时、足额获得劳动报酬；二是最低工资及最低生活保障制度，为劳动者提供基本的生存保障；三是建立合理的工资增长机制，使得市场工资水平相对合理。

在工资支付保障方面，主要是针对容易发生工资拖欠的领域和群体，出台相关的保障政策。为了保障劳动者及时足额获得劳动报酬，1997年，国务院办公厅发布了《关于保障教师工资按时发放有关问题的通知》，规定各地要加快建立按时足额发放教师工资的保障机制，各级人民政府要对教育经费特别是教师工资实行全额预算，足额拨款，不留缺口。2003年9月，原劳动和社会保障部提出《关于切实解决建筑业企业拖欠农民工工资问题的通知》，提出要切实解决建筑业存在的拖欠和克扣农民工工资问题，保护农民工合法权益，维护社会稳定，提出要充分认识维护农民工合法权益的重要意义，认真开展清查工作，严厉打击拖欠和克扣农民工工资行为；2010年，国务院办公厅发布了《关于切实解决企业拖欠农民工工资问题的紧急通知》，强调了各地区、各有关部门要进一步统一思想认识，从维护社会稳定大局的高度，把解决企业拖欠农民工工资问题作为当前一项重要而紧迫的任务抓紧抓细，确保各项措施落到实处，提出各地要督促企业落实清偿被拖欠农民工工资的主体责任，加大力度解决建设领域拖欠工程款问题，加快完善预防和解决拖欠农民工工资工作的长效机制。2016年1月，为全面治理拖欠农民工工资问题，经国务院同意，劳动关系司提出《国务院办公厅关于全面治理拖欠农民工工资问题的意见》，全面治理拖欠农民工工资问题，从规范企业工资支付行为、健全工资支付监控和保障制度、推进企业工资支付诚信体系建设、依法处置拖欠工资案件、改进建设领域工程款支付管理和用工方式五个方面提出十六条具体治理措施，提出到2020年，形成制度完备、责任落实、监管有力的治理格局，使拖欠农民工工资问题得到根本遏制，努力实现基本无拖欠。

最低工资和收入保障制度是劳动者维持基本的生活水准，继续在劳动力市场工作的基本保证，为此，我国出台了一系列政策，来保证劳动者的基本需要。1994年7月，通过的《中华人民共和国劳动法》在第四十八条提出了实施"国家最低工资保障制度"，在法律层面对最低工资保障制度提出了明确要求。根据这一规定，1994年10月，《劳动部关于实施最低工资保障制度的通知》发布，提出要建立最低工资保障制度，最低工资保障制度是推动劳动力市场建设与工资分配法制化、充分保障劳动者合法权益的一项重要举措，各级劳动行政部门要充分认识这项工作的重要性与紧迫性，在当地人民政府的领导下，积极与有关部门和社会团体（组织）协商，力争在1995年1月1日《劳动法》实施前拟定出本地区最低工资标准，保证最低工资保障制度的顺利实施。2004年原劳动和社会保障部颁布了《最低工资规定》，对"最低工资"的概念、使用范围、确定方式、调整机制等作出了详细规定，指出最低工资标准，是指劳动者在法定工作时间或依法签订的劳动合同约定的工作时间内提供了正常劳动的前提下，用人单位依法应支付的最低劳动报酬。所谓正常劳动，"是指劳动者按依法签订的劳动合同约定，在法定工作时间或劳动合同约定的工作时间内从事的劳动。劳动者依法享受带薪年休假、探亲假、婚丧假、生育（产）假、节育手术假等国家规定的假期间，以及法定工作时间内依法参加社会活动期间，视为提供了正常劳动"。2007年，中国共产党第十七次全国代表大会的工作报告中提出，要着力提高低收入者的收入，逐步提高扶贫标准和最低工资标准。2007年，原劳动和社会保障部发布了《关于进一步健全最低工资制度的通知》，要求各地劳动保障部门要会同同级工会、企业联合会/企业家协会，定期对最低工资标准进行评估，根据本地区经济发展水平、职工平均工资、城镇居民消费价格指数和就业状况等相关因素变化情况，及时提出调整月最低工资标准和小时最低工资标准的方案，按照规定程序报批，最低工资调整机制逐步形成。

1988年6月，原劳动部、财政部、全国总工会发布《关于适当提高城镇职工生活困难补助标准的通知》，为了保障城镇低收入职工（包括离退休职工）家庭的基本生活，经国务院批准，各地可以适当提高职工生活困难补助标准，对家庭人均生活费收入低于困难补助标准的职工给予补助；对于离退休人员也进行一定程度的保护，1989年12月，按照"治理经济环境，整顿经济秩序，全面深化改革"的方针和当年的工作部署，国务院针对国营企业工资工作安排和适当提高离退休人员待遇问题发布《劳动部、国家计委、财政部关于一九八九年国营企业工资工作和离退休人员的问题的通知》，对工资安排和待遇水平等问题进行了具体安排。1997年2月，国务院发布《关于在全国建立城市居民最低生活保障制度的通知》，对最低生活保障制度覆盖对象、经费保障要求等作了规定，要求"九五"期间在全国建立起城市居民最低生活保障制度，使城市居民的基本生活得到保障。

在工资水平方面，主要是针对工资水平的确定和增长机制、个别群体的收入的规范等。在工资水平确定方面，工资总额管理是一项实施比较久且影响比较大的制度。1989年3月，国务院发布《关于进一步加强工资基金管理的通知》，规定了国家下达的工资总额计划，各地区、各部门必须认真执行，并按隶属关系落实到基层单位，实行工资总额同经济效益挂钩的企业，应严格按照批准的工资与经济效益挂钩的基数和比例核定效益工资，使用效益工资时，要适当留有结余，以丰补歉。没有实行工资总额同经济效益挂钩的企业，必须按照国家下达的工资总额计划执行。1994年5月，原劳动和社会保障部发布《关于加强国有企业经营者工资收入和企业工资总额管理的通知》，提出国有企业经营者不得自己给自己涨工资，凡未经有关部门审批，自行确定和提高经营者工资的，应予以坚决纠正，应加强对企业工资总额的管理和企业内部分配的指导，要采取有效措施，制止少数企业特别是亏损企业采取挪用其他资金或乱挤乱摊成本等手段为职工乱涨工资的现象。2003年11月，为了建立健全企业工资总量宏观调控机制，促进企业经济效益的增长和职工积极性的提高，使企业工资增长与经济效益增长保持合理关系，原劳动部发布了《关于进一步做好企业工资总额同经济效益挂钩工作的通知》（以下简称《通知》），《通知》指出，"企业工资总额同经济效益挂钩办法是国家对国有企业工资分配进行调控的重要方式，不仅关系到企业职工工资水平和工资增长，还事关国家、企业和职工个人三者间的利益分配关系，也是调节行业收入分配关系的重要手段"。规定"挂钩经济效益指标的选择要突出综合反映企业经济效益指标，一般以实现利润、实现利税为主要挂钩指标，国有资本保值增值率为否定指标"。《通知》确定了工资总额的基数、挂钩浮动的比例、应提工资的总额等主要指标。1995年1月1日，实施的《中华人民共和国劳动法》对工资水平增长作了具体规定，要求"工资水平在经济发展的基础上逐步提高。国家对工资总量实行宏观调控"，"用人单位根据本单位的生产经营特点和经济效益，依法自主确定本单位的工资分配方式和工资水平"。1999年10月，原劳动和社会保障部发布了《关于建立劳动力市场工资指导价位制度的通知》，提出

"建立以中心城市为依托，广泛覆盖各类职业（工种），国家、省（自治区）、市多层次汇总发布的劳动力市场工资指导价位制度，使之成为科学化、规范化、现代化的劳动力市场的有机组成部分"。

2009年9月，人力资源和社会保障部等六部门联合出台《关于进一步规范中央企业负责人薪酬管理的指导意见》，对意见的适用范围、规范薪酬管理的基本原则以及薪酬结构和水平、薪酬支付、补充保险和职务消费、监督管理、组织实施等方面进行了规定，对中央企业负责人薪酬管理作出了进一步的规范。文件首次明确规定，国企高管基本年薪与上年度中央企业在岗职工平均工资"相联系"。中共中央政治局2014年8月29日召开会议，审议通过了《中央管理企业负责人薪酬制度改革方案》，提出"要逐步规范国有企业收入分配秩序，实现薪酬水平适当、结构合理、管理规范、监督有效，对不合理的偏高、过高收入进行调整"。

（三）职业教育和培训制度

职业教育和培训是一项重要的人力资本投资，是提高劳动者素质的重要措施，在增加劳动者适应劳动力市场变化能力、促进就业、提升就业质量方面具有重要作用，因此国家出台了一系列法律法规、规划和政策来加以保证。比如，1995年实施的《中华人民共和国劳动法》就明确提出，"各级人民政府应当把发展职业培训纳入社会经济发展的规划，鼓励和支持有条件的企业、事业组织、社会团体和个人进行各种形式的职业培训"。《中华人民共和国教育法》、《中华人民共和国就业促进法》也都对职业教育和培训作了专门的规定。

职业教育和培训受到国家的高度重视，并在多部法律中予以明确。1995年实施的《中华人民共和国劳动法》在第六十六条到第六十九条对职业培训进行专门规定，提出"国家通过各种途径，采取各种措施，发展职业培训事业，开发劳动者的职业技能，提高劳动者素质，增强劳动者的就业能力和工作能力"，"国家确定职业分类，对规定的职业制定职业技能标准，实行职业资格证书制度，由经过政府批准的考核鉴定机构负责对劳动者实施职业技能考核鉴定"。1995 年《中华人民共和国教育法》颁布实施并历经 2009 年、2015 年两次修改，在这部事关教育发展的基本法律中，明确国家实行职业教育制度和成人教育制度，提出国家要"实行职业教育制度和继续教育制度。各级人民政府、有关行政部门和行业组织以及企业事业组织应当采取措施，发展并保障公民接受职业学校教育或者各种形式的职业培训"。1996 年 9 月，《中华人民共和国职业教育法》颁布，提出职业教育是国家教育事业的重要组成部分，是促进经济、社会发展和劳动力就业的重要途径，实施职业教育必须贯彻国家教育方针，为开展各级各类职业学校教育和各种形式的职业培训提供了法律依据。2007 年出台的《中华人民共和国就业促进法》用第五章整章的篇幅对与职业教育和培训相关的政府职责、相关制度建设作了详细规定，指出"国家依法发展职业教育，鼓励开展职业培训，促进劳动者提高职业技能，增强就业能力和创业能力"。

事关国民经济社会发展的综合性规划、中央或国务院印发的文件，也对职业教育和培训进行了专门的规定。1981 年 2 月，中共中央、国务院公布《关于加强职工教育工作的决定》，从职工教育内容、经济结构调整时期措施、职工教育形式、师资队伍建设、教育基础条件、办学主体、职工教育管理体制等方面做了全面部署，要求"各级党政领导和所有厂矿企业、事业单位的党委、行政、工会、共青团都要十分重视职工教育"，"各地区、各部门、各企业事业单位应根据实际情况，制订职工教育的长远规划和具体计划，对广大工人、技术人员、经营管理人员、领导干部等提出不同的训练要求"。同年 10 月发布的《关于广开门路，搞活经济，解决城镇就业问题的若干决定》提出，要"大力加强职业技术培训工作"，"有计划地实行全员培训，逐步建立正规的职工教育制度和严格的考核制度，把学习成绩优劣同调资晋级以及工作安排结合起来，对于关键性的技术岗位，要逐步实行未经考核合格不准上岗位的制度"。2002 年 5 月，中共中央办公厅、国务院办公厅印发的

《2002—2005年全国人才队伍建设规划纲要》提出，构建终身教育体系，加强终身教育的规划和协调。完善有关法律法规。加大继续教育力度，形成国家、单位、个人三方负担的继续教育投入机制。2003年12月，《中共中央国务院关于进一步加强人才工作的决定》提出，进一步改革和发展成人教育。加强各类人才的培训和继续教育工作。制定科学规范的质量评估和监督办法，提高教育培训成效。2004年，国务院发布了《2003—2007年教育振兴行动计划》，提出要大力发展多样化的成人教育和继续教育，鼓励人们通过多种形式和渠道参与终身学习，加强学校教育和继续教育相互结合，进一步改革和发展成人教育，完善广覆盖、多层次的教育培训网络，逐步确立以学习者个人为主体、用人单位支持、政府予以必要资助的继续教育保障机制，建立对各种非全日制教育培训学分的认证及积累制度，要积极发展多样化的高中后和大学后继续教育，统筹各级各类资源，充分发挥普通高等学校、成人高等学校、广播电视大学和自学考试的作用，积极推进社区教育，形成终身学习的公共资源平台。大力发展现代远程教育，探索开放式的继续教育新模式。2006年，中共中央办公厅、国务院办公厅发布了《关于进一步加强高技能人才工作的意见》，提出企业应依法建立和完善职工培训制度，加强上岗培训和岗位技能培训，可采取自办培训学校和机构，与职业院校和培训机构联合办学、委托培养等方式，加快培养高技能人才，支持和鼓励职工参加职业技能培训。2010年4月，中共中央、国务院印发《国家中长期人才发展规划纲要（2010—2020年）》，提出要"完善发展职业教育的保障机制，改革职业教育模式。完善在职人员继续教育制度，分类制定在职人员定期培训办法，倡导干中学。构建网络化、开放式、自主性终身教育体系，大力发展现代远程教育，支持发展各类专业化培训机构"。2010年10月，为认真落实《国家中长期人才发展规划纲要（2010—2020年）》《国家中长期教育改革和发展规划纲要（2010—2020年）》要求，全面提高劳动者职业技能水平，加快技能人才队伍建设，国务院发布《关于加强职业培训促进就业的意见》，说明了加强职业培训的重要性，当前和今后一个时期，职业培训工作的主要任务是：适应扩大就业规模、提高就业质量和增强企业竞争力的需要，完善制度、创新机制、加大投入，大规模开展就业技能培训、岗位技能提升培训和创业培训，切实提高职业培训的针对性和有效性，努力实现"培训一人、就业一人"和"就业一人、培训一人"的目标，为促进就业和经济社会发展提供强有力的技能人才支持。

根据相关法律法规和国家层面关于职业教育和培训的安排或者经济社会发展的需要，一些部门也制定了一些专项规章，推进职业教育和培训工作。为加强工人岗位培训工作，不断提高劳动者素质，适应经济发展的需要，原劳动部于1989年4月提出《关于开展工人岗位培训工作的意见》，规定各产业（行业）主管部门，应在科学职业分类基础上，根据实际需要修订工人技术等级标准、制定工人岗位规范要求，经劳动部综合平衡后颁布执行，工人的岗位培训要突出技能训练，着力于提高学员的动手能力和解决生产实际问题的能力。1990年6月，国务院发布了《关于做好劳动就业工作的通知》，通知中要求扩大就业训练规模，提高待业人员素质，应积极开展有计划、有组织的培训，动员社会有关方面的力量，通过技工学校、职业中学、就业训练中心，以及厂矿企业、社会团体等单位和私人办的职业训练班，扩大就业前培训的规模，并适当增加培训内容和延长培训时间，各类职业学校在安排教学时应结合就业工作统筹规划，专业设置服从社会生产、工作的需要，积极开展定向培训和委托培训。2009年，教育部发布了《关于加快高等职业教育改革，促进高等职业院校毕业生就业的通知》，通知中提出高职院校要按照把教育与经济社会发展紧密结合起来，根据岗位要求的变化，及时调整相关专业方向，要切实落实高职学生学习期间顶岗实习半年的要求，与合作企业一起加强针对岗位任职需要的技能培训，大力提升毕业生的技能操作水平，提高就业能力。2014年，教育部、国家发展改革委、财政部、人力资源和社会保障部、农业部、国务院扶贫办组织编制了《现代职业教育体系建设规划（2014—2020年）》，提出要牢固确立职业教育在国家人才培养体系中的重要位置，以服务发展为宗旨，以促进就业为导向，深化体制机制改革，推动教育制度创新和结构调整，培养工程师、高级技工和高素质职业人才，传承技术技能，促进就业创业，为建设人力资源强国和创新型国家提供人才支撑，目标为到2015年，初步形成现代职业教育体系框架，到2020年，基本建成中国特色现代职业教育体系。2015年，人社部颁布了《专业技术人员继续教育规定》，取代了1995年11月1日原人事部发布的《全国专业技术人员继续教育暂行规定》，该规定提出，为了保障专业技术人员权益，不断提高专业技术人员素质，对专业技术人员实行继续教育活动，规定"用人单位应当保障专业技术人员参加继续教育的权利"，专业技术人员应当适应岗位需要和职业发展的要求，积极参加继续教育，完善知识结构、增强创新能力、提高专业水平。

在职业培训和教育制度中，职业资格证书制度是其一个核心内容，《劳动法》《就业促进法》都对其进行了明确规定。它是指按照国家制定的职业技能标准或任职资格条件，通过政府认定的考核鉴定机构，对劳动者的技能水平或职业资格进行客观公正、科学规范的考核和鉴定，对合格者授予相应的国家职业资格证书。原人事部于1995年颁发了《职业资格证书制度暂行办法》，对职业资格、考试、注册等问题进行了规定，指出，"专业技术人员职业资格是对从事某一职业所必备的学识、技术和能力的基本要求，职业资格包括从业资格和执业资格。职业资格包括从业资格和执业资格，从业资格是政府规定专业技术人员从事某种专业技术性工作的学识、技术和能力的起点标准；执业资格是政府对某些责任较大、社会通用性强，关系公共利益的专业技术工作实行的准入控制，是专业技术人员依法独立开业或独立从事某种专业技术工作学识、技术和能力的必备标准"。1997年，原劳动部发布了《关于进一步推行职业资格证书有关问题的通知》（以下简称《通知》），《通知》指出，

"根据《劳动法》《职业教育法》建立的职业资格证书制度是我国劳动制度改革的重要内容，是培育和发展劳动力市场的重要举措，对促进劳动者提高就业能力和工作能力具有积极作用"。《通知》对技能鉴定、培训及相关管理制度方面进行了规定。2000年，原劳动和社会保障部《关于大力推进职业资格证书制度建设的若干意见》（劳社部发〔2000〕27号），提出要推进职业资格证书制度建设，全面提高劳动者素质，落实就业准入政策，促进职业资格证书制度与就业制度、培训制度和企业劳动工资制度相衔接，拓展职业技能鉴定工作领域，满足劳动力市场发展需要，加强基础工作建设，提高工作队伍素质，完善职业技能鉴定质量保证体系。2007年，国务院发布了《国务院办公厅关于清理规范各类职业资格相关活动的通知》，对职业资格制度的积极作用给予高度评价，同时指出"这一制度在实施过程中也存在一些突出问题，集中表现为考试太乱、证书太滥：有的部门、地方和机构随意设置职业资格，名目繁多、重复交叉；有些机构和个人以职业资格为名随意举办考试、培训、认证活动，乱收费、滥发证，甚至假冒权威机关名义组织所谓职业资格考试并颁发证书；一些机构擅自承办境外职业资格的考试发证活动，高额收费等，社会对此反应强烈"，为此要对现行的职业资格进行清理和规范。《通知》对清理规范的原则、内容、方法步骤等进行了说明。2014年，人力资源和社会保障部发布了《关于做好国务院取消部分准入类职业资格相关后续工作的通知》，对不同类别职业资格调整、与准入管理衔接、过渡性办法等进行了说明。职业资格制度的一个前提是要有明确的职业分类，为此，我国于1995年年初启动了《中华人民共和国职业分类大典》编制工作，历时4年，1999年年初通过审定，1999年5月正式颁布，中央、国务院50多个部门以及有关研究机构、大专院校和部分企业的近千名专家学者参加了编制工作。2010年逐步启动了各个行业的修订工作，2015年7月29日，国家职业分类大典修订工作委员会召开全体会议审议、表决通过并颁布了新修订的2015年版《中华人民共和国职业分类大典》。

(四) 劳动 (人事) 争议处理制度

在现实的劳动力市场上，由于规则认知不同、制度建设不完善以及追求劳动力供需双方追求各自利益最大化等原因，在劳动者就业、用人单位劳动管理以及国家宏观管理过程中，不可避免地存在争议，为解决这些争议，我国从新中国成立之初就开始探索建立劳动争议处理制度。由于部门分工、管理范围、用人单位性质以及对劳动者实施身份管理等原因，在制度建设中，也分别存在关于劳动争议、人事争议以及劳动人事争议处理三类表述和内容。

新中国成立初期，我国先后于1949年11月、1950年6月、1950年10月发布了《关于劳资关系暂行处理办法》《市劳动争议仲裁委员会组织及工作规则》《关于劳动争议解决程序的规则》，初步建立了我国的劳动仲裁制度。1995年，原劳动部发布的《关于进一步完善劳动争议处理工作的通知》，对完善劳动争议处理工作的目的、完善劳动争议处理工作的内容以及要求做了明确要求，提出要"指导企业建立经常性的协商机制、扩展社会预防劳动争议的功能、继续健全劳动争议仲裁组织机构、改进处理劳动争议的办案方式、发展劳动争议调解制度、建立乡镇劳动争议处理机制、探索增强劳动争议仲裁体制司法性的路子"。

改革开放以来，劳动仲裁制度经历了一个逐步恢复、完善的过程，在20世纪80年代，是劳动仲裁制度逐步恢复时期。1986年7月，国务院颁布《国务院关于发布改革劳动制度四个规定的通知》，提出"要加强劳动人事部门的组织建设，相应地建立劳动争议仲裁和社会劳动保险机构，并充实和加强劳动业务公司"，同时，《国营企业实行劳动合同制暂行规定》重新确认了劳动争议仲裁制度，提出，"劳动合同双方发生劳动争议时，应当协商解决；协商无效的，可以向当地劳动争议仲裁委员会申诉，由劳动争议仲裁委员会仲裁；对仲裁不服的，可以向当地人民法院起诉"，劳动仲裁制度开始恢复。1987年7月，国务院发布《国营企业劳动争议处理暂规定》，从调解与仲裁机构、程序以及内容等方面，对企业行政与职工之间发生的劳动争议处理作了规定。1989年5月，原劳动部发布《关于加强劳动仲裁工作的通知》，指出，自1986年我国恢复劳动仲裁制度以来，劳动仲裁工作有了较大的发展。但是存在劳动仲裁机构不健全、专职工作人员严重不足以及办公条件差、缺少办案设备三个问题。为此，要切实加强对劳动仲裁工作的领导，适应劳动仲裁工作的需要、完善劳动仲裁机构，落实人员编制、加强劳动仲裁队伍建设，加强劳动仲裁基础建设、搞好劳动合同鉴证工作，同时从实际出发，创造必备的工作条件。进入20世纪90年代以后，劳动仲裁制度建设逐步走上快车道，在这一期间，《中华人民共和国企业劳动争议处理条例》（以下简称《条例》）（中华人民共和国国务院令第117号）于1993年6月发布、8月实施，从法律层面对劳动争议处理给出了规定。《条例》从企业调解、仲裁、法则等方面对中华人民共和国境内的企业与职工之间的四类劳动争议进行了规定，这四类争议分别是：（1）因企业开除、除名、辞退职工和职工辞职、自动离职发生的争议；（2）因执行国家有关工资、保险、福利、培训、劳动保护的规定发生的争议；（3）因履行劳动合同发生的争议；（4）法律、法规规定应当依照本条例处理的其他劳动争议。1996年3月，为进一步完善三方机制，充分发挥劳动争议仲裁委员会的作用，更好地开展劳动争议仲裁工作，提高受案率和结案率，以适应当前劳动争议数量持续上升这一客观形势的需要，根据《劳动法》和《企业劳动争议处理条例》的有关规定，原劳动部和全国总工会、原国家经贸委联合发布了《关于进一步完善劳动争议仲裁三方机制的通知》，规定各级劳动争议仲裁委员会三方要注意及时总结进一步完善劳动争议仲裁三方机制工作中的经验和教训。同年，原劳动部根据《中华人民共和国企业劳动争议处理条例》第四十条规定，会同全国总工会、原国家经贸委等有关部门制定并公布了《劳动部关于颁发〈劳动争议仲裁委员会办案规则〉的通知》，对仲裁委员会的管辖范围、成员组成、案件受理、案件审理等给作了具体规定。1997年8月，原人事部颁布《人事争议处理暂行规定》，对四类人事争议人事争议处理的组织机构、管辖、处理程序、执行与监督、法律责任等问题进行系统规定。这四类人事争议分别是：（1）国家行政机关与工作人员之间因录用、调动、履行聘任合同发生的争议；（2）事业单位与工作人员之间因辞职、辞退以及履行聘任合同或聘用合同发生的争议；（3）企业单位与管理人员和专业技术人员之间因履行聘任合同或聘用合同发生的争议；（4）依照法律、法规、规章规定可以仲裁的人才流动争议和其他人事争议。1999年9月，原人事部根据《人事争议处理暂行规定》发布了〈关于印发《人事争议处理办案规则》和〈人事争议仲裁员管理办法〉的通知》，对人事争议处理的规则、仲裁委员会的组成、管辖等问题进行了说明。

进入21世纪以来，随着劳动力市场劳动争议发生频率的提高以及对劳动争议处理相关法律需求的增加，我国迫切需要一部关于劳动争议处理的全国性法律。2007年12月，《中华人民共和国劳动争议调解仲裁法》颁布，对劳动争议的调解、仲裁、开庭和裁决等问题作了明确规定，为新时期劳动争议处理提供了强有力的法律保障，劳动争议处理制度进入一个新的历史阶段。2009年1月，人社部公布《劳动人事争议仲裁办案规则》，对六类劳动人事争议的仲裁程序、相关主体等问题进行了明确规定。2009年10月，为进一步贯彻落实劳动争议调解仲裁法，切实发挥调解在促进劳动人事关系和谐和社会稳定中的重要作用，人社部提出《关于加强劳动人事争议调解工作的意见》，指出要充分认识新形势下加强劳动人事争议调解工作的重要性，建立完善企业劳动争议调解组织，提高企业自主解决争议的能力。2012年，为规范企业劳动争议协商、调解行为，促进劳动关系和谐稳定，人社部根据《中华人民共和国劳动争议调解仲裁法》制定了《企业劳动争议协商调解规定》，对企业劳动争议协商、调解的原则、内容、程序以及适用机构等事项进行了明确规定。2014年人力资源和社会保障部办公厅发布《关于印发基层劳动人事争议调解工作规范的通知》，强调加强基层调解工作规范化，促进调解组织建设、制度建设和队伍建设，切实改进工作作风，提升调解组织工作效能和社会公信力，充分发挥调解在争议处理中的基础性作用。2015年6月，为贯彻落实中共中央、国务院《关于构建和谐劳动关系的意见》及中央综治委、人力资源和社会保障部等16部委《关于深入推进矛盾纠纷大调解工作的指导意见》（综治委〔2011〕10号），进一步加强专业性劳动争议调解工作，人社部发布《人力资源和社会保障部、中央综治办关于加强专业性劳动争议调解工作的意见》，其中谈到各地人力资源和社会保障行政部门、综治组织要高度重视专业性劳动争议调解工作，将其作为构建和谐劳动关系、健全社会矛盾纠纷预防化解机制的重要任务，切实加强组织领导，密切配合，形成工作合力。

除了劳动合同、劳动报酬、职业教育和培训、劳动（人事）争议制度以外，我国还构建了关于劳动关系三方协调机制和劳动监察的制度，该制度与上述四类制度一起，共同推动我国构建和谐劳动关系的进程。

劳动争议仲裁制度自20世纪80年代恢复以来，遵循劳动行政部门、工会组织和经济综合管理部门的代表共同参与的三方原则，在劳动争议仲裁工作中初步形成了三方机制，对体现劳动争议仲裁的公正性，依法维护劳动关系双方的合法权益发挥了较好的作用。为了解决劳动争议仲裁中的机构不健全、工作制度不完善、人员队伍建设不到位的问题，原劳动部于1995年5月发布《关于进一步完善劳动争议处理工作的通知》提出，"完善劳动争议处理的工作，涉及工会、企业主管部门、企业家协会及人民法院等部门。劳动行政部门一定要与有关部门加强联系，相互配合与协作，要经常向他们通报试点情况，提供信息，争取支持，共同研究工作中遇到的问题"。次年3月，原劳动部、中华全国总工会、原国家经贸委发布了《关于进一步完善劳动争议仲裁三方机制的通知》，指出要遵循三方原则，继续健全劳动争议仲裁组织机构，完善劳动争议仲裁委员会工作制度，进一步完善仲裁员、仲裁庭制度，积极探索增强劳动争议仲裁体制权威性的新路子，同时，劳动争议仲裁工作中的三方成员要加强协调，密切配合。这些文件的颁布和实施，为探索三方机制提供了有益的经验。

进入21世纪以后，协调劳动关系三方机制取得突破性进展，国家层面的协调机制得以建立。2001年8月，原劳动和社会保障部同中华全国总工会、中国企业联合会建立了国家协调劳动关系三方会议制度，并召开了第一次国家级协调劳动关系三方会议，为中国的劳动关系协调工作建立了一个较为规范和稳定的工作机制。2002年8月，原劳动和社会保障部发布《关于建立健全劳动关系三方协调机制的指导意见》，提出进一步加强政府劳动保障行政部门、工会组织和企业代表组织三方对涉及劳动关系方面的重大问题进行沟通和协商，建立和谐稳定的劳动关系，保护、调动和发挥广大职工和经营者的积极性，为改革、发展、稳定的大局服务，需要充分认识建立劳动关系三方协调机制的重要意义，从实际出发，建立和健全劳动关系三方协调机制，明确劳动关系三方协调机制的职责，积极探索劳动关系三方协调机制的运作方式，加强对劳动关系三方协调机制工作的指导。2005年5月，为规范用人单位用工行为，保护劳动者合法权益，促进社会稳定，原劳动和社会保障部又发布了《关于确立劳动关系有关事项的通知》（劳社部发〔2005〕12号），规定了用人单位招用劳动者未订立书面劳动合同，同时具备三大条件时劳动关系成立，此时用人单位应当与劳动者补签劳动合同，劳动合同期限由双方协商确定；2013年6月，人力资源和社会保障部办公厅根据《全国人民代表大会常务委员会关于修改〈中华人民共和国劳动合同法〉的决定》关于"经营劳务派遣业务，应当向劳动行政部门依法申请行政许可"的规定，发布了《人力资源和社会保障部办公厅关于做好劳务派遣行政许可工作的通知》，指出要充分认识做好劳务派遣行政许可工作的重要意义，严格依法做好劳务派遣行政许可工作，加强对劳务派遣单位的服务和监管。2015年3

月,中共中央、国务院发布了《关于构建和谐劳动关系的意见》,提出要构建规范有序、公正合理、互利共赢、和谐稳定的劳动关系,实现"劳动用工更加规范,职工工资合理增长,劳动条件不断改善,职工安全健康得到切实保障,社会保险全面覆盖,人文关怀日益加强,有效预防和化解劳动关系矛盾"。要求依法保障职工基本权益,健全劳动关系协调机制,加强企业民主管理制度建设,健全劳动关系矛盾调处机制,营造构建和谐劳动关系的良好环境。

劳动监察制度是做到有法必依、确保劳动保障法律法规的权威和实施效果的保障。1994年7月颁布、1995年1月生效的《中华人民共和国劳动法》对监督检查专章进行了规定,提出"县级以上各级人民政府劳动行政部门依法对用人单位遵守劳动法律、法规的情况进行监督检查,对违反劳动法律、法规的行为有权制止,并责令改正"。"各级工会依法维护劳动者的合法权益,对用人单位遵守劳动法律、法规的情况进行监督。"1994年11月,《劳动部关于发布〈劳动监察员管理办法〉的通知》对劳动监察员配备的要求、身份以及职责等作了规定。1995年8月,原劳动部发布《劳动部关于进一步健全劳动监察体制的意见的通知》,提出要建立健全各级劳动监察机构,严格按照《劳动监察员管理办法》规定配备劳动监察员。1995年12月,原劳动部发布《劳动部关于颁发〈劳动监察程序规定〉的通知》,对劳动监察的实施程序、回避制度等作了规定。

2004年11月,《劳动保障监察条例》(国务院令第423号)颁布,对劳动保障监察对象、监察机构设置、人员配备、监察形式等作了系统规定。这是一部劳动保障执法方面的专门法规,是其他劳动保障法律法规有效实施的重要保证,为维护劳动者合法权益提供了重要的法律保障。2004年12月,原劳动和社会保障部发布《劳动和社会保障部关于实施〈劳动保障监察条例〉若干规定》,对《劳动保障监察条例》中巡查对象、监察方式、监察程序等进行了更为具体的说明。2010年12月,人力资源和社会保障部发布《人力资源和社会保障部关于印发〈跨地区劳动保障监察案件协查办法〉的通知》，对跨地区劳动保障监察案件所包含的内容、查办主体、具体实施等作了具体规定，指出，"跨地区劳动保障监察案件协查，是指各级人力资源和社会保障行政部门在实施劳动保障监察过程中，发现劳动保障监察案件需要跨省、自治区、直辖市（以下简称跨地区）调查的，可以委托案件相关地人力资源和社会保障行政部门协助调查并反馈协查结果的工作"，明确"跨地区劳动保障监察案件的查处以用人单位用工所在地人力资源和社会保障行政部门为主，案件相关地人力资源和社会保障行政部门协助调查"。

第三节 公共服务和社会保障

无论是发达国家还是发展中国家，在劳动力市场建设上，除了发挥市场作用，对劳动力供需和流动进行调节外，还建立了比较完善的公共服务制度和社会保障制度，以弥补市场机制在劳动力配置的中的"失灵"问题。我国在劳动力市场建设的过程中，也非常重视公共服务和社会保障的制度建设，并取得了巨大成就。

一 公共服务体系改革和建设

在国外劳动力市场上，有关劳动力市场的公共服务主要指公共就业服务，基本内容包括：职业介绍；进行职业指导和职业咨询、对求职者进行培训或再培训；实施劳动者就业促进计划；对残疾人、移民工人、青年人等特殊群体劳动者给予积极帮助；参与失业保险金的管理和发放，确认劳动者的就业意向；收集和提供劳动力市场统计性信息，协助预测就业趋势和制定政策、开展劳动力市场研究等。尽管各国在具体服务内容上各有侧重，但在核心功能上，存在相同的基础。都把职业介绍作为其主要服务功能（刘海莺、张华新，2011）。

在我国劳动力市场发育的过程中，公共就业服务制度也得到建立并不断完善，形成了以《就业促进法》为核心、相关部门规章为支撑的公共就业服务制度。当然，在不同的历史时期，劳动力市场的状况和服务需求不同，因此，公共就业服务制度所涉及的重点也有所差异。这里首先按照时间发展脉络，对我国公共就业服务制度建设进程做一个简单阐述①，然后对公共就业服务制度中关于特定群体专门规定、档案管理等做深入分析。

在改革开放初期，公共就业服务制度的建设主要体现在成立带有公共就业服务职能的劳动服务公司，并赋予其承担职业训练、劳动力流动等公共就业服务职能。为解决人口增长过快、上山下乡知识青年返城和农村剩余劳动力进城务工等带来的城市就业压力问题，1980年8月2—7日，中共中央召开全国劳动就业会议，提出"劳动部门介绍就业、自愿组织起来就业和自谋职业相结合"的就业方针（简称"三结合"）。会后发布的《中共中央关于转发全国劳动就业会议文件的通知》提出，要建立劳动服务公司，由其担负介绍就业，输送临时工，组织生产、服务，进行职业培训等项任务，"将来劳动服务公司要逐步发展成为社会上调节劳动力的一种组织形式，起吞吐劳动力的作用"。1981年10月，中共中央、国务院又发布了《关于广开门路，搞活经济，解决城镇就业问题的若干决定》，再次要求建立和健全劳动服务公司的机构，充实人员，更好地发挥它的作用。"应当使之逐步发展成组织经济事业、统筹劳动就业、输送和管理企业临时用工、开展就业训练的一种综合性机构。"由此，劳动服务公司从创办集体经济事业开始，逐步承担起组织管理社会劳动力、促进就业的多种职能，成为我国公共就业服务的雏形（刘海莺、张华新，2011）。1990年11月，国务院颁布了《劳动就业服务企业管理规定》，对劳动就业服务企业的作用、主办单位职责、内部管理作了详细规定，同年，原劳动部制定下发

---

① 与管理体制原因造成的"劳动力市场"和"人才市场"并存类似，在公共服务方面，也存公共就业服务、人才公共服务乃至"公共就业和人才服务"的表述，但从内容上讲，这些都属于我们所研究意义上的公共就业服务，因此，为了行文方便，如无特别说明，均使用"公共就业服务"这一表述。

了《劳动部关于颁发〈职业介绍暂行规定〉的通知》，对职业介绍的性质、作用以及职业介绍机构的设立、职责等问题作了规定。

1992年党的十四大确立社会主义市场经济体制改革目标后，劳动力市场改革加速，在20世纪末21世纪初，我国实施了大规模的国有企业改革，劳动力市场出现大批下岗失业人员，为促进下岗失业人员再就业、扩大就业规模，国家加大了公共就业服务体系建设，制度建设的内容主要是加强公共就业服务机构建设，充实职业介绍、职业培训等内容。1998年，为配合国有企业改革，促进下岗失业人员再就业，党中央、国务院下发《关于切实做好国有企业下岗职工基本生活保障和再就业工作通知》，要求"公共就业服务机构开设下岗职工专门服务窗口，实行免费服务；加强街道就业服务，由专人负责帮助就业难度较大下岗职工实现再就业等"。我国于2000年颁布的《劳动力市场管理规定》对公共就业服务的主要内容、公共就业服务机构建设、公共就业提供方式等作了规定，提出"公共就业服务，是指由各级劳动保障部门提供的公益性就业服务，包括职业介绍、职业指导、就业训练、社区就业岗位开发服务和其他服务内容"，"直辖市和设区的市劳动保障行政部门应统筹管理本行政区域内公共职业介绍机构和公共就业服务工作"。2001年5月，原劳动和社会保障部提出《关于推动社区就业工作的若干意见》，促进社区就业工作的进行，提出"当前开发社区就业岗位的重点是，结合社区居民多方面、多层次生活服务的需要，大力开发托幼托老、配送快递、修理维护等便民利民服务岗位，特别是面对居民家庭和个人的家政服务岗位；结合驻社区企业事业单位、政府机关剥离部分社会服务职能的需要，开发物业管理、卫生保洁、商品递送等社会化服务岗位；结合对企业退休人员实行社会化管理的需要，开发健身、娱乐以及老年生活照料等工作岗位；结合社区组织建设、公共管理和公益性服务的需要，大力开发社区治安、市场管理、环境管理等社区工作岗位，特别是开发社区保洁、保安、保绿、车辆看管等社区公益性就业岗位，对下岗职工和失业人员中年龄较大、再就业困难且家庭收入低的人员实施就业援助"。2002年3月21日，原劳动和社会保障部下发《关于进一步加强劳动力市场建设完善就业服务体系的意见》，并提出"有条件的城市进一步开展劳动力市场'三化'建设推进试点，争取通过2—3年的努力，在建立街道社区就业服务网络、完善公共就业服务制度、强化就业服务功能、提高就业服务信息化水平、构筑社会化的就业服务体系以及完善劳动力市场工资指导价位制度等方面取得新的进展"。2002年9月，《中共中央、国务院关于进一步做好下岗失业人员再就业工作的通知》（下简称《通知》）发布，对公共就业服务内容、服务机构等进行了明确规定，要求"各级政府要建立公共就业服务制度，对城镇登记失业人员和国有企业下岗职工，提供免费职业介绍，对城镇就业转失业人员和国有企业下岗职工提供免费再就业培训，所需经费主要由地方财政承担，中央财政对困难地方给予适当补助"，"要建立再就业援助制度，为就业困难对象提供专门的帮助和服务"，"要根据劳动力市场变化和产业结构调整的需要，大力加强职业教育和再就业培训"。2002年11月，原劳动和社会保障部、原国家计委、原国家经贸委等11个部委联合发布出台《关于贯彻落实中共中央国务院关于进一步做好下岗失业人员再就业工作的通知若干问题的意见》，对享受再就业扶持政策对象的认定和管理、下岗失业人员从事个体经营扶持、企业吸纳下岗失业人员和安置富余人员扶持、大龄就业困难对象再就业援助、职业介绍和再就业培训以及街道、社区劳动保障工作和再就业工作部门责任等八个方面的问题进行具体规定，提出各地要按《通知》要求，建立公共就业服务制度。公共职业介绍机构要免费为城镇登记失业人员和国有企业下岗职工提供职业介绍和职业指导服务。要实行求职登记、职业指导、职业介绍、培训申请、鉴定申报、档案管理、社会保险关系接续"一站式"就业服务。要制定"一站式"服务标准、业务流程和工作制度，提高工作效率。2005年11月，国务院出台《国务院关于进一步加强就业再就业工作的通知》，对就业管理服务组织体系、公共就业服务如何完善、公共就业服务平台建设、劳动力市场信息建设、职业培训、技能鉴定等作了具体规定，要求"完善公共就业服务制度。按照制度化、专业化、社会化的要求，全面推进'以人为本'的就业服务，提高公共就业服务的质量和效率"。

2007年颁布的《中华人民共和国就业促进法》（中华人民共和国主席令第70号）专章对公共就业服务体系建设、公共就业服务机构设立和职能、公共就业服务内容、经费来源等作了规定，将公共就业服务制度建设提升至全国法律层面。《就业促进法》提出，县级以上人民政府建立健全公共就业服务体系，设立公共就业服务机构，为劳动者免费提供六类服务：（1）就业政策法规咨询；（2）职业供求信息、市场工资指导价位信息和职业培训信息发布；（3）职业指导和职业介绍；（4）对就业困难人员实施就业援助；（5）办理就业登记、失业登记等事务；（6）其他公共就业服务等。"公共就业服务机构应当不断提高服务的质量和效率，不得从事经营性活动，其经费纳入同级财政预算"。2008年，原劳动和社会保障部颁布《就业服务与就业管理规定》，同时废止了《劳动力市场管理规定》。2014年12月，根据2014年12月23日颁布的《人力资源和社会保障部关于修改〈就业服务与就业管理规定〉的决定》对《就业服务与就业管理规定》进行了修订。新规定指出，除了基本的公共就业服务内容外，公共就业服务机构应该积极拓展服务，根据用人单位需求提供如下服务：（1）招聘用人指导服务；（2）代理招聘服务；（3）跨地区人员招聘服务；（4）企业人力资源管理咨询等专业性服务；（5）劳动保障事务代理服务；（6）为满足用人单位需求开发的其他就业服务项目。公共就业服务机构从事劳动保障事务代理业务，须经县级以上劳动保障行政部门批准。

2008年，原人事部、劳动和社会保障部合并，成立了人力资源和社会保障部。两部合并以后，对分属两个部的公共就业机构和相关服务职能、服务内容进行了规范调整，主要目标是整合优化公共就业服务资源特别是原属于两部的公共就业和人才服务机构，充实公共服务内容，提高公共服务质量。

2009年10月，人社部、中央编办联合发布了《关于进一步加强公共就业服务体系建设的指导意见》（以下简称《意见》），指出公共就业服务机构和公共就业服务体系由各级政府人力资源和社会保障行政部门统筹管理。各地在整合人才市场和劳动力市场过程中，要进一步加强各级公共就业服务机构，做到工作不断、队伍不散，充分利用现有公共就业服务资源，发挥原有服务机构的优势，进一步明确工作职责，合理确定各级公共就业服务机构的人员编制，充实人员力量，规范机构名称，统一服务标准，加强组织建设，进一步完善公共就业服务体系。2009年12月，人社部下发《关于印发推进公共就业服务信息化建设工作指导意见的通知》。该通知明确指出，公共就业服务信息化是就业工作的重要基础之一，并且对公共就业服务信息化的指导思想、基本原则、工作目标、主要任务、保障措施等进行了详细的说明。

2012年7月，国务院发布《国务院关于印发国家基本公共服务体系"十二五"规划的通知》，提出"国家建立劳动就业公共服务制度，为全体劳动者就业创造必要条件，加强劳动保护，改善劳动环境，保障合法权益，促进充分就业和构建和谐劳动关系"。"十二五"时期，政府将提供如下四类劳动就业公共服务：（1）为全体劳动者免费提供就业信息、就业政策咨询、职业指导和职业介绍、就业失业登记等服务；（2）为就业困难人员和零就业家庭提供就业援助；（3）为失业人员、农民工、残疾人、新成长劳动力等提供职业技能培训和技能鉴定补贴；（4）为全体劳动者免费提供劳动关系协调、劳动人事争议调解仲裁和劳动保障监察执法维权等服务。2012年12月，人社部、财政部发布了《关于进一步完善公共就业服务体系有关问题的通知》，明确了公共就业服务的基本原则为保基本、可持续和均等化，并就公共就业服务范围及主要内容做了说明，提出要加强公共就业服务体系建设，提升公共就业服务水平，健全公共就业服务经费保障机制，更好地完善公共就业服务机构管理体制，健全公共就业服务经费保障机制，面向社会更好地提供公共就业服务。为了适应大部制改革后的要求，《意见》对公共就业服务机构作了具体要求，提出"综合性服务机构可称为公共就业（人才）服务中心；新建、改建服务场所的，应努力统一到一个场所中，实行专业化分工和一体化运作。区、县级公共就业（人才）服务机构应整合，建立统一的综合性服务机构"。2013 年，人力资源和社会保障部下发《关于加快人力资源市场整合的意见》提出要"不断深化人力资源市场体制改革，进一步理顺政府与市场的关系，实现人力资源市场领域的管办分离、政企分开、事企分开、公共服务与经营性服务分离"，"推进经营性业务分离改革。各地要在明确划定公共就业和人才交流服务机构基本公共服务项目的基础上，逐步把经营性业务转由服务企业实施，做到职能分开、机构分设、人员分离、分类管理"。2015 年 5 月，国务院下发《国务院关于进一步做好新形势下就业创业工作的意见》，意见强调了创业服务的重要性，提出要"健全覆盖城乡的公共就业创业服务体系，提高服务均等化、标准化和专业化水平"。同时对发挥公共就业服务、中小企业服务、高校毕业生就业指导等机构在创业中的作用，创新服务内容和方式、加快公共就业服务信息化作了具体规定。2016 年 5 月，人社部发布《关于加强和改进人力资源社会保障领域公共服务的意见》，要求全面梳理和公开公共服务事项目录，大力简化证明材料和手续，规范和简化公共服务流程，探索创新公共服务方式，推进信息共享和业务协同，同时提出了人力资源社会保障领域基本公共服务事项参考目录，分为两个方面：（1）劳动就业基本公共服务项目，包括基本公共就业服务、创业服务、就业援助、就业见习服务、大中城市联合招聘服务、流动人员人事档案管理服务、职业技能培训和技能鉴定、农民工培训、12333 电话咨询服务、劳动关系协调、劳动保障监察、劳动人事争议调解仲裁 12 项服务；（2）社会保险基本公共服务项目，包括职工基本养老保险、居民基本养老保险、职工基本医保、居民基本医保、失业保险、工伤保险、生育保险。

针对劳动力市场的特定群体，比如就业困难人员、零就业家庭、残疾人、农民工等，我国还出台了专门的公共就业服务制度和政策，这些政策的内容包括就业援助、残疾人就业服务、农民工就创业服务等。

就业援助是针对就业困难人员和零就业家庭的就业问题所提出的一项制度，在解决下岗失业人员再就业、零就业家庭困难等方面发挥着重要作用。2001年5月，原劳动和社会保障部颁布《关于开展再就业援助行动的通知》，其目的是进一步做好国有企业下岗职工基本生活保障和再就业工作，妥善解决下岗职工再就业服务中心后面临的实际困难，再就业援助行动的服务对象为协议期满将出中心或已出中心但再就业困难的下岗职工和失业人员，援助措施包括上门指导、贴近服务、专项扶持、接续社会保险，通过就业援助，以使他们在基本生活保障、再就业和社会保险等方面得到及时有效的服务和帮助。同年8月又下发了《劳动和社会保障部关于再就业援助行动有关工作安排的通知》，对再就业援助的组织、制度化建设等作了进一步规定。2007年6月，《关于全面推进零就业家庭就业援助工作的通知》下发，提出要"扩大再就业政策扶持范围，健全再就业援助制度"，全面推进零就业家庭就业援助工作。2010年5月，人社部提出《关于加强就业援助工作的指导意见》（以下简称《意见》），要求"明确就业援助工作的目标任务"，"强化登记认定和动态管理工作"，"按人本服务的要求实现就业援助精细化"，"用制度化的安排实现就业援助长效化"，同时对加强就业援助工作的组织领导和宣传工作进行了安排。《意见》指出，"各级公共就业服务机构都要将援助对象作为优先服务的重点群体，按照人本服务要求，对就业援助各个具体工作环节，制定并实施特殊的服务流程和服务标准，明确各项援助工作的内容、时间和效果要求，实行'首问负责制'，将责任落实到具体工作机构和工作人员，使援助对象在各级公共就业服务机构能够优先得到标准化、专业化的重点帮助",要"大力开发岗位,全面落实政策。各地要大力开发公益性岗位,结合当地经济社会发展需要拓展岗位范围,扩大岗位规模,及时落实岗位补贴和社保补贴政策,完善公益性岗位开发和管理制度。要引导鼓励企业吸纳援助对象,帮助企业及时享受到相关政策。要积极帮助一批援助对象自主创业,着力做好创业培训、开业指导、小额贷款和跟踪服务等'一条龙'服务工作。要将短期内未就业的援助对象及时组织到职业培训中,并落实职业培训补贴政策"。

2007年5月,《残疾人就业条例》颁布,对残疾人就业服务进行了专门规定,提出"各级人民政府和有关部门应当为就业困难的残疾人提供有针对性的就业援助服务,鼓励和扶持职业培训机构为残疾人提供职业培训,并组织残疾人定期开展职业技能竞赛"。中国残疾人联合会及其地方组织所属的残疾人就业服务机构应当免费为残疾人就业提供下列服务:(1)发布残疾人就业信息;(2)组织开展残疾人职业培训;(3)为残疾人提供职业心理咨询、职业适应评估、职业康复训练、求职定向指导、职业介绍等服务;(4)为残疾人自主择业提供必要的帮助;(5)为用人单位安排残疾人就业提供必要的支持。当年7月,原劳动和社会保障部办公厅发布《关于贯彻落实〈残疾人就业条例〉的通知》,通知要求:各地劳动保障部门要配合民政、残联等有关部门,鼓励社会依法兴办残疾人福利企业,集中安排残疾人就业,指导用人单位为残疾人开发并安排适宜的工作岗位,指导残疾人就业服务机构为用人单位选择、培养并推荐符合用工要求的残疾人。2014年,国务院发布了《关于进一步做好为农民工服务工作的意见》,提出,要完善和落实促进农民工就业创业的政策,"实现就业信息全国联网,为农民工提供免费的就业信息服务。完善城乡均等的公共就业服务体系,有针对性地为农民工提供政策咨询、职业指导、职业介绍等公共就业服务。加强农民工输出输入地劳务对接,输出地可在本地农民工相对集中的输入地设立服务工作站点,输入地应给予支持。组织开展农民工就业服务'春风行动',加强农村劳动力转移就业工作示范县建设"。

　　流动人员人事档案是人事档案的重要组成部分，也是国家档案的组成部分，属于基本公共就业和人才服务的重要内容，做好流动人员人事档案管理，有利于促进劳动力流动，推动就业创业活动。随着人员交流和流动政策的放宽，流动人员人事档案管理工作日益提上日程，根据1987年颁布的《中华人民共和国档案法》[①]，中共中央组织部、原人事部于1988年12月下发《关于加强流动人员人事档案管理工作的通知》，对流动人员人事档案的种类、内容、管理机构等作了相对全面的规定。1989年11月，两部委又下发了《进一步加强流动人员人事档案管理的补充通知》，强调流动人员的人事档案，必须严格执行《关于加强流动人员人事档案管理工作的通知》的规定，一律由各级党委组织部门或政府人事部门及其所属的人才流动服务机构按照有关规定进行管理，党和国家机关、人民团体机关、国营企事业单位录用、聘用流动人员，必须凭管理其人事档案的党委组织部门或政府人事部门及其所属的人才流动服务机构出具的人事关系介绍信，方可正式办理录用、聘用手续，并接收其人事档案。

　　1996年12月，中组部、原人事部颁布了《流动人员人事档案管理暂行规定》，对流动人员人事档案的范围、管理机构、档案转递、收集整理与利用、保管等作了系统规定，确立了流动人员人事档案管理的基本制度。2001年9月，原人事部、国家工商总局颁布了《人才市场管理规定》，以部门规章的形式对流动人员人事档案管理做出了进一步的规范。2014年12月，中组部、人社部、国家发改委、财政部、国家档案局五部门出台了《关于进一步加强流动人员人事档案管理服务工作的通知》，提出要健全流动人员人事档案管理体制，明确流动人员人事档案范围，规范流动人员人事档案

[①] 1987年9月5日，第六届全国人民代表大会常务委员会第二十二次会议通过，根据1996年7月5日第八届全国人民代表大会常务委员会第二十次会议《关于修改〈中华人民共和国档案法〉的决定》修正。

接收和转递，提高流动人员人事档案管理服务信息化水平，加强流动人员人事档案安全管理，完善流动人员人事档案基本公共服务经费保障制度，严肃流动人员人事档案纪律。

二　社会保障制度

社会保障制度被称为"劳动力市场运行的润滑剂"，在增加人力资本投资、促进就业、保障劳动者适应劳动力市场变化、构建和谐劳动关系等方面具有重要作用，因此受到世界各国的重视。我国也非常重视社会保障制度建设，从新中国成立之初就开始了社会保障制度建设。这里以我国社会保障制度改革和建设的历史变化为主线，以与劳动力市场关系密切的社会保险为重点，对不同时期社会保障制度建设的主要内容和特点进行分析。在行文上，每个阶段首先对该时期社会保障制度总体改革和建设进行论述，然后是对某些具体社会保险和相关内容的阐释。

1951年至1965年，我国秉承集体主义和平均主义理念，建立了国家—单位保障模式的社会保障制度，形成了社会保障体系的雏形。1951年2月，政务院颁布了《中华人民共和国劳动保险条例》，后又于1953年、1956年进行了两次修订。该条例作为新中国成立后的第一部社会保障法规，对险种、保障范围、保险待遇、领导机关、监督机关等进行了规定，初步确立了适用于中国城镇职工的劳动保险制度，标志着我国初步确立了以社会统筹为特征的社会保险制度，《劳动保险条例》颁布之后，相关部门先后颁布了《关于劳动保险登记手续的规定》、《劳动保险委员会组织原则》、《关于执行劳动保险条例、缴纳劳动保险金的通知》、《中华人民共和国劳动保险条例实施细则》（原劳动部于1953年1月26日公布试行）、《劳动保险基金会计制度》等条例实施细则，以推进《劳动保险条例》的贯彻落实。1952年，政务院下发《关于全国各级人民政府、党派、团体及所属事业单位的国家机关工作人员实行公费医疗预防措施的指示》。1953年1月，原劳动部下发《中华人民共和国劳动保险条例实施细则（修正草案）》，扩大了《劳动保险条例》的实施范围。1956年全国总工会颁布《职工生活困难补助法》，1957年国务院发出《关于职工生活方面若干问题的指示》，这对我国职工生活问题的解决起了积极的推动作用。1958年2月和3月，国务院分别颁布《国务院关于工人、职员退休处理的暂行规定》和《国务院关于工人、职员、退职的暂行规定》，统一企事业单位职工退休退职工作。1962年国务院颁布《关于精简职工安置办法的若干规定》和《关于精简退职老职工生活困难救济问题的通知》，对精简退职老职工的安置和救助作出了一系列的规定。同年，内务部和财政部颁发《抚恤、救济费管理使用办法》，这对合理使用抚恤、救济费起了很大作用。1965年，卫生部和财政部联合下发《关于改进公费医疗管理问题的通知》，劳动部和全国总工会联合下发《关于改进企业职工劳保医疗制度几个问题的通知》，分别对公费和劳保医疗的整顿作出了具体规定。至此，我国社会保障制度建设已初具规模。

1966年至1976年，"文化大革命"对新中国成立初期建立起来的社会保障制度造成了极大的破坏，社会保障法规条例失去权威，社会保障业务混乱，社会救助工作无法开展。十一届三中全会召开后，国务院先后颁布《关于安置老弱病残干部的暂行办法》、《关于工人退休、退职的暂行办法》、《退伍义务兵安置条例》、《关于老干部离职休养的暂行规定》等法规，对"文化大革命"期间遭到破坏的制度进行修补。

1978年至1992年，中国开始实行改革开放，探索社会主义市场经济体制改革，随着经济体制改革的加快，我国的经济构成发生了巨大变化，民营企业、外资企业、股份合作企业等经济成分不断增加，为适应经济结构和运行机制的变化，我国加快了对社会保障进行改革和完善，提出要建立新的社会保障制度，并对养老保险、医疗保险、失业保险制度改革进行了探索。这个时期制度建设的主要内容包括：对已经建立的养老、医疗保险等制度进行改革，改变过去社会保障都由国家、企业包下来的做法，增加个人在相关社会中的缴费责任；扩大社会保障的覆盖面，将私营企业、外资企业等企业的职工纳入社会保障制度范围。1980年8月发布的《中共中央关于转发全国劳动就业会议文件的通知》提出，国家通过政策、法规进行调节，并逐步举办社会保险和社会救济事业。1986年4月，《中共中央关于制定国民经济和社会发展第七个五年计划的建议》提出："适应对内搞活经济、对外实行开放的新情况，认真研究和建立形式多样、项目不同、标准有别的新的社会保障制度。城乡个体劳动者的社会保险制度，也要抓紧研究，进行试点，逐步实施。这是保证经济体制改革顺利进行和取得成功的重要条件，也是社会安定和国家长治久安的根本大计。"这是我国首次提出建立新的社会保障制度，标志着我国社会保障制度改革正式全面启动（王春娟，2005）。1986年11月，原劳动人事部发布《关于外商投资企业用人自主权和职工工资、保险福利费用的规定》，提出外商投资企业中职工工资、保险福利费用的确定方式。这意味着国家在承认经济结构多元化的条件下对劳动者社会保障权益的维护，消除了社会保障单位化的烙印（郑功成，2008）。为了推进《私营企业暂行条例》的实施，1989年9月，原劳动部发布《私营企业劳动管理暂行规定》，将私营企业职工纳入我国的社会保障体系，专章对私营企业职工的养老保险、失业、生育、工伤、福利等作了系统规定。1991年4月9日，第七届全国人民代表大会第四次会议审议通过的《中华人民共和国国民经济和社会发展十年规划和第八个五年计划纲要》提出，"努力推进社会保障制度的改革。要以改革和建立社会养老保险和待业保险制度为重点，带动其他社会保险事业和社会福利、社会救济与优抚等事业的发展"。"在城镇各类职工中逐步建立社会养老保险制度，扩大待业保险的范围，完善待业保险办法，实行多层次的社会保险。在农村，采取积极引导的方针，逐步建立不同形式的老年保障制度。同时，努力改革医疗保险和工伤保险制度，继续推行合作医疗保险。保护残疾人的合法权益。"

在养老保险方面，1991年6月，国务院下发《国务院关于企业职工养老保险制度改革的决定》，指出我国要探索建立国家基本养老保险、企业补充养老保险和个人储蓄性养老保险相结合的养老保险体系，"改变养老保险完全由国家、企业包下来的办法，实行国家、企业、个人三方共同负担，职工个人也要缴纳一定的费用"。

在失业保险方面，为了促进劳动力合理流动，保障企业职工在待业期间的基本生活需要，国家逐步建立和完善了职工待业保险。1986年7月，国务院颁布《国营企业职工待业保险暂行规定》，为国有企业中破产企业职工、濒临破产企业被精简职工、终止解除劳动合同的工人和企业辞退职工在待业期间的基本生活需要提供了制度保障。1988年8月，原劳动部发布了《关于职工待业保险基金管理问题的通知》，对待业职工和职工待业保险基金的管理进行了规定，明确由当地劳动行政主管部门所属的劳动服务公司负责。1989年4月，原劳动部又发布了《国营企业职工待业保险基金管理办法》，对职工待业保险基金的筹集和管理、职工待业保险基金的使用、管理机构作了规定。1988年6月28日，国务院第十一次常务会议通过《女职工劳动保护规定》，对女职工的生育假期作了规定，提出，"女职工产假为九十天，其中产前休假十五天。难产的，增加产假十五天。多胞胎生育的，每多生育一个婴儿，增加产假十五天。女职工怀孕流产的，其所在单位应当根据医务部门的证明，给予一定时间的产假"。这项规定不但将产假由56天延长为90天，而且明确生育保险由企业保障。

以邓小平同志1992年年初重要谈话和党的十四大为标志，我国改革开放和现代化建设事业进入了一个新的发展阶段。从1992年到2005年，我国的社会保障制度也开始进入全面建设时期。在这一时期，主要内容是适应社会主义市场经济体制建设和国有企业改革的需要，对养老、失业、医疗保险进行了一系列改革；逐步健全商业保险、社会优抚、最低生活保障等政策。

1992年10月召开的党的十四大在党的历史上第一次明确提出

了建立社会主义市场经济体制的目标模式，1993年11月14日，中共十四届三中全会通过《关于建立社会主义市场经济体制若干问题的决定》（以下简称《决定》），这个带有中国经济体制改革顶层设计性质的文件，对社会保障制度构成、资金筹措方式、社会保障机构建设等提了明确要求，指出，"社会保障体系包括社会保险、社会救济、社会福利、优抚安置和社会互助、个人储蓄积累保障"。《决定》对社会保险、社会救济、社会福利等制度建设进行了明确要求，同时提出，"社会保障水平要与我国社会生产力发展水平以及各方面的承受能力相适应"，特别地，《决定》对城乡居民的社会保障提出了建设原则，即"城乡居民的社会保障办法应有区别"。1996年3月17日，第八届全国人民代表大会第四次会议通过的《中华人民共和国国民经济和社会发展"九五"计划和2010年远景目标纲要》对养老、失业、医疗保险制度改革提出具体要求，"加快养老、失业、医疗保险制度改革，初步形成社会保险、社会救济、社会福利、优抚安置和社会互助、个人储蓄积累保障相结合的多层次社会保障制度"，随后，社会保障制度建设走上了快车道。1999年1月，国务院颁布《社会保险费征缴暂行条例》，同年4月，原劳动和社会保障部社会保险登记管理暂行办法（中华人民共和国劳动和社会保障部令第1号），对基本养老保险费、基本医疗保险费、失业保险费（以下统称社会保险费）的征收、缴纳作了详细规定。2000年12月，国务院下发《关于印发〈完善城镇社会保障体系试点方案〉的通知》我国社会保障改革进入综合改革阶段。2004年，社会保障制度写入宪法，当年3月14日通过的《中华人民共和国宪法修正案（2004年）》第二十三条规定，"宪法第十四条增加一款，作为第四款：'国家建立健全同经济发展水平相适应的社会保障制度'"。

在养老保险方面，对养老保险模式、资金来源、管理方式等进行了全面改革。1995年3月，国务院发布《关于深化企业职工养老保险制度改革的通知》，对养老保险模式和计发办法改革等问题作了规定，提出了"基本建立起适应社会主义市场经济体制要求，适用城镇各类企业职工和个体劳动者，资金来源多渠道、保障方式多层次、社会统筹与个人账户相结合、权利与义务相对应、管理服务社会化的养老保险体系"的目标。1997年7月，国务院下发了《国务院关于建立统一的企业职工基本养老保险制度的决定》，明确规定了企业缴纳基本养老保险费和个人缴纳养老保险费的比例，统一社会统筹与个人账户相结合的制度，提出，"到本世纪末，要基本建立起适应社会主义市场经济体制要求，适用城镇各类企业职工和个体劳动者，资金来源多渠道、保障方式多层次、社会统筹与个人账户相结合、权利与义务相对应、管理服务社会化的养老保险体系"。1999年12月，原劳动和社会保障部发布了《关于建立基本养老保险省级统筹制度有关问题的通知》，将职工工资总额和离退休费总额两个基数或按两项之和为基数缴纳基本养老保险费改为按职工工资总额为基数缴纳基本养老保险费。该通知提出，"要通过扩大基本养老保险覆盖范围、加强基金征缴和提高个人缴费比例等措施，逐步降低和统一企业缴费比例"。2001年12月，发布了《关于完善城镇职工基本养老保险政策有关问题的通知》，对企业职工工作单位变动、劳动关系终结、城镇个体工商户等自谋职业者以及采取各种灵活方式就业的人员保险管理、破产企业保险费缴纳等问题作了规定。2005年12月，《关于贯彻落实国务院完善企业职工基本养老保险制度决定的通知》，提出不断扩大养老保险覆盖范围，稳妥改革基本养老金计发办法，统一调整基本养老保险个人账户规模等工作。

在医疗保险方面，以"两江"试点为开始，对医疗保险的运行模式和制度体系进行了有益的探索，并逐步扩大医疗保险的覆盖面。1994年4月，原国家体改委、财政部、劳动部、原卫生部《关于职工医疗制度改革的试点意见》提出，职工医疗保障制度改革的目标是建立社会统筹医疗基金与个人医疗账户相结合的社会保险制度，并使之逐步覆盖城镇所有劳动者。1994年11月，国务院对江苏镇江、江西九江社会统筹与个人账户相结合的社会医疗保险制度的试点方案进行了批复,即《国务院关于江苏省镇江市、江西省九江市职工医疗保障制度改革试点方案的批复》,此举旨在为全国医疗保险制度改革探索经验。1996年5月,在总结镇江、九江等地试点经验、充分调查研究和广泛征求意见的基础上,国务院制定发布了《国务院办公厅转发国家体改委等四部委关于职工医疗保障制度改革扩大试点意见的通知》,对医疗保险基金筹集、职工个人医疗账户和社会统筹医疗基金的建立、职工医疗费用支付、医疗机构的配套改革和内部管理等作了规定。1998年,医改领域开始推行医疗保险制度改革、医疗卫生体制改革、药品生产流通体制改革"三项改革"。同年12月,国务院印发了医疗改革的标志性文件,《国务院关于建立城镇职工基本医疗保险制度的决定》,明确在全国范围内进行城镇职工医疗保险制度改革,改革的主要任务是建立城镇职工基本医疗保险制度,即适应社会主义市场经济体制,根据财政、企业和个人的承受能力,建立保障职工基本医疗需求的社会医疗保险制度,医疗保险制度开始进入全面建设时期。在该文件中,确定的医疗保险基本原则是"基本医疗保险的水平要与社会主义初级阶段生产力发展水平相适应;城镇所有用人单位及其职工都要参加基本医疗保险,实行属地管理;基本医疗保险费由用人单位和职工双方共同负担;基本医疗保险基金实行社会统筹和个人账户相结合",即所谓的"低水平、广覆盖、双方负担、统账结合"的四原则。自基本医疗保险制度确立以来,对医疗保险覆盖范围进行了不断扩展,使越来越多的人群享受到医疗保障。2003年发布的《关于进一步做好扩大城镇职工基本医疗保险覆盖范围工作的通知》提出,要继续积极扩大基本医疗保险覆盖范围,并提出了具体目标,"大中城市参保率要达到60%以上,其中直辖市和省会城市要达到70%以上,其他城市也要在去年参保人数的基础上有所突破,统筹地区的参保人数要达到50%以上"。之后不久,为将参保人群扩大到城镇灵活就业人员以及混合所有制企业、非公有制经济组织从业人员，原劳动和社会保障办公厅先后发布了《关于城镇灵活就业人员参加基本医疗保险的指导意见》和《关于推进混合所有制企业和非公有制经济组织从业人员参加医疗保险的意见》。在推进城镇医疗保险制度建设的同时，农村的医疗保障制度改革根据经济社会发展的形势逐步开展，主要内容是建立与经济社会发展水平相适应的、以大病统筹为主的新型农村医疗合作制度。1993年，中共中央在《关于建立社会主义市场经济体制若干问题的决定》中提出，要"发展和完善农村合作医疗制度"，1997年1月，中共中央、国务院颁发了《关于卫生改革与发展的决定》，要求"积极稳妥地发展和完善农村合作医疗制度"。2002年10月，中共中央、国务院颁布了《关于进一步加强农村卫生工作的决定》，要求到2010年，在全国农村基本建立起适应社会主义市场经济体制要求和农村经济社会发展水平的农村卫生服务体系和农村合作医疗制度"，其中，合作医疗制度建设的目标是"逐步建立以大病统筹为主的新型农村合作医疗制度"。2003年1月16日，国务院办公厅转发了卫生部、财政部和农业部的《关于建立新型农村合作医疗制度的意见》，要求"从2003年起，各省、自治区、直辖市至少要选择2—3个县（市）先行试点，取得经验后逐步推开"。2003年3月1日，新修订的《中华人民共和国农业法》正式施行，规定："国家鼓励支持农民巩固和发展农村合作医疗和其他医疗保障形式，提高农民健康水平"，为农村合作医疗制度提供了法律保障。2006年1月10日，卫生部、国家发展和改革委员会、民政部、财政部、农业部、国家食品药品监督管理局、国家中医药局七部委局联合下发《关于加快推进新型农村合作医疗试点工作的通知》，对新型农村合作医疗制度作了充分肯定，提出各省（区、市）要在认真总结试点经验的基础上，加大工作力度，完善相关政策，扩大新型农村合作医疗试点。

在工伤保险制度方面，1993年11月14日通过的《中共中央关于建立社会主义市场经济体制若干问题的决定》指出，我国应该"普遍建立企业工伤保险制度"。1994年7月5日，我国颁布《劳动法》，提出"国家发展社会保险事业，建立社会保险制度，设立社会保险基金，使劳动者在年老、患病、工伤、失业、生育等情况下获得帮助和补偿"，将工伤保险纳入我国社会保险制度。工伤保险制度建设开始进入全面启动阶段。为了配合《劳动法》贯彻实施，1996年8月12日，原劳动部颁布了《企业职工工伤保险试行办法》，首次将工伤保险作为独立的制度进行规定。2003年4月27日，国务院颁布了《工伤保险条例》，对工伤保险基金、工伤认定、劳动能力鉴定、工伤保险待遇、监督管理、法律责任等进行了详细的规定，有力保障了因工受伤人员的合法权益。为配合《工伤保险条例》的执行，2003年9月，原劳动和社会保障部发布《工伤认定办法》（中华人民共和国劳动和社会保障部令第17号）和《因工死亡职工供养亲属范围的规定》。

在失业保险方面，制度建设走上法律轨道，制度的约束刚性进一步增强。1993年4月，国务院发布了《国有企业职工待业保险规定》，对待业保险基金的筹集和管理、待业保险基金的使用以及组织管理机构的职责、罚则等作了规定。1999年1月，《失业保险条例》开始实行，确立了国家、企业和职工三方负担筹资机制，这是关于失业保险的第一部全国性行政法规。为贯彻《失业保险条例》，做好失业保险基金支出项目调整工作，原劳动和社会保障部先后发布《关于调整失业保险基金支出项目有关问题的通知》《关于事业单位参加失业保险有关问题的通知》和《关于不得擅自扩大失业保险开支项目的通知》，对相关问题给予说明。2000年10月，原劳动和社会保障部发布了《失业保险金申领发放办法》，规定了失业保险金的申领办法、领取方式、适用人员等。

在生育保险方面，制度建设开始启动和探索。1994年12月14日，原劳动部发布《企业职工生育保险试行办法》，指出，"职工个人不缴纳生育保险费"。1995年7月27日，国务院发布《中国妇女发展纲要（1995—2000年）》。该纲要提出了"在全国城市基本实现女职工生育费用的社会统筹"的目标。同时，"将女职工生育保险费用由企业管理逐步改为社会统筹管理"、"由国有企业逐步扩展到所有企业"。2001年5月22日，国务院发布《中国妇女发展纲要（2001—2010年）》，提出了"城镇职工生育保险覆盖面达到90%以上"的目标。

为了保障劳动力市场弱势群体的生活并适应劳动力市场的变化，国家还加快了最低生活保障制度建设。1998年6月，国务院下发《中共中央、国务院关于切实做好国有企业下岗职工基本生活保障和再就业工作的通知》，提出应"切实保障下岗职工的基本生活，大力实施再就业工程"。1999年4月，原劳动和社会保障部、民政部、财政部联合下发《关于做好国有企业下岗职工基本生活保障失业保险和城市居民最低生活保障制度衔接工作的通知》，指出"国有企业下岗职工基本生活保障、失业保险、城市居民最低生活保障制度三条保障线，对保障职工和城市居民基本生活、促进深化改革、保持社会稳定、具有十分重要的作用"。1999年9月，国务院下发《城市居民最低生活保障条例》，我国城市居民最低生活保障制度得到规范化、法制化的发展。2003年6月，国务院通过《城市生活无着的流浪乞讨人员救助管理办法》，1982年5月国务院发布的《城市流浪乞讨人员收容遣送办法》同时废止。2005年，下岗职工基本生活保障向失业保险制度并轨。

随着经济社会体制改革的推进和社会保障制度建设实践的丰富，我国的社会保障制度进入全面改革和建设新时期，社会保险制度建设开始从以养老、失业、医疗保险为重点转向全面完善和发展。2006年10月发布的《中共中央关于构建社会主义和谐社会若干重大问题的决定》，把"完善社会保障制度，保障群众基本生活"作为加强制度建设中的六大制度建设之一进行专门部署，提出要"适应人口老龄化、城镇化、就业方式多样化，逐步建立社会保险、社会救助、社会福利、慈善事业相衔接的覆盖城乡居民的社会保障体系"。2007年10月，党的十七大报告提出了社会保障制度建设"三个基础、三个重点和两个补充"的发展新思路，即以社会保险、社会救助、社会福利为基础，以基本养老、基本医疗、最低生活保障制度为重点，以慈善事业、商业保险为补充，加快建立覆盖城乡居民的社会保障体系。按照这一思路，对基本养老保险、农村养老保险、城镇职工基本医疗保险、城镇居民基本医疗保险、新型农村合作医疗制度、失业工伤生育等保险制度以及社会保障统筹、社会保险关系、社保基金接续等改革和建设进行了部署，对社会救助体系、优抚安置、残疾人、人口老龄化工作、防灾减灾、廉租房等工作做了安排。

在养老保险方面，2007年的《关于推进企业职工基本养老保险省级统筹有关问题的通知》提出，加快建立、完善和推进基本养老保险省级统筹，全省执行统一的企业职工基本养老保险制度和政策，全省统一企业和职工缴纳基本养老保险费的比例、缴费基数。

在医疗保险方面，覆盖面进一步向农民工扩展，保险体系更加丰富，保障力度逐步增加。2006年3月，国务院出台了《国务院关于解决农民工问题的若干意见》，提出要积极稳妥地解决农民工社会保障问题。医疗保险制度开始将农民工列为覆盖人群。同年5月，原劳动和社会保障部发布了《关于开展农民工参加医疗保险专项扩面行动的通知》，提出"以省会城市和大中城市为重点，以农民工比较集中的加工制造业、建筑业、采掘业和服务业等行业为重点，以与城镇用人单位建立劳动关系的农民工为重点，统筹规划，分类指导，分步实施，全面推进农民工参加医疗保险工作"。2007年，开展城镇居民基本医疗保险试点、全面推进农村最低生活保障制度等（郑功成，2008）。2009年3月，在广泛征求意见的基础上，《中共中央国务院关于深化医药卫生体制改革的意见》发布，提出要加快建立和完善以基本医疗保障为主体、其他多种形式补充医疗保险和商业健康保险为补充，覆盖城乡居民的多层次医疗保障体系。

在失业保险方面，实施扩大保险支出范围、提高保障力度等改革措施，以增强失业保险对劳动者的保障能力。2006年后，原劳动和社会保障部陆续发布了《关于适当扩大失业保险基金支出范围试点有关问题的通知》《关于进一步做好失业保险和最低工资有关工作的通知》《关于做好当前失业保险工作有关问题的通知》《关于进一步提高失业保险统筹层次有关问题的通知》等，这些通知提出，要继续健全和完善失业保险金标准调整机制，根据物价和本地生活水平合理确定并及时调整失业保险金水平，要继续做好失业保险扩面和基金征缴工作，对符合条件的失业人员按时足额发放失业保险金，并按规定提供有针对性地促进就业服务，切实保障失业人员的基本生活。

2006年国务院下发新的《农村五保供养工作条例》，对供养对象、内容和形式等问题进行了规定，为农村的集体福利事业发展提供了法律保障。

从2010年起，社会保障制度建设进入一个新的历史阶段，最为突出的一个特点是法律建设取得历史性突破，《中华人民共和国社会保险法》《社会救助暂行办法》等相继出台，把社会保障制度建设的法制化推上了一个新台阶。2010年10月，第十一届全国人大常委会第十七次会议通过《中华人民共和国社会保险法》，这为我国社会保险制度建设提供了法律依据，标志着我国社会保障体系建设由长期试验性状态走向定型、稳定与可持续发展阶段。2011年6月，人力资源和社会保障部以《关于印发人力资源和社会保障事业发展"十二五"规划纲要的通知》的形式发布了《人力资源和社会保障事业发展"十二五"规划纲要》，2012年6月，国务院以《关于批转社会保障"十二五"规划纲要的通知》的形式转发了人力资源和社会保障部、国家发展和改革委员会、民政部、财政部、卫生部、社保基金会制定的《社会保障"十二五"规划纲要》，两个规划都对"十二五"期间社会保障制度建设做了详细部署，特别是《社会保障"十二五"规划纲要》，对"十二五"期间社会保障的发展目标、制度体系建设、社会保障管理与服务、保障增长水平等进行了明确的规定。2011年10月，国务院办公厅下发《社会养老服务体系建设规划（2011—2015年）》，我国居家养老和社区服务养老服务网络基本健全。同年，人力资源和社会保障部下发《中国境内就业的外国人参加社会保险暂行办法》，将依法在中国境内就业的外国人纳入社会保障体系。2012年，党的十八大报告提出了社会保障制度建设新目标，即坚持全覆盖、保基本、多层次、可持续方针，以增强公平性、适应流动性、保证可持续性为重点，全面建成覆盖城乡居民的社会保障体系。2013年11月，党的十八届三中全会通过了《关于全面深化改革若干重大问题的决定》，提出了要建立更加公平可持续的社会保障制度，并对基本养老、基本医疗、最低生活保障等制度建设以及扩大社会保障覆盖面、完善社会保障财政制度等问题作了规定。

在养老保险方面，制度体系进一步调整优化，新农保和城居保制度并轨加速，养老保障水平逐步提高，并开始形成动态调整机制。2013年9月，国务院印发的《关于加快发展养老服务业的若干意见》提出了加快发展养老服务业的总体要求、主要任务和政策措施。2014年2月，国务院下发《关于建立统一的城乡居民基本养老保险制度的意见》，提出，"十二五"末，在全国基本实现新农保和城居保制度合并实施，并与职工基本养老保险制度相衔接。2020年前，全面建成公平、统一、规范的城乡居民养老保险制度。同年5月，国务院下发的我国第一部统筹各项社会救助制度的行政法规——《社会救助暂行办法》开始实施，该办法对最低生活保障、特困人员供养、受灾人员救助、医疗救助、教育救助、住房救助、临时救助等作了全面规定，对保障公民基本生活、促进社会公平具有积极的推动作用。2015年，人社部发布了《关于提高全国城乡居民基本养老保险基础养老金最低标准的通知》，提出"从2014年7月1日起，全国城乡居民基本养老保险基础养老金最低标准提高至每人每月70元，即在原每人每月55元的基础上增加15元。提高标准所需资金，中央财政对中西部地区给予全额补助、对东部地区给予50%的补助"。该通知指出，应进一步健全参保缴费激励机制，引导和鼓励城乡居民选择更高档次缴费、长期持续缴费，增加个人账户积累，逐步提高养老保障水平。

在医疗保险方面，人社部和财政部于2015年联合发布了《关于做好2015年城镇居民基本医疗保险工作的通知》，提出要完善筹资和待遇调整机制，完善居民医保制度，全面推进大病保险制度，建立和完善基金运行分析与风险预警机制，深化支付方式改革，加强医疗服务监管等。

在工伤保险方面，覆盖面进一步扩大，管理程序科学化程度进一步提高。2010年12月28日，国务院发布《关于修改〈工伤保险条例〉的决定》，将工伤保险范围由企业和个体工商户扩大到了事业单位、社会团体、民办非企业单位、基金会、律师事务所、会计事务所等，同时扩大了工伤认定范围，简化了工伤处理程序等。

在失业保险方面，失业保险基金在稳定就业方面的作用得到进一步重视，对就业的支持进一步增强。2014年，人社部发布的《关于进一步做好失业保险支持企业稳定岗位工作有关问题的通知》提出，"稳岗补贴政策关系企业和职工切身利益，关系就业和社会稳定，各级人力资源和社会保障部门要进一步加大政策宣传力度，使符合条件的企业都能够知晓并享受政策，鼓励、支持、引导企业稳定就业岗位"。

2012年4月18日，国务院下发《女职工劳动保护特别规定》。该规定对女职工的休假、生育津贴方法方式等作了具体规定，用人单位违反规定的应给予相应惩罚。

当前，我国已建立起了社会保障体系的基本框架，覆盖城乡居民的社会保障体系基本形成，制度覆盖面不断扩大，各项社会保险参保人数逐年上升。其中，我国基本养老参保人数增加速度最快，从2000年的13618万人上升到2015年的85833万人。我国基本医疗保险的上升速度也相对较快，从2000年的4332万人增加到2015年的66582万人。我国失业保险、工伤保险和生育保险的参保人数也有所增加，相较于2000年，2015年的参保人数分别增加了6918

万人、17082万人和14769万人。其中失业保险参保人数的增幅最小。

表3—1　　　　2000—2014年全国社会保险参保人数　　　　单位：万人

年份	基本养老	基本医疗	失业	工伤	生育
2000	13618	4332	10408	4350	3002
2001	14183	7630	10355	4345	3455
2002	14736	9400	10182	4406	3488
2003	15506	10902	10373	4575	3655
2004	16353	12404	10584	6845	4384
2005	17487	13783	10648	8478	5408
2006	18766	15732	11187	10268	6459
2007	20137	22311	11645	12173	7775
2008	21891	31822	12266	13787	9254
2009	23550	40147	12715	14896	10876
2010	35984	43265	13376	16161	12336
2011	61573	47343	14317	17696	13992
2012	78796	53641	15225	19010	15429
2013	81968	57073	16417	19917	16392
2014	84232	59747	17043	20639	17039
2015	85833	66582	17326	21432	17771

资料来源：2000年至2007年历年《劳动和社会保障事业发展统计公报》；2008年至2015年《人力资源和社会保障事业发展统计公报》。

根据人社部发布的《2015年度人力资源和社会保障事业发展统计公报》，截至2015年年底，全年五项社会保险（含城乡居民基本养老保险）基金收入合计46012亿元，比上年增加6184亿元，增长15.5%。基金支出合计38988亿元，比上年增加5985亿元，增长18.1%。其中，基本养老保险基金收入32195亿元，比上年增长16.6%，其中征缴收入23717亿元，比上年增长12.4%，全年基本养老保险基金支出27929亿元，比上年增长19.7%；全年城镇基本医疗保险基金总收入11193亿元，支出9312亿元，分别比上年增长15.5%和14.5%；全年失业保险基金收入1368亿元，比上年下降0.9%，支出736亿元，比上年增长19.8%；全年工伤保险基金收入754亿元，支出599亿元，分别比上年增长8.6%和6.8%；全年生育保险基金收入502亿元，支出411亿元，分别比上年增长12.5%和11.8%。

第四章

人力资源服务业发展

"人力资源服务业"是一个中国化的概念,在十余年前并没有这个说法,英文中本也无相对应的概念,有的只是我们在进行中译英时选择的表述(余兴安,2016)。人力资源和社会保障部、国家发展和改革委员会、财政部发布的《关于加快发展人力资源服务业的意见》将人力资源服务业定义为"向劳动者就业和职业发展,为用人单位管理和开发人力资源提供相关服务的专门行业"。随着我国劳动力市场的发展,市场在劳动力配置中的作用逐步发挥,人力资源服务业取得了长足的发展,一个包括人力资源招聘、职业指导、人力资源和社会保障事务代理、人力资源培训、人才测评、劳务派遣、高级人才寻访、人力资源外包、人力资源管理咨询、人力资源信息软件服务等多种业务形态、多元化、多层次的人力资源服务体系初步形成。根据人力资源和社会保障部的统计数字,截至2014年年末,全国各类人力资源服务机构2.5家,从业人员40.7万人,行业年营业收入达到8058亿元。

作为生产性服务业的重要组成部分,无论是加大人力资本投资力度还是提高劳动力配置效率,人力资源服务业都扮演着重要角色,是发挥市场在人力资源开发中的决定性作用、提升劳动力配置效率的重要载体。比如,培训、职业指导等人力资源服务,已经成为当前人力资本投资的重要组成部分,而招聘、人力资源和社会保障事务代理、测评、劳务派遣、高级人才寻访、人力资源外包、人力资源管理咨询等可以看作提高人岗匹配和劳动力市场效率的一种专业服务。本章将对国内外人力资源服务业发展的状况及其对劳动力市场的影响进行分析，同时，结合我国劳动力市场发展趋势、技术和政策发展趋势等，对人力资源服务业的发展做出研判。

第一节 国外人力资源服务业发展状况

在现实的劳动力市场中，由于信息不对称等原因所导致的劳动力市场摩擦以及宏观经济社会环境变化的影响，劳动力市场并不是瞬时出清的，因此导致失业和工作转化情况的存在，甚至引起劳资冲突。为解决这些问题，推动劳动力供需匹配，公共就业服务、市场性的中介服务等逐步产生并壮大。从公共就业服务的发展历程来看，其出发点和主要职能是从职业介绍这个促进劳动力供需双方达成就业开始的。在早期劳资斗争的条件下，由于劳动力供需双方自己设立的招聘中介机构都有可能引起对方的不信任，以及人们对失业与贫困和公共不安定关系的重新认识，促使欧洲许多国家和美国部分城市成立各式各样的职业介绍所。在欧盟、北美以及东南亚地区，各国也把对劳动力供需双方的匹配作为公共就业服务的主要内容（范随、艾伦·汉森、戴维·普瑞，2012）。随着人们对私营中介机构在提升劳动力市场匹配效率、促进就业方面作用认识的转变，私营中介机构开始出现并逐步发展起来。1893 年，世界上第一家私营职业介绍机构由弗雷德·温斯洛（Fred Winslow）在美国创办（陈玉萍，2013），在经历了公共就业服务机构垄断、对私营职业介绍机构放松管制、私营就业服务机构多元化发展、国际社会肯定和鼓励发展阶段后（莫容、陈玉萍，2013），包括招聘、派遣、培训、猎头、技能评估等在内的国外人力资源服务业开始壮大起来。

如前所述，人力资源服务在国外并没有一个统一的概念表述和界定范围，从统计标准看，各国在人力资源服务业基本构成的认识和实践上各有侧重（汪怿，2007）。因此，对于国外人力资源服务的研究，大多也是研究者根据需要选取相关内容加以分析。从目前全球人力资源服务提供者的构成看，除了政府以外，全球还有大量的私营机构在提供职介服务，并形成了一个强大网络，联结这个网络的组织为民间职介机构国际联盟[①]（CIETT）。1967年，民间职介国际联盟在法国巴黎成立，目前总部设在比利时，其成员包括47个国家的私营就业机构协会和一些全球大型跨国人力资源公司。该协会在国际组织制定与行业有关的新的文件时，会就会员的意见和要求，积极同相关各方进行讨论和协商；同时，会通过一系列措施保护会员的利益，营造民间职介服务业的积极形象，提升行业标准。作为一个世界性的民间组织，民间职介国际联盟会通过对世界各国就业市场的观察，发布年度报告，对全球各国和地区的劳动力市场进行分析。从其成员构成和活动范围看，这些报告大致可以反映全球职介服务市场的变化情况，因此，本书将以其近年来发布的报告和相关统计数据为基础，分析近年来全球民间职介服务的基本情况。有两点需要说明：第一，本书所说的职介服务是包括招聘、派遣、培训、猎头、技能评估等在内的由一系列HR服务组成的服务，所称的民间职介服务，在其他文献中也被称为私营职介服务，这里统一使用民间职介服务；第二，在民间职介机构国际联盟的报告中，个别指标的数据并非每年都提供，这未免会给分析的全面性带来一定影响，但可以反映出一段时期的趋势性特征。

一　全球民间职介服务机构的基本状况

（一）全球民间职介服务机构变化情况

民间职介服务机构在世界范围内提供各种与就业相关的职业介

[①] 也有的学者翻译为国际私营职业中介机构联合会。

绍、招聘等服务，在 2012 年，全球有近 137300 家民间职介服务机构，基本与 2011 年持平。全球有 203500 家地方分支机构，雇用了 624500 名内部员工[①]。这意味着民间职介服务已经建立起了一个覆盖全球的专业劳动市场网络，而地区分支机构的建立，则确保了对地方劳动市场服务的深度，从而建立起许多区域性、国际性的劳动力市场网络。

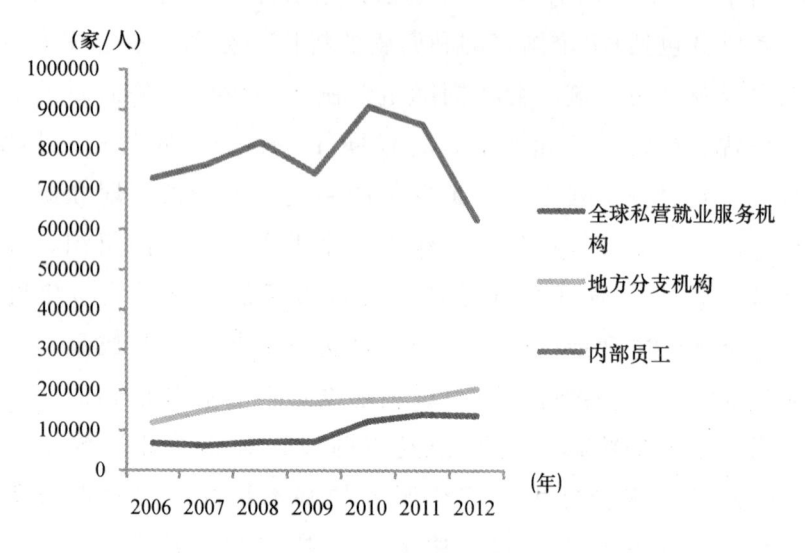

图 4—1　全球民间职介服务机构和内部员工情况

资料来源：CIETT Economic Report 2007、2009—2014。

从图 4—1 可以看出，2006—2012 年，全球民间职介服务机构和地方分支机构基本呈现稳定上升的趋势。雇用的内部员工数则呈现先升后降的特点：在 2010 年，该数字达到最高点，之后开始下降，在 2012 年下降到 700000 人以下，达到最近 7 年来的最低值。这可能与此期间经济波动有关，即雇用的内部员工数与世界经济状况存在一定的正相关关系。

---

① CIETT Economic Report 2014 Edition (Based on data of 2012/2013), International Confederation of Private Employment Agencies, www.ciett.org.

（二）主要人力资源服务业国家民间职业服务机构情况

1. 美国

美国仍然是世界上最大的民间职介服务市场。2012 年，美国有 17000 家民间职介服务机构，50000 家地方分支机构，雇用了 120000 名内部员工。[①] 从图 4—2 可以看出，2006—2012 年，美国民间职介服务机构数量、雇用员工规模的波动情况与世界变动情况基本一致，民间职介服务机构和地方分支机构基本呈现稳定上升的趋势，而雇用的内部员工数则有较大波动。

2. 日本

日本在民间职介服务机构、地方分支机构和内部员工的数量上，都是位于全球第一的位置，只是日本的市场占有率仅排在第三位，最近几年更是呈现下降的趋势，受世界经济形势的影响，日本的民间职介服务业呈现下降甚至萎缩的趋势。

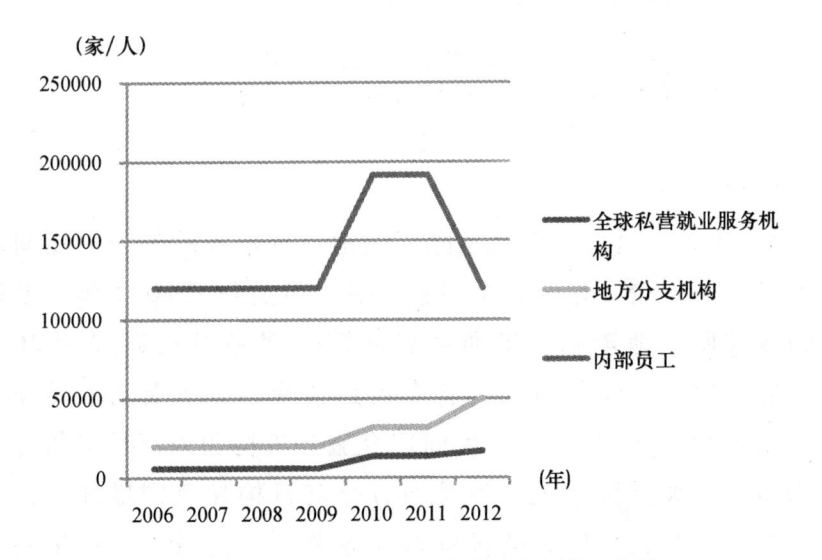

图 4—2　美国民间职介服务机构和雇用员工情况

资料来源：CIETT Economic Report 2007、2009—2014。

[①] CIETT Economic Report 2014 Edition（Based on data of 2012/2013），International Confederation of Private Employment Agencies，www.ciett.org。

从近期变化情况看，日本的内部员工雇用数量呈现很大程度的下降，但是2013年日本市场的内部员工数量达到了自2008年以来的新高，如图4—3所示。

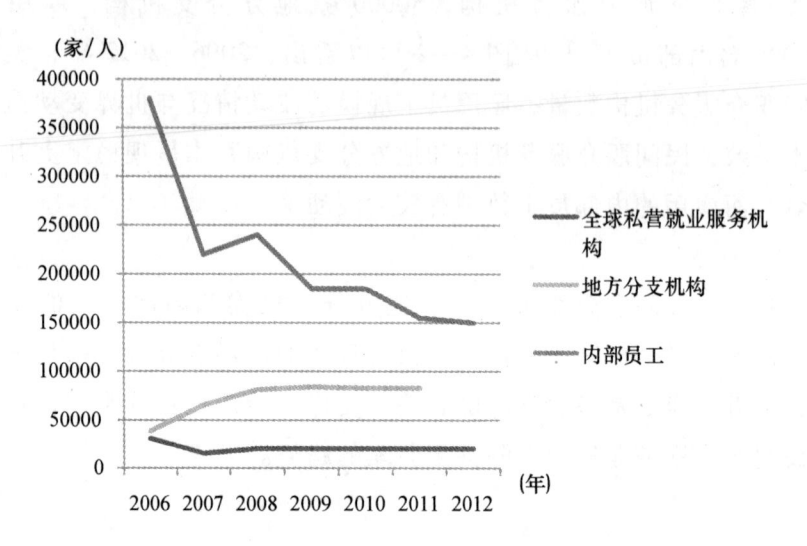

图4—3 日本民间职介服务机构和雇用员工情况

资料来源：CIETT Economic Report 2007、2009—2014。

3. 巴西

在2012年之前，巴西是除了美国、日本和欧洲外，民间职介服务市场比较发达的几个国家之一，但是到了2012年，巴西的市场却剧烈地萎缩。巴西的民间职介服务机构兴起于2006年，在短短四五年的时间里就发展到顶峰，由于受到世界经济形势的影响，在2012年，民间职介服务机构和内部员工数量急剧减少，发展受到重创，但是地方分支机构却急剧增加，相关研究推测，是其他国家的投资增加导致本国的服务机构发展受到打击。

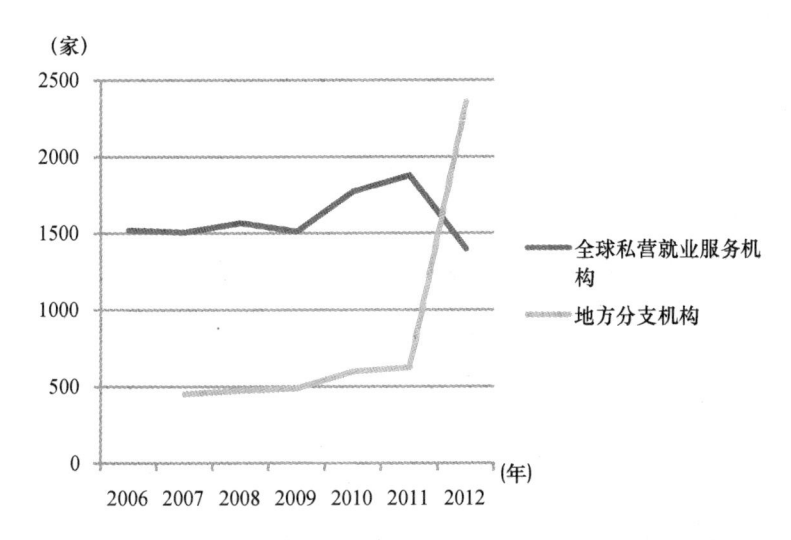

图 4—4　巴西民间职介服务机构情况

资料来源：CIETT Economic Report 2007、2009—2014。

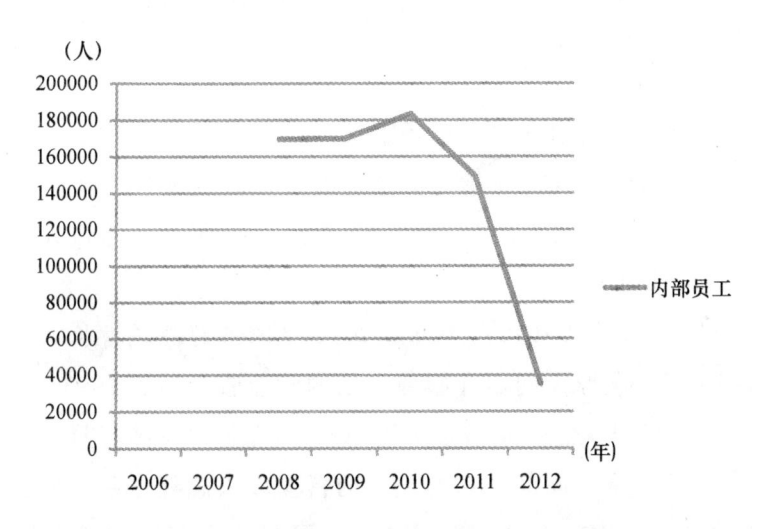

图 4—5　巴西民间职介服务机构内部员工情况

资料来源：CIETT Economic Report 2007、2009—2014。

4. 澳大利亚

同巴西一样，澳大利亚的民间职介服务在 2007 年进入发展的快车道，也在 2011 年之前经历了一个快速发展期。虽然澳大利亚的民间职介服务业市场不像巴西那样受到世界经济形势影响而萎缩，但是在2011年之后，发展也趋于停滞。

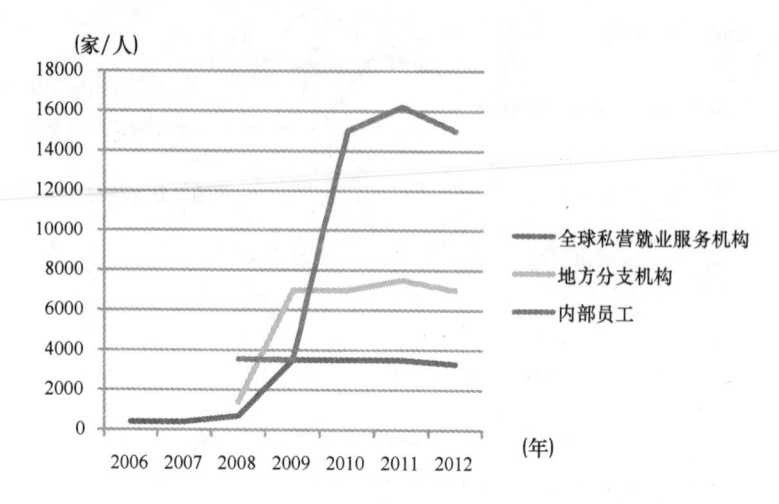

图4—6 澳大利亚民间职介服务机构和雇用员工情况
资料来源：CIETT Economic Report 2007、2009—2014。

二 全球民间职介服务市场状况

广义上的产业规模是指一类产业的产出规模或经营规模，产业规模可用生产总值或产出量表示，本书用营业收入来衡量人力资源服务业的产业规模。

（一）全球营业收入：实现自2012年以来的跳跃增长

2013年，全球民间职介服务市场的营业收入达到2993亿欧元，比2012年的2590亿欧元增长了近16%。营业收入排名前十的公司增长了近27.5%，而前三名的公司的营业收入总额占到了世界营业收入总额的17.9%（CIETT，2014）。可见，全球民间职介服务市场在2013年确实进入了恢复期。

图4—7是2006—2013年世界民间职介服务的营业收入。2009年，随着世界经济形势的恶化，营业收入相比上年减少了13%，而在2010年至2012年，与世界经济增长停滞相似，营业收入也处于停滞状况，没有增长；而随着经济形势的好转，在2013年，全球

市场实现了营业收入10%以上的增长。

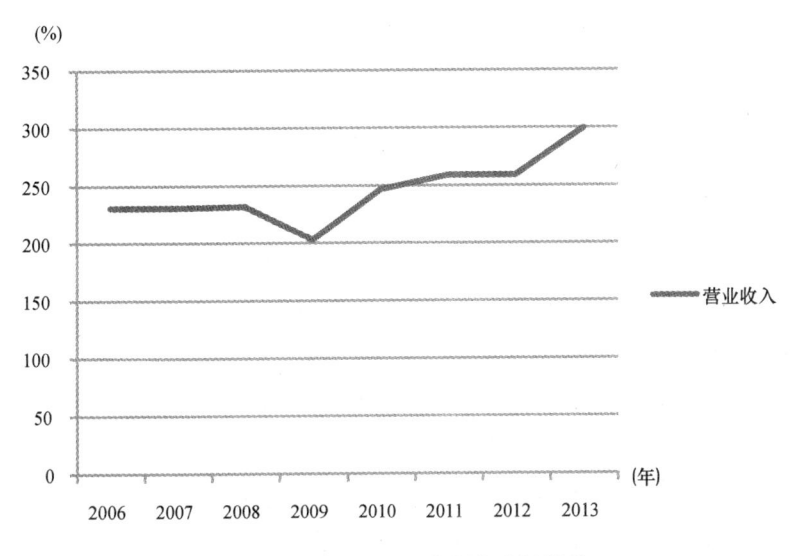

图4—7　全球民间职介服务市场规模

资料来源：CIETT Economic Report 2007、2009—2014。

（二）各国的情况：美国的产业规模一直保持最大，日本的份额逐渐减少

美国仍然是全球职介服务市场上的霸主，占据了最大的市场份额。2013年，美国的营业收入达到865亿欧元，占世界年营销总额的28.9%（CIETT，2014）。

从图4—8和图4—9中可以很明显地看出，美国营业收入随着世界经济形势的波动而波动，在2008年达到最低值，之后随着经济形势的好转，逐渐回升，在2012年基本回到了金融危机发生之前的营业收入水平。但是从占世界营业收入比重图中可以看到，美国所占的比重从原来的近40%降到了现在的近30%，可以看出美国在职介服务市场的世界霸主地位正在受到挑战，这也从侧面反映出世界其他国家职介服务市场的迅猛发展。

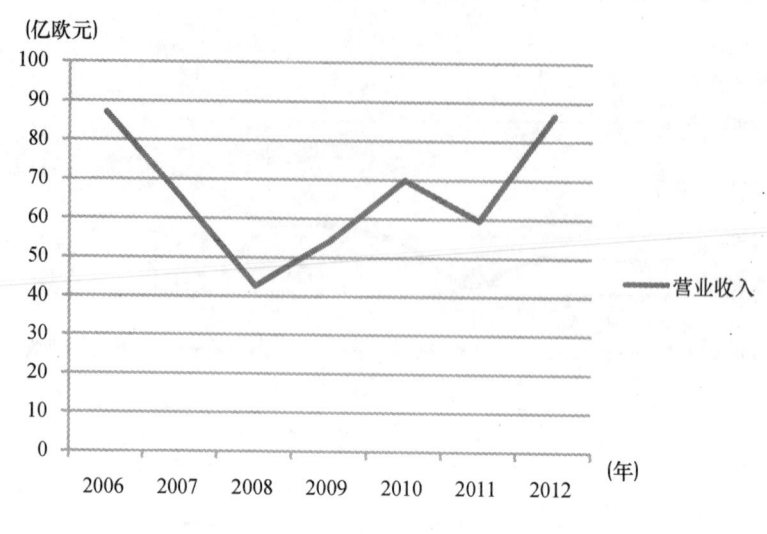

图4—8　美国民间职介服务营业收入

资料来源：CIETT Economic Report 2007、2009—2014。

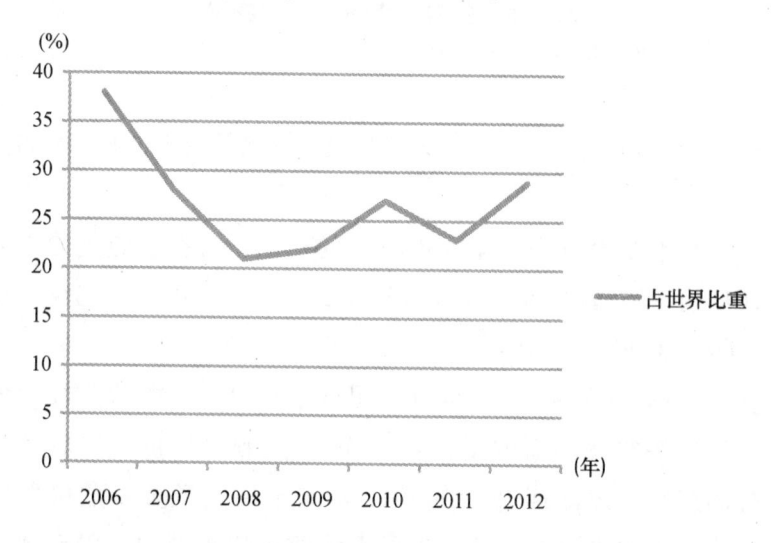

图4—9　美国民间职介服务营业收入占全世界比重

资料来源：CIETT Economic Report 2007、2009—2014。

2013年，日本职介服务市场的营业收入为497亿欧元，占世界营业收入的16.6%（CIETT，2014）。在2008年以前，日本的职介服务市场营业收入较少，所占的世界份额也较小，但是处于上升期。到了2008年，日本的营业收入达到这7年来的最大值，这与世界经济形势似乎是相反的。2008年之后，日本的营业收入维持在2008年的水平，基本没有变动。由于营业收入的变动会造成占世界比重的变动，可以看到，日本所占比重先上升后下降。由于世界其他各国职介服务市场的扩张，日本所占的市场份额仍然在减少。

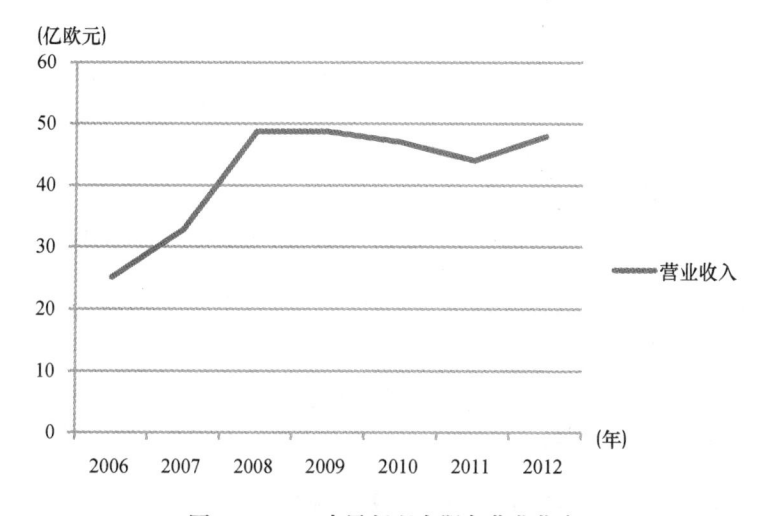

图4—10 日本民间职介服务营业收入

资料来源：CIETT Economic Report 2007、2009—2014。

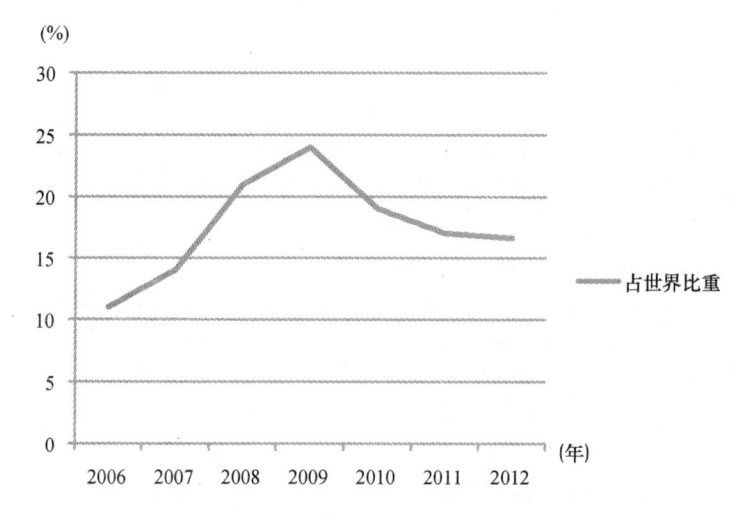

图4—11 日本民间职介服务营业收入占全世界比重

资料来源：CIETT Economic Report 2007、2009—2014。

英国是世界职介服务市场营业收入排名第三的国家。2012年，英国的职介服务市场营业收入为314亿欧元，占世界人力资源服务业营业收入的10.5%。2006—2012年，英国的营业收入变化基本与世界经济形势保持一致，受到全球金融危机的影响，最低值在2010年，之后开始好转。而其所占的比重也基本保持在10%—16%之间。

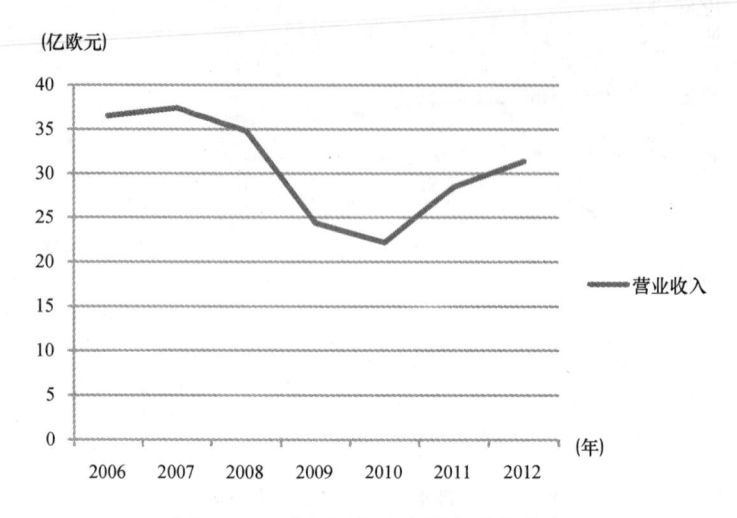

图4—12 英国民间职介服务营业收入

资料来源：CIETT Economic Report 2007、2009—2014。

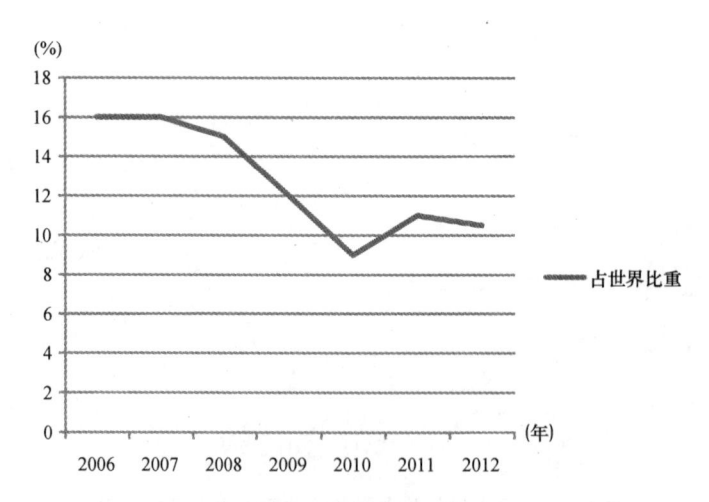

图4—13 英国民间职介服务营业收入占全世界比重

资料来源：CIETT Economic Report 2007、2009—2014。

(三）各公司的情况：营业收入排名前三的公司仍处于领先地位，众多公司紧随其后

2012年，营业收入排名前十的公司增长了近27.5%，而排名前三名的公司的营业收入总额占到了世界营业收入总额的17.9%，排名前三的公司分别为 Adecco、Randstad、Manpower（CIETT，2014）。2006年至今，这三家公司垄断了世界营业收入的前三名，所占全球营业收入的比例在15%—20%之间；而且，全球也仅有这三家人力资源服务业公司的营业收入在100亿欧元以上。由于人力资源服务业业态复杂、公司众多，因此还未形成具有垄断性质的大型公司，如每年营业收入排名前十的公司的总营业收入额，仅占到全世界营业收入的20%—30%，远远达不到一个垄断行业的程度。

自2006年以来，排名前十位的公司没有过变化，依次为Adecco、Randstad、Manpower、Allegis、Recruit、Hays PLC、Kelly Services、USG People、Robert Half、Tempstaff，除了前四位的公司排位没有变化外，其他公司的排位时有变化。在2012年，Recruit第一次超过了从2006年以来一直占据第五的Kelly Services公司，以74亿欧元的营业收入成为第五大公司。而Kelly Services公司在2012年掉到了第七位，一定程度上也受到了后金融危机的影响。

还有一些近年来崛起的公司，如Towers Watson与ADP，2010年1月Towers Perrin与Watson Wyatt合并，组成了新的公司——Towers Watson，其总部位于美国纽约，在全球拥有超过1.4万人的专业团队，在34个国家开展经营活动。合并后的Towers Watson形成了三大专业服务：员工福利咨询、风险与金融业咨询、人才与奖酬咨询；美国的ADP是薪酬外包比较有代表性的公司，在2013财年，ADP在营业收入和营业利润上都实现了正增长，以113.1亿美元的营收位列全球人力资源外包市场的首位，营业利润率达到18.4%。

另外与职介服务市场一起兴起的职介服务软件公司也崭露头角。来自Gartner的数据显示，SAAS市场在2012—2017年将以21%的复合增长率增长，2017年将增长至458亿美元。在未来5

年，全球软件市场的12%将转向云计算。Workday是一家颠覆和破坏传统人力资源软件市场的企业，从一开始就抓住软件与互联网融合的时机，是最早采用基于云计算的SAAS这种全新的商业模式人力资源软件服务商。基于云计算的人力资源软件公司在2013财年涨势颇好，营收都实现了双位数的增长：Ultimate SOFTWARE 2013财年的营收较上年同比增长23.5%；劳动力管理软件克罗诺思（Kronos）的云业务2013财年持续以双位数甚至三位数的速度增长，这使其整体营收实现了12.1%的增长。

从各公司的营业收入来看，自2008年以来，各公司的年营业收入每年都略有下降，可能的原因有两个：一是受到金融危机的影响，整个行业的发展受到一定的冲击，因此导致了收入的下降；二是随着各国对人力资源服务业的重视，许多国家开始了人力资源服务业的扶持，兴起了许多人力资源服务业企业，挤压了这些公司的市场份额。

三 全球民间职介服务市场的特点

（一）全球民间职介服务市场的特点

综合全球民间职介服务市场的发展状况，可以总结出以下几个特点：

第一，职介服务业与经济发展密切相关。从发展趋势看，全球民间职介服务与整个世界经济状况变化一致，从2008年金融危机开始，全球民间职介服务市场进入一个低迷期，直到2013年，最大的三个职介服务市场——美国、欧洲和日本——的市场份额占到全球市场份额的82%，显示出了微小的复苏迹象：美国的就业指数和日本的职介服务机构工作人数都达到这五年来的最高值，而欧洲的代理工作业务指数也开始上升（CIETT，2014）。

第二，全球民间职介服务市场呈现小集聚大分散的结构。从全球市场的公司营业收入来看，2012年，营业收入排名前十的公司增长了近27.5%，而前三名的公司德科（Adecco）、任世达（Randstad)、万宝盛华（Manpower）的营业收入总额占到了世界营业收入总额的17.9%。2006年至今，这三家公司垄断了世界营业收入的前三名，所占全球营业收入的比例在15%—20%之间；而且，全球也仅有这三家人力资源服务业公司的营业收入在100亿欧元以上。

第三，全球民间职介服务市场的结构逐步优化。从全球市场营销份额看，一个突出的特征就是，占据市场主导地位的国家和地区，比如日本、英国等，尽管总量有所增长，但是其在全球市场中的比例呈现出下降的趋势。造成这种变化的原因之一，可能是其他国家人力资源服务业的快速发展，导致了全球民间职介服务市场在各个国家和地区的份额的变化。

（二）全球民间职业服务对劳动力市场的影响

在解决企业用工、促进就业方面，全球职业服务发挥了重要作用。从其服务的产业看，多数民间职介服务机构为服务业和制造业提供服务，充分显示了其生产型服务业的特点。2011年，在多数国家，民间职介服务机构的工人在服务业所占的比重为38%，在制造业所占的比重为33%。但是在此之前，民间职介服务机构的工人在中低技能的工作中需求最大。但是每个国家对于民间职介服务机构的工人的需求度不同。在制造业中，最高的是波兰的70%，最低的则为秘鲁的15%，在服务业中，最高的是秘鲁的43%。使用民间职介服务机构的工人的公司多数为员工数在100人以上的中大型公司（CIETT，2013）。

第二节 我国人力资源服务业的发展状况

作为生产型服务业的重要组成部分，人力资源服务业在我国经历了一个从无到有、从单一业态到多业态、成体系的发展历程。从其发展特点看，尽管在不同的发展阶段，人力资源服务业的发展内容不同，但基本是伴随着市场在劳动力市场配置中的作用逐步发挥、劳动力市场建设不断推进而发展起来的。从我国产业发展的特征和规律看，作为一个朝阳产业，人力资源服务业的发展离不开政策和新兴技术的推动，因此，本节将首先对我国人力资源服务业发展历程和当前的发展状况进行简单介绍，其次对我国人力资源服务业的发展政策和信息技术在人力资源服务产业应用的状况加以介绍，最后探讨人力资源服务业在劳动力市场运行方面的影响。

一　人力资源服务业发展概况

一些研究对人力资源服务业的发展历程进行了分析（王克良，2014；余兴安、田永坡，2016），总体来看，人力资源服务业的发展可以分为四个阶段：

在以政府举办的服务机构为主体的起步探索期（1978年至1991年），我国统包统配的人力资源配置制度开始打破，人事部门在全国开展了调整用非所学专业技术人员、人才余缺调剂工作，企业开始实行劳动合同制。在人力资源服务领域，探索建立了劳动服务公司和职业介绍机构，满足市场需要的人才服务公司和人才交流服务机构相继成立，规范人力资源服务机构行为的有关规定相继出台。[①] 在解决返城知青就业、满足外资企业用人需求、部分专业技术人才向体制外流动等方面，人力资源服务业发挥了重要作用。

在多元化人力资源服务体系的形成期（1992年至2001年），我国明确提出建设劳动力市场目标，原人事部也根据市场经济发展的需要对人事体制改革进行了部署，提出建立"宏观人事管理体系、人才市场体系、人事法规体系"三个体系的改革思路。在人力资源服务领域，劳动部门举办的职业介绍所逐渐取代劳动服务公司成为公共就业服务机构的主要载体，人事部门按照"完善区域性人才市场，发展专业性人才市场，规范基础性人才市场"的部署，并先后发展了七大区域性国家级人才市场，人才服务市场体系完善，政府主办的人力资源服务机构

---

① 比如，1990年，国务院制定下发《劳动就业服务企业管理规定》，原劳动部和原人事部分别制定下发了《职业介绍暂行规定》和《关于加强人才招聘管理工作的通知》。

的服务功能得到全面加强，民营职业介绍机构和民营人才服务机构快速发展，包括职业介绍、劳务派遣、高级人才寻访、人力资源外包在内的多元化人力资源服务体系初步形成。

在人力资源服务产业发展的初级阶段（2002年至2011年），我国成功加入世贸组织，改革开放事业进入与国际接轨的提速期，《关于进一步加强人才工作的决定》《关于加快发展服务业的若干意见》《产业结构调整指导目录（2011本）》等促进人力资源服务业的政策相继出台，其中，《关于加快发展服务业的若干意见》首次将人才服务业作为服务业的一个重要门类提出。2008年，原劳动部、原人事部重组为人力资源和社会保障部，并提出了建立统一规范的人力资源市场的要求。在人力资源服务领域，政府所属人力资源服务机构进行体制改革和业务分类改革，市场经营性服务业务陆续进行剥离，民营人力资源服务机构的数量和营业总收入逐步成为市场增长主力，针对外资服务机构的管理规定《境外就业中介管理规定》（2002年，原劳动部）、《中外合资人才中介机构管理暂行规定》（2003年，原人事部）相继出台，外资背景的人力资源服务机构在中国大陆的业务扩张开始进入快车道。

在进入改革发展的新阶段（2012年至今），市场在劳动力市场中的作用再次得到强调，人力资源服务业作为服务业重要门类的地位正式确立。2012年召开的党的十八大提出，"健全人力资源市场，完善就业服务体系"。2013年，党的十八届三中全会召开，进一步明确"使市场在资源配置中起决定性作用和更好发挥政府作用"。在这一时期，人力资源服务业迎来了又一个新的里程碑，《服务业发展"十二五"规划》出台，将人力资源服务业列为十二大重点发展的生产性服务业之一，提出要在"十二五"时期建立专业化、信息化、产业化、国际化的人力资源服务体系，2014年，首次以"促进人力资源服务业发展"为主题的专门文件《关于加快发展人力资源服务业的意见》下发。从人力资源服务业的发展来看，这一阶段产业间的融合进一步加深，人力资源服务业态进一步丰富,新技术广泛应用,呈现专业服务向纵深发展、综合服务向一体化发展的显著特征;政府所属的公共就业和人才服务机构体制改革进一步推进,公共机构举办的经营性企业逐步脱钩改制,市场结构进一步优化;政府在产业发展中的作用进一步明确,政府管理逐步转向政策制定、产业引导和环境营造,促进行业发展的政策分批出台,承载行业集聚发展、创新发展的人力资源服务产业园建设有序推开,行业诚信体系建设稳步推进,标准化建设开始提速。

近年来,为了解人力资源服务业发展的基本情况,人社部每年都会对人力资源服务业的相关指标进行统计,在这里,本节使用这些统计数据,对人力资源服务的发展状况进行简单分析。

(一)人力资源服务机构状况

经过三十多年的探索与发展,我国人力资源服务业,从无到有,从小到大,以星星之火燎原之势,逐步壮大,人力资源公共服务体系和市场经营性服务体系同步发展,多元化多层次的服务体系开始形成。

近年来,人社部组织开展了人力资源市场年度统计工作,从统计结果看,截至2014年年底,全国共设立各类人力资源服务机构25226家,从业人员406738人。

表4—1 2011—2014年人力资源服务机构和从业人员情况

项目 年份	2011	2012	2013	2014
人力资源服务机构(万家)	5.6	2.8	2.6	2.5
从业人员(万人)	37.8	33.6	35.8	40.7

资料来源:根据人力资源和社会保障部人力资源市场司数据计算制作。

从服务机构构成类别上看,县级以上地方政府人力资源社会保障部门(含其他行业管理部门)共设立公共就业和人才服务机构7332家,占人力资源服务机构总量的29.1%;国有性质人力资源服务企业1352家,占5.4%;民营性质人力资源服务企业15558家,占61.6%;外资及港澳台资性质的服务企业224家(其中港资、澳资、台资性质的服务企业分别为 107 家、1 家、4 家），占 0.9%，民办非企业等其他性质的服务机构 760 家，占 3.0%。全国各类人力资源服务机构共设立固定招聘（交流）场所 2 万个，建立人力资源市场网站 10346 个。

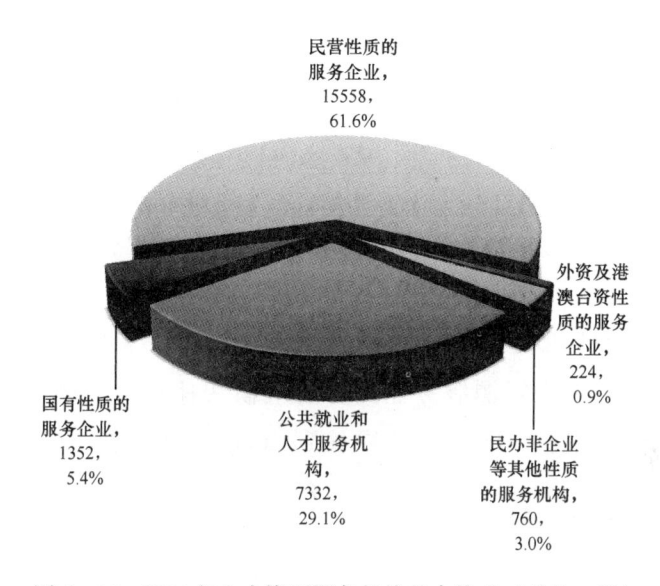

图 4—14　2014 年人力资源服务机构基本构成（单位：家）

（二）行业从业人员规模和结构

从业人员是代表人力资源服务业发展状况的又一个关键指标，根据人社部的统计数据，2011—2014 年的变化呈现出硕士及以上学历从业人员相对稳定、其他受教育层次人员变化较大的特点。截至 2014 年年底，硕士及以上学历 10120 人，占 2.5%，基本与 2011 年的数据持平；本科学历 122695 人，占 30.2%，分别比 2011 年减少 3.8 万人和 5.1 个百分点；大专及以下学历 273923 人，占从业人员总量的 67.3%，分别比 2011 年增加 6.7 万人和 4.7 个百分点。

从业人员中，取得职业资格的人数也有所增长，但变化不大。2014 年，取得从业资格证的有 123778 人，占从业人员总量的 30.4%，分别比 2011 年增加了约 1 万人和 1 个百分点。

表4—2　　　　　2011—2014年从业人员总数与构成比例

年份	人数（万人）					比例（％）			
	总数			学历构成情况			学历构成情况		
		其中，取得执业资格人数	大专及以下	大学本科	硕士及以上	取得执业资格	大专及以下	大学本科	硕士及以上
2011	37.8	11.4	20.7	16.1	1.0	30.2	54.7	42.7	2.6
2012	33.6	11.1	19.3	13.4	0.9	33.0	57.4	39.9	2.7
2013	35.8	11.6	21.2	13.5	1.1	32.5	59.4	37.6	3.0
2014	40.7	12.4	27.4	12.3	1.0	30.4	67.3	30.2	2.5

资料来源：根据人力资源和社会保障部人力资源市场司数据计算制作。

（三）行业规模

近年来，人力资源服务业的行业规模快速扩大，全行业营业总收入从2011年的2303亿元，增长到2014年的8058亿元，增长了约2.5倍（见图4—15）。

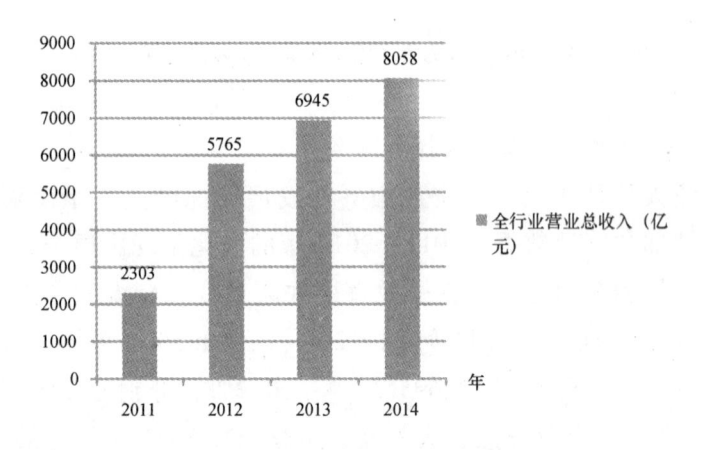

图4—15　2011—2014年人力资源服务业全行业营业总收入

资料来源：根据人力资源和社会保障部人力资源市场司数据制作。

从服务业态看，随着求职人员和用人单位需求的多元化，人力资源服务内容在当初职业介绍、招聘、劳务派遣、职业培训、流动人员档案管理的基础上，人才测评服务、高级人才寻访（猎头）服务、人力资源外包、人力资源管理咨询等快速发展，一个产业链条完整、业态丰富的产业体系初步形成。

（四）产业园区建设

人力资源服务产业园区，是指由国家部委或地方人民政府批准，在城市规划区域内设立的专门为吸引人力资源服务企业、促进人力资源服务业发展，并在其中实施特定优惠政策和管理手段的特定功能性区域或者借助互联网等现代信息技术搭建的虚拟服务平台，对改善地方发展环境、促进经济发展转型和产业结构升级等发挥着积极作用。为推动人力资源服务业发展，发挥人力资源服务业产业园区的培育、孵化、展示、交易功能，人力资源和社会保障部、国家发展和改革委员会、财政部联合下发《关于加快发展人力资源服务业的意见》提出，"加强人力资源服务产业园的统筹规划和政策引导，依托重大项目和龙头企业，培育创新发展、符合市场需求的人力资源服务产业园，形成人力资源公共服务枢纽型基地和产业创新发展平台"。

据不完全统计，截至 2016 年 5 月，我国已建或筹建中的人力资源服务产业园有 40 多家，其中，国家级人力资源服务产业园 8 家。这些产业园区主要分布于沪、苏、浙、皖、鲁、闽、豫、晋、渝、粤等省（市）、区，除了已经建成或者运营的产业园外，还有不少省市在准备筹建省级或者国家级的园区，这其中包括北京、广州、西安、昆明等地。

从已经建成的产业园区看，人力资源服务产业园区的管理模式主要有三种：（1）政府主导模式，政府主导模式是指由政府直接负责产业园管理、运营，政府设立园区运营管理机构，负责园区日常运营管理和服务。该模式具有以下特点：政府需具有运作园区的丰富经验；涉外或政府内部沟通联系便利；制定符合园区利益的政策更为有利；政府需花费较多的人力、物力，同时政府主导对于市场化的反应可能会滞后。依托传统人力资源市场转变发展而来的人力资源服务产业园，较多采用政府主导的方式。如上海、苏州人力资源服务产业园。(2) 市场化运营模式，又称为无管委会管理体制或公司型管理体制（侯增艳，2014）。以企业作为人力资源服务产业园的建设者和管理者，即选择市场上专业化企业，委托其负责产业园日常运营。该模式通过建立投资公司，由公司开展产业园内的经济活动，同时承担一些政府部门的相应职能，如土地开发、项目招标、建设管理、企业管理、行业管理和规划管理等职能，其他管理实务则还是依靠政府的相关职能部门（朱跃，2015）。(3) 混合运营模式，由政府和企业共同出资建立运营企业、负责产业园的运营管理和服务工作。该模式既有市场主导、决策灵活、贴近市场、解决成本等优点，又有政府主导协调资源的优势；有利于明确政府管理、企业运营的责任。在缺少产业园运营人才和运营经验的地区，人力资源服务产业园较多采用政企合作运营方式。江苏盐城人力资源服务产业园，采取政府旗下企业与专业化公司共组运营企业政府提供政策支持、企业独立运营的方式。

产业园区建设在推动人力资源服务产业集聚、服务经济社会发展方面发挥了良好作用：(1) 产业集聚。产业集聚是人力资源服务业产业园区建立的内在要求和必然结果。从已经运营的人力资源服务产业园区看，其产业集聚效应已经显现。截至 2014 年年底，上海人力资源服务业产业园区内已集聚了各类人力资源企业共计 87 家，其中 2 家全球 500 强企业，2 家国内 100 强企业，2 家上海名牌企业，还有多家人力资源企业获得各种荣誉品牌称号（莫荣、杨洋，2016）。截至 2016 年 3 月，宁波人力资源服务业园区江东园区，汇聚了各类人力资源服务产业企业 151 家，占宁波全市的 1/3，2015 年产值达到 60 亿元，占全市的一半，已经实现人力资源外包、派遣、培训、招聘、测评、猎头、咨询、互联网平台等全产品线供应，各类人力资源服务产品"一站式采购中心"和"人力资源服务业+"的生态圈初步形成（周琼、黄剑跃，2016）。(2) 企业和产品孵化。企业孵化作为人力资源服务业产业园区的应有之义，同产业集聚类似，也是产业园区建立的内在要求。人力资源服务业产业园区的孵化器功能，可以培养行业发展的新生力量。人力资源服务业产业园区通过提供一系列新创企业发展所需的园内优惠的政策、良好的环境，降低创业企业的创业风险和创业成本，提高创业企业的成活率和成功率。宁波人力资源服务产业园区开园以来，积极延伸服务领域，创新服务项目，不断开发新的服务产品。引进的世界500强企业万宝盛华、中国人才管理第一品牌北森测评等14家知名机构，使园区传统的业务外包、劳务派遣服务强项得到提升，弥补了欠缺服务产品，同时为这些机构在开发适应当地人力资源服务需求的产品提供了一揽子服务；宁波杰艾集团设立天使投资公司，先后注资二十余家企业，助推企业成长，产业的整体实力和水平得到提升。（3）服务发展，人力资源服务业产业园区能够吸引大量企业入驻，对当地和周边的经济如餐饮、快递、医疗、保险、校区建设及娱乐休闲行业等具有吸引带动作用，这些园区内入驻企业和被带动的行业均能创造大量就业岗位，解决诸如毕业大学生、农民工、下岗员工等待就业人员的就业问题，并在人才集聚方面发挥作用；同时由于在技术研发、产学研合作等方面的投入，人力资源服务产业园区还可以促进科研成果向现实生产力转化；在建设的功能定位上，一些产业园区还将公共服务平台包含进来，其中就包括人力资源公共服务平台和窗口，这在一定程度上对当地具有支撑作用。仍以宁波市为例，截至2016年3月，宁波人力资源服务产业园江东分园自开园3年多来，累计为市内外用人单位成功推荐、培养各类人才6万余人次，外包派遣人才28万人次，投资人才项目100余个，投资金额200余亿元（周琼、黄剑跃，2016）。

二 人力资源服务业的法律法规和政策

作为一个朝阳产业，人力资源服务业的发展离不开政策的支持。在当前中国的经济发展模式中，法律法规和政策特别是一些鼓励性的政策，在一个行业的发展过程中起着重要的推动作用，尤其是在产业发展初期。对于人力资源服务业而言，这种发展规律同样存在。以鼓励性政策为例，2007年，国家出台了《关于加快发展服务业的若干意见》（2007），首次将人才服务业作为服务业中的一个重要门类。新修订的《中华人民共和国劳动合同法》则第一次将劳务派遣法定为企业正式用工模式的一种，并进行专章规定。《中长期人才发展规划纲要（2010—2020年)》（2010）提出要"大力发展人才服务业"。国家发改委公布的《产业结构调整指导目录（2011年本)》，也将人力资源服务业以及人力资源市场及配套服务设施建设列入鼓励类行业目录。人力资源和社会保障部发布的《促进就业规划（2011—2015年)》（2012），则提出要大力发展人力资源服务业，加快建立专业化、信息化、产业化的人力资源服务体系。2014年7月28日，国务院又发布了《国务院关于加快发展生产性服务业促进产业结构调整升级的指导意见》，提出"以产业引导、政策扶持和环境营造为重点，推进人力资源服务创新"，为人力资源服务业注入了新的政策红利。人社部、财政部、国家发改委联合下发的《关于加快发展人力资源服务业的意见》，对人力资源服务业的发展目标、发展举措、行业规范等做出了全面部署，为人力资源服务业发展提供了强有力的政策支持。除了国家和部门出台的这些政策，一些地区根据本地经济社会发展实际，出台了本区域内促进人力资源服务业发展的法律政策，这些多数以促进人力资源服务业发展的意见形式出现。在此首先从三个方面对我国已经出台的、与人力资源服务业发展相关的法律法规和政策进行概述，然后以近年来出台的促进人力资源服务业发展的产业政策为基础，对其相关政策措施进行分析。

（一）人力资源服务业发展法律法规和政策概况

在本书对劳动力市场法律法规和政策进行分析时，综合国家和各地区出台的法律法规和政策，根据其内容分为了三类，这里详述如下：

第一类是在国家人力资源开发、人才发展等综合性文件中进行相关表述，这样做主要是从推动人力资源开发、就业、劳动力流动、劳动力市场管理等角度进行安排，侧重的是人力资源服务业的社会效益，比如《中华人民共和国劳动法》及其配套法规《职业指导办法》和《职业介绍规定》《中华人民共和国劳动合同法》《中华人民共和国就业促进法》及其配套法规《就业服务和就业管理规定》（劳动和保障部令28号，2007）、《国家中长期人才发展规划纲要（2010—2020年）》《国民经济和社会发展第十二个五年规划纲要》《人力资源和社会保障事业发展"十二五"规划纲要》《促进就业规划（2011—2015年）》《关于深化人才发展体制机制改革的意见》等。

表4—3　　　　与人力资源服务业相关的主要法律法规及规划

法律法规或规划	颁布时间	人力资源服务业相关内容
《中华人民共和国劳动法》	1994年颁布，1995年1月1日实施	提出"地方各级人民政府应当采取措施，发展多种类型的职业介绍机构，提供就业服务"，从法律对人力资源服务机构在促进就业中的重要作用给予明确。
《中华人民共和国就业促进法》	2007年颁布，2008年1月1日实施	提出"县级以上人民政府和有关部门加强对职业中介机构的管理，鼓励其提高服务质量，发挥其在促进就业中的作用"。 设立了人力资源服务的行政许可制度，并规定设立职业中介机构应当具备的条件。
《就业服务和就业管理规定》（中华人民共和国劳动和社会保障部令第28号）	2007年颁布，2008年1月1日实施	明确"县级以上劳动保障行政部门应当加强对职业中介机构的管理，鼓励其提高服务质量，发挥其在促进就业中的作用。从事职业中介活动，应当遵循合法、诚实信用、公平、公开的原则"。 重申了《就业促进法》关于设立职业中介机构应当具备的条件，将相关行政许可制度进一步细化。

续表

法律法规或规划	颁布时间	人力资源服务业相关内容
《中华人民共和国劳动合同法》	2007年颁布，2008年1月1日实施	从注册资本、场地、内部管理制度等对经营劳务派遣的资质进行了规定。提出"经营劳务派遣业务，应当向劳动行政部门依法申请行政许可；经许可的，依法办理相应的公司登记。未经许可的，任何单位和个人不得经营劳务派遣业务"。
《国民经济和社会发展第十二个五年规划纲要》	2011年3月	规范发展人事代理、人才推荐、人员培训、劳务派遣等人力资源服务。
《国家中长期人才发展规划纲要（2010—2020年）》	2010年	提出要"健全专业化、信息化、产业化、国际化的人才市场服务体系。积极培育专业化人才服务机构，注重发挥人才服务行业协会作用"。
《促进就业规划（2011—2015年）》	2012年	大力发展人力资源服务业。加快建立专业化、信息化、产业化的人力资源服务体系，逐步实现基本公共服务充分保障，市场化服务产业逐步壮大，服务社会就业与人力资源开发配置能力明显提升。以产业引导、政策扶持和环境营造为重点，规范发展人事代理、人才推荐、人员培训、劳务派遣等人力资源服务。实施品牌推进战略，打造一批人力资源服务品牌，加大品牌宣传力度，推动人力资源服务产业园区发展，形成集聚效应，完善人力资源服务链，构建多层次、多元化的人力资源服务机构集群，扩大服务供给。培育人力资源服务需求，鼓励人力资源服务创新，提升服务供给能力和水平。
《人力资源和社会保障事业发展"十二五"规划纲要》	2011年	对"十二五"时期人力资源服务业发展进行了部署安排，提出了"人力资源服务业发展推进计划"专栏，主要包括建设人力资源服务产业园区、培育人力资源服务品牌、发展行业性专业性人力资源服务机构、加快推进政府所属人力资源服务机构改革四项内容。

续表

法律法规或规划	颁布时间	人力资源服务业相关内容
《关于深化人才发展体制机制改革的意见》	2016年	深化人才公共服务机构改革。大力发展专业性、行业性人才市场，鼓励发展高端人才猎头等专业化服务机构，放宽人才服务业准入限制。积极培育各类专业社会组织和人才中介服务机构，有序承接政府转移的人才培养、评价、流动、激励等职能。充分运用云计算和大数据等技术，为用人主体和人才提供高效便捷服务。

资料来源：根据相关法律法规整理。

第二类是从推动产业发展的角度，出台相关的综合或者专项的产业政策。综合性的产业政策主要是在推动服务业和生产性服务业发展的规划和政策中进行布局，其出发点主要是推动经济结构调整和新兴产业发展，注重的是人力资源服务业的经济效益，比如《关于加快发展服务业的若干意见》（2007）、《产业结构调整指导目录（2011年本）》、《国务院关于加快发展生产性服务业促进产业结构调整升级的指导意见》；专项政策是专门针对人力资源服务业发展出台的意见或者政策，这些文件的主要目的是对人力资源服务业发展涉及的发展目标、发展重点、政策措施进行全面部署或者对相关问题进行专项部署，使其内容更加系统，可操作性更强，比如，《关于加快发展人力资源服务业的意见》、江苏省出台的《关于加快人力资源服务业发展的意见》、《浙江省人民政府办公厅关于加快发展人力资源服务业的意见》、河北省出台的《关于加快我省人力资源服务业发展的意见》、山东省出台的《关于促进人力资源服务业发展的指导意见》、《北京市人民政府关于加快发展人力资源服务业的意见》、《青海省加快发展人力资源服务业的实施意见》等。

表4—4　　　　　　　　有关人力资源服务的相关政策

序号	文件名
1	《国务院关于加快发展服务业的若干意见》
2	《促进就业规划（2011—2015年）》
3	《国务院关于印发服务业发展"十二五"规划的通知》
4	《国务院办公厅关于加快发展服务业若干政策措施的实施意见》
5	《国务院关于加快发展生产性服务业促进产业结构调整升级的指导意见》
6	《国务院关于加快发展生产性服务业促进产业结构调整升级的指导意见》
7	《关于继续实施支持和促进重点群体创业就业有关税收政策的通知》
8	《关于加快发展人力资源服务业的意见》
9	《关于进一步明确全面推开营改增试点有关劳务派遣服务、收费公路通行费抵扣等政策的通知》
10	《北京市人民政府关于加快发展人力资源服务业的意见》（北京）
11	《关于加快人力资源服务业发展的意见》（江苏）
12	《促进我省人力资源服务业快速发展若干政策措施》（辽宁）
13	《辽宁省人力资源服务业倍增计划》（辽宁）
14	《浙江省人民政府办公厅关于加快发展人力资源服务业的意见》（浙江）
15	《天津市人民政府办公厅关于加快我市人力资源服务业发展的若干意见》（天津）
16	《关于促进人力资源服务业发展的指导意见》（山东）
17	《关于加快我省人力资源服务业发展的意见》（河北）
18	《关于加快发展人力资源服务业的实施意见》（杭州）
19	《市政府关于印发加快推进人力资源服务业发展的实施意见的通知》（南京）
20	《青海省加快发展人力资源服务业的实施意见的通知》（青海）
21	《关于加快推进人力资源服务业发展的若干实施意见》（苏州市）

第三类是根据人力资源服务的特点，出台相关法律法规对提供人力资源服务行为进行监管和规范。其主要内容包括：（1）对市场

准入进行相关规定，比如，《中华人民共和国就业促进法》《人才市场管理规定》《就业服务与就业管理规定》等法律法规，对人力资源服务机构的设立审批、业务范围、监管等作出了详细规定。(2) 设立了人力资源服务机构的年度检查制度，对人力资源服务机构的经营情况进行监督检查，比如，《就业服务与就业管理规定》规定，"劳动保障行政部门对经批准设立的职业中介机构实行年度审验。职业中介机构的具体设立条件、审批和年度审验程序，由省级劳动保障行政部门统一规定"。(3) 加强行业诚信体系建设，2012年开始，人力资源和社会保障部先后下发了《关于加强人力资源服务机构诚信体系建设的通知》《关于在人力资源服务机构中开展诚信服务主题创建活动的通知》，2012年发布的通知提出，要通过开展诚信教育培训、加强诚信制度建设、组织诚信状况评估、宣传诚信服务典型、加强诚信奖惩管理五个方面的内容，来加强人力资源市场管理，推动市场诚信体系建设，引导人力资源服务机构依法经营、诚信服务。文件发布后，北京、辽宁、湖南等地紧紧围绕创建诚信典型，开展了形式多样、各具特色的创建活动并取得了一定成效。(3) 对外资的准入和监督管理，为了对外资开展人力资源服务业务进行监管和规范，原人事部、劳动保障部分别制定出台了《中外合资人才中介机构管理暂行规定》和《中外合资中外合作职业介绍机构设立管理暂行规定》，对外资进入人力资源服务业的资质、投资比例等进行了详细规定。近年来，在放宽外资股比限制方面进行了诸多探索。《关于加快发展人力资源服务业的意见》特别指出：加强国际交流合作，稳步推进人力资源市场对外开放，积极构建公平稳定、透明高效、监管有力、与国际接轨的人力资源服务业外商投资管理体制。在江苏、北京、浙江、山东、河北等地出台的人力资源服务业发展意见中，均已将人力资源服务机构外资控股比例放宽到了70%。(4) 对具体业态进行针对性的管理，为了解决劳务派遣快速发展过程中劳务派遣用工量过大、部分员工权益保障不力的问题，人社部出台了《劳务派遣暂行规定》(以下简称《暂行规定》）（2013），针对劳务派遣的使用比例、范围界定、福利保障、工伤申请等和劳动者权益息息相关的内容作了规范。《暂行规定》明确提出，用工单位应当严格控制劳务派遣用工数量，使用的被派遣劳动者数量不得超过其用工总量（指用工单位签订劳动合同人数与使用的被派遣劳动者人数之和）的10%。同时，为了人力资源服务机构能够顺利调整经营行为，《暂行规定》给予了用工单位两年的过渡期。

表4—5　　人力资源行业监管和规范的相关法规和政策

部门	法规和政策名称	颁布年份
原人事部、国家工商行政管理总局	《人才市场管理规定》	2001年，2005年修正
原人事部	《国务院所属部门人才中介服务机构管理办法》	2006年
中组部、原人事部	《流动人员人事档案管理暂行规定》	1996年
原人事部、商务部、国家工商行政管理总局	《中外合资人才中介机构管理暂行规定》	2003年，2005年修正，2008年补充
原劳动部	《境外就业中介管理规定》	2002年
	《就业服务与就业管理规定》	2008年
原劳动部、国家工商行政管理总局	《中外合资中外合作职业介绍机构设立管理暂行规定》	2001年
人力资源和社会保障部	《关于进一步加强人力资源市场监管有关工作的通知》	2010年
	《关于加强统一管理切实维护人力资源市场良好秩序的通知》	2011年
	《人力资源社会保障部关于加强人力资源服务机构诚信体系建设的通知》	2012年
	《劳务派遣暂行规定》	2013年

（二）人力资源服务业发展政策的主要内容

综合已经出台的人力资源服务业相关的法律政策，其内容主要包括财税政策、金融政策、人才队伍建设等。详述如下：

1. 财税政策

一般来说，财税政策主要是通过经济利益来扶持和鼓励企业发展。就税收政策而言，针对人力资源服务业使用较多的是营业税、增值税以及企业所得税方面的优惠，同时，为了加强人力资源服务机构相关从业人员的队伍建设，针对从业人员的个人所得税优惠政策也会使用。比如，《国务院办公厅关于加快发展服务业若干政策措施的实施意见》就曾提出要求：支持服务企业产品研发，企业实际发生的研究开发费用可按有关政策规定享受所得税抵扣优惠。……在服务业领域开展实行综合与分类相结合的个人所得税制度试点。对吸收就业多、资源消耗和污染排放低等服务类企业，按照其吸收就业人员数量给予补贴或所得税优惠。2014年，《国务院关于加快发展生产性服务业促进产业结构调整升级的指导意见》规定，尽快将营业税改征增值税试点扩大到服务业全领域。对符合条件的中小企业信用担保机构提供担保服务实行免征营业税政策。研发设计、检验检测认证、节能环保等科技型、创新型生产性服务业企业，可申请认定为高新技术企业，享受15%的企业所得税优惠税率。

对人力资源服务业发展进行全面部署的《关于加快发展人力资源服务业的意见》明确提出，要加快推进营业税改征增值税改革，消除人力资源服务中间环节的重复征税问题。人力资源服务企业的总、分机构不在同一县（市），但在同一省（区、市）范围内的，经省财政、税务部门批准，可由总机构汇总申报缴纳增值税。符合离岸服务外包业务免税条件的人力资源服务企业，提供离岸服务外包业务免征增值税。在国务院批准的21个中国服务外包示范城市内的人力资源服务企业，符合现行税收政策规定的技术先进型服务企业条件的，经认定后，可按规定享受税收优惠政策。对于营改增，2016年3月18日，国务院常务会议审议通过了全面推开营改增试点方案。3月24日，财政部、国家税务总局向社会公布了《营业税改征增值税试点实施办法》及相关配套文件，考虑到人力资源服务业的特点，财政部、国家税务总局又发布了《关于进一步明确全面推开营改增试点有关劳务派遣服务、收费公路通行费抵扣等政策的通知》，对经营劳务派遣业务的一般纳税人、小规模纳税人的抵扣方式、计算方法进行了明确规定，指出，"以取得的全部价款和价外费用为销售额，按照一般计税方法计算缴纳增值税；也可以选择差额纳税，以取得的全部价款和价外费用，扣除代用工单位支付给劳务派遣员工的工资、福利和为其办理社会保险及住房公积金后的余额为销售额，按照简易计税方法依5%的征收率计算缴纳增值税"。"小规模纳税人提供劳务派遣服务，可以按照《财政部国家税务总局关于全面推开营业税改征增值税试点的通知》的有关规定，以取得的全部价款和价外费用为销售额，按照简易计税方法依3%的征收率计算缴纳增值税；也可以选择差额纳税，以取得的全部价款和价外费用，扣除代用工单位支付给劳务派遣员工的工资、福利和为其办理社会保险及住房公积金后的余额为销售额，按照简易计税方法依5%的征收率计算缴纳增值税。选择差额纳税的纳税人，向用工单位收取用于支付给劳务派遣员工工资、福利和为其办理社会保险及住房公积金的费用，不得开具增值税专用发票，可以开具普通发票。"

在财政支持方面，主要是通过政府财政资金的引导、补贴和奖励等措施，对人力资源服务企业开拓市场、创新产品和服务模式、完善行业链条等给予支持。从出台各项政策看，无论是国家还是地方，对人力资源服务业的专项经费投入呈现出增长之势，并出台了更加细化的管理和使用办法。《关于加快发展人力资源服务业的意见》明确提出：研究通过中央财政服务业发展专项资金、国家服务业发展引导资金对人力资源服务业发展重点领域、薄弱环节和生产性服务业创新团队给予支持。有条件的地方也应通过现有资金渠道，加大对人力资源服务业发展的支持力度，并探索采取政府股权投入、建立产业基金等市场化方式，切实提高资金使用效率。近年来，我国政府实施了较大力度的行政管理体制改革，政府购买的范围和领域不断扩大，在人力资源和社会保障领域，政府购买扩大并向人力资源服务机构开放，正在成为人力资源服务业市场的潜在需求之一。国务院《关于加快发展生产性服务业促进产业结构调整升级的指导意见》提出，完善政府采购办法，逐步加大政府向社会力量购买服务的力度，凡适合社会力量承担的，都可以通过委托、承包、采购等方式交给社会力量承担。《关于加快发展人力资源服务业的意见》进一步提出，各地要从实际出发，逐步将适合社会力量承担的人力资源服务交给社会力量。要稳步推进政府向社会力量购买人力资源服务，研究将人力资源服务纳入政府购买服务的指导目录，明确政府购买人力资源服务种类、性质和内容，并在总结经验的基础上及时进行动态调整。通过竞争择优的方式选择承接政府购买人力资源服务的社会力量，确保具备条件的社会力量平等参与竞争。要建立健全政府向社会力量购买人力资源服务的各项制度，切实提高财政资金使用效率，加强监督检查和科学评估。

2. 金融政策

从人力资源服务业的构成特点看，中小规模企业居多、专业化程度有待进一步提高，为鼓励并扶持企业做大做强，金融政策是有力的工具之一。《国务院关于加快发展生产性服务业促进产业结构调整升级的指导意见》提出了一揽子的金融和资金支持政策：一是鼓励商业银行按照风险可控、商业可持续原则，开发适合生产性服务业特点的各类金融产品和服务，积极发展商圈融资、供应链融资等融资方式。二是研究制定利用知识产权质押、仓单质押、信用保险保单质押、股权质押、商业保理等多种方式融资的可行措施。三是建立生产性服务业重点领域企业信贷风险补偿机制。四是支持符合条件的生产性服务业企业通过银行间债券市场发行非金融企业债券融资工具融资，拓宽企业融资渠道。五是支持商业银行发行专项金融债券，服务小微企业。六是搭建方便快捷的融资平台，支持符合条件的生产性服务业企业上市融资、发行债券。七是鼓励融资性担保机构扩大生产性服务业企业担保业务规模。《关于加快发展人力资源服务业的意见》进一步提出：鼓励符合条件的人力资源服务企业进入资本市场融资，支持符合条件的人力资源服务企业上市或发行集合信托以及公司债、企业债、集合债、中小企业私募债等公司信用类债券融资。

3. 人才队伍建设

人力服务业是一个轻资产、重人才的行业，从业人员规模和素质是决定该行业发展的关键要素，为了解决当前行业人才规模不足、素质不高日益成为阻碍发展的重要瓶颈的问题，无论是国家还是地方，都在出台的相关政策中，对人才队伍建设进行了相关规定。比如，《关于加快发展人力资源服务业的意见》就提出，一是加大人力资源服务业高层次人才的培养引进力度，将其纳入相关人才计划和人才引进项目，享受相关优惠政策。二是实施人力资源服务业领军人才培养计划，加强人力资源服务机构经营管理人员研修培训，依托著名高校、跨国公司，建立人力资源服务培训基地和实训基地，多层次、多渠道培养和引进人力资源服务业急需的高层次人才。三是开展人力资源服务业专业技术人员继续教育，纳入专业技术人才知识更新工程。完善人力资源服务业从业人员和相关服务领域的职业水平评价制度，加大职业培训力度，提高从业人员专业化、职业化水平，打造一支素质优良、结构合理的人力资源服务业人才队伍。

4. 商事登记制度

2008年，《国务院办公厅关于加快发展服务业若干政策措施的实施意见》提出，对法律、行政法规和国务院决定未作规定的服务企业登记前置许可项目，各级工商行政管理机关一律停止执行。十八届三中全会决定明确提出对商事登记制度进行改革，由注册登记制度改为认缴登记制度，取消原有对公司注册资本、出资方式、出资额、出资时间等硬性规定，取消了经营范围的登记和审批，从以往的"重审批轻监管"转变为"轻审批重监管"。《国务院关于加快发展生产性服务业促进产业结构调整升级的指导意见》提出，进一步减少生产性服务业重点领域前置审批和资质认定项目，由先证后照改为先照后证，加快落实注册资本认缴登记制。

三 技术进步与人力资源服务业发展

当前，中国的信息技术正在进入一个以"大数据、云计算、平台、移动互联"为主要载体、快速发展的新时代，互联网正在对经济社会发展产生广泛的影响，并形成了一个专有名词——"互联网+"。所谓"互联网+"，就是对新一代信息技术与创新2.0相互作用、共同演化推进经济社会发展新形态的高度概括。易观国际较早提出"互联网+"理念，认为它是互联网对传统行业的渗透和改变。随着互联网和各个行业融合程度的深化，该发展模式逐步进入到国家发展战略决策视野。在2015年3月5日十二届全国人大三次会议上，李克强总理在政府工作报告中首次提出"互联网+"行动计划，要求"推动移动互联网、云计算、大数据、物联网等与现代制造业结合，促进电子商务、工业互联网和互联网金融健康发展，引导互联网企业拓展国际市场"。当年，在12月召开的第二届世界互联网大会（乌镇峰会）上，国家主席习近平在主旨报告中指出，"中国正在实施'互联网+'行动计划，推进'数字中国'建设，发展分享经济，支持基于互联网的各类创新，提高发展质量和效益"。在各类政策推动下、在各行各业的努力探索下，"互联网+"行动计划开始成为中国推动信息化发展、实现国家经济社会发展的重要战略组成部分。

在"互联网+"浪潮和政策的推动下，人力资源服务机构根据自身的经营特点和优势，做出了一系列尝试，并取得了一些效果。这里结合中国人事科学研究院开展的一次问卷调查，对"互联网+人力资源服务业"的发展状况做一些简单分析。

（一）参与调查机构的基本情况

为了了解当前"互联网+人力资源服务业"的基本情况，中国人事科学研究院于2016年1月，就当前人力资源服务机构进行互联网产品和服务模式创新、互联网建设投入、"互联网+"实施过程中面临的问题等进行了问卷调查，共发放问卷2650份，回收1603份，回收率为 62.62%。调查范围包括全国 31 个省（自治区、直辖市）的人力资源服务机构。调查对象采用按比例随机抽样方式选择。

从参与调查的人力资源服务机构看，以民营、公共服务机构和国有机构为主。这三类机构的占比分别为 66.06%、16.6%、8.73%。

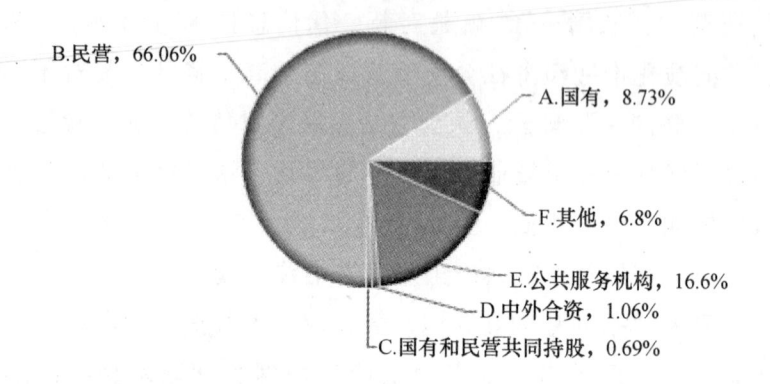

图 4—16 参与调查人力资源服务机构的构成类别

在经营年限上，参与调查的人力资源服务机构的经营年限以"10 年及以上"和"1—3 年"为主。其中，"10 年及以上"的最多，约占 35.75%；其次是"1—3 年"的，约占 22.21%；而"4—6 年"的位列第三，约占 20.9%。

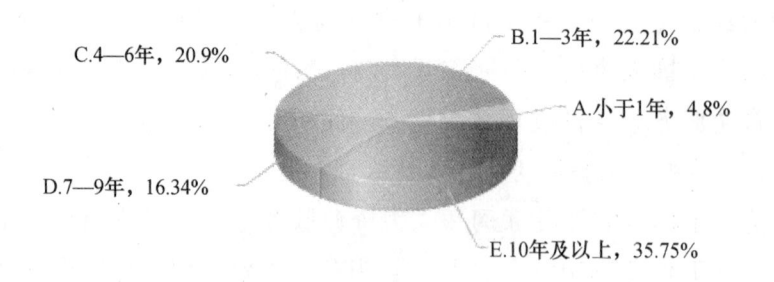

图 4—17 参与调查人力资源服务机构的经营年限构成

参与调查机构的主营业务主要为人力资源招聘、劳务派遣和人力资源服务外包,这与当前我国人力资源服务业主流的业态结构大致相似。排行前五位的为人力资源招聘(约占61.6%)、劳务派遣(约占59.51%)、人力资源服务外包(约占34.51%)、人力资源和社会保障事务代理(约占32.41%)、人力资源管理咨询(约占20.13%)。

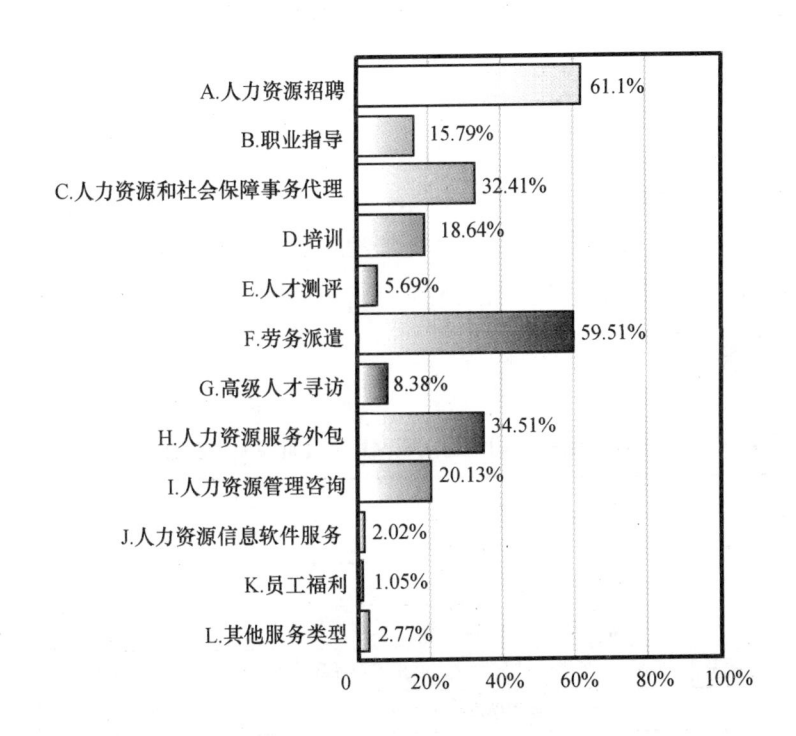

图4—18 参与调查人力资源服务机构的主要经营业务形态

从盈利状况看,参与调查的人力资源服务机构盈利水平总体不高。大部分机构反映盈利能力一般(约占43.36%),而认为较好的约占17.03%,很好的仅为2.68%。

从调查结果看,人力资源服务机构实施互联网和人力资源服务融合的状况基本停留在计划或者没有计划阶段。其中,选择"有计

156　／　劳动力市场发展及测量

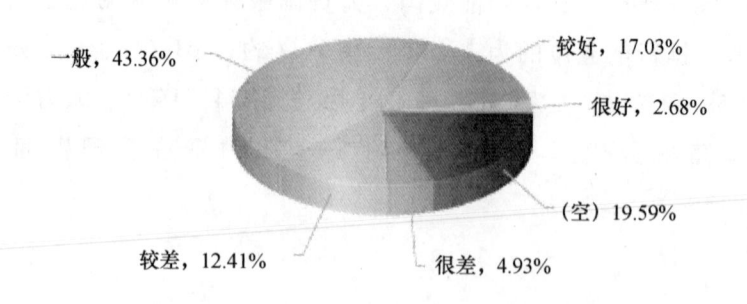

一般，43.36%　　　　　　　　　较好，17.03%

很好，2.68%

(空) 19.59%

较差，12.41%　　　很差，4.93%

图4—19　参与调查人力资源服务机构的盈利状况

划，但还没有实施"的比例最高，为47.29%，其次为"没有计划"，占比22.02%，而"产品已经成熟并实现预期收益"的只有2.31%，"已经商业化，正处在快速成长阶段，但相关产品还没有实现盈利"的占6.24%。

表4—6　人力资源服务机构实施互联网和人力资源服务融合的状况

选项	小计	比例
A. 没有计划	353	22.02%
B. 有计划，但还没有实施	758	47.29%
C. 已经进行相关产品研发，但还没有商业化	309	19.28%
D. 已经商业化，正处在快速成长阶段，但相关产品还没有实现盈利	100	6.24%
E. 产品已经成熟并实现预期收益	37	2.31%
F. 其他	46	2.87%

（二）"互联网+人力资源服务"的产品和服务模式创新

1. "互联网+人力资源服务"的主要业态和产品形式

人力资源服务机构借助互联网进行产品或者经营模式创新的活动，在主要的人力资源服务业态都有涉及，排在前五位的为招聘、劳务派遣、人力资源和社会保障事务代理、人力资源管理咨询、职业指导。调查结果显示，利用互联网进行服务产品和模式创新的业务，招聘约占

68.87%，劳务派遣约占 28.82%，人力资源和社会保障事务代理占 25.89%，人力资源管理咨询占 20.4%，职业指导占 19.59%。

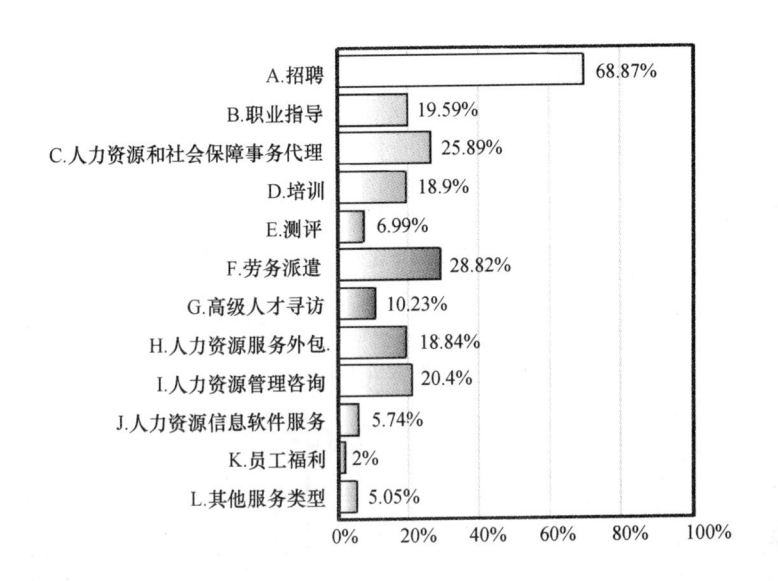

类型	百分比
A.招聘	68.87%
B.职业指导	19.59%
C.人力资源和社会保障事务代理	25.89%
D.培训	18.9%
E.测评	6.99%
F.劳务派遣	28.82%
G.高级人才寻访	10.23%
H.人力资源服务外包	18.84%
I.人力资源管理咨询	20.4%
J.人力资源信息软件服务	5.74%
K.员工福利	2%
L.其他服务类型	5.05%

图 4—20　利用互联网进行服务产品和模式创新的主要业务形态

人力资源服务机构借助互联网进行的产品创新主要包括基于微信进行客户获取、宣传和代理、外包等业务网络化处理。调查显示，基于微信进行客户获取和宣传的约占 54.09%，代理、外包等业务网络化处理的约占 43.48%，基于移动互联网的 APP 开发约占 37.31%，基于云存储技术进行数据积累和挖掘的约占 20.09%。

2. 实施"互联网＋"人力资源服务机构的构成

借助互联网进行产品和经营模式创新的人力资源服务机构的组成情况如下：以网络和信息技术为服务手段的人力资源服务机构进行技术和产品创新的最多，约占 40.8%；以线下和非信息化服务为主的人力资源服务行业的机构，借助互联网技术进行产品或者服务模式创新的约占 34.87%；非人力资源服务业的信息或者互联网公司跨界开拓人力资源服务的占 17.16%。

A.基于移动互联网的APP开发 37.31%
B.基于云存储技术进行的数据积累和挖掘 20.09%
C.代理、外包等业务的网络化处理 43.48%
D.基于微信进行的客户获取和宣传 54.09%
E.其他 11.48%

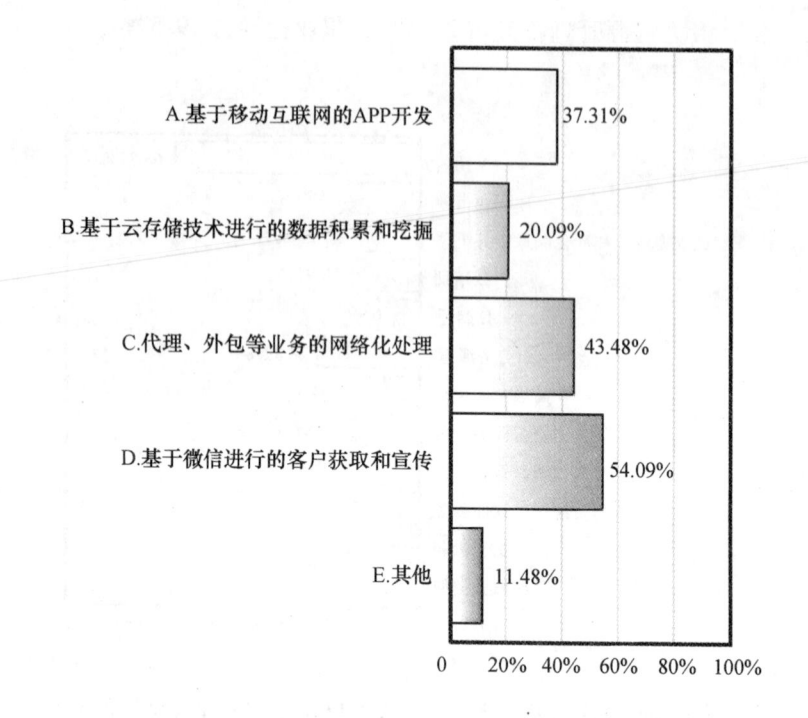

图4—21 利用互联网进行服务创新的形式

B.技术和产品创新，40.8%
A.非人力资源服务业，17.16%
D.其他，7.17%
C.以线下和非信息化服务为主的人力资源服务行业的机构，34.87%

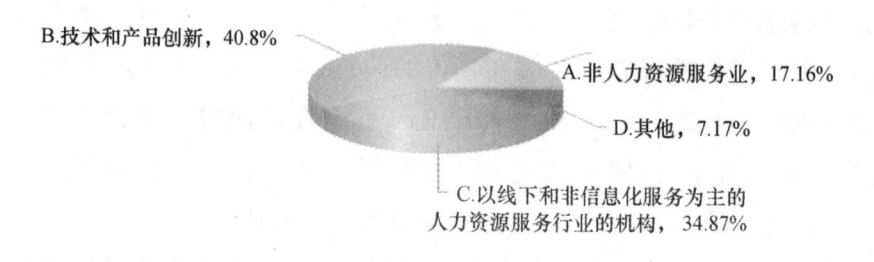

图4—22 利用互联网进行服务创新的构成

（三）实施"互联网+"作用和效果

1. 人力资源服务机构实施"互联网+"的作用

互联网快速发展为人力资源服务业发展既提供了机遇也带来了挑战。数据显示，56.14%的人力资源服务机构认为互联网为业务转型升级提供了好机会；而 33.31% 的机构认为互联网使得市场竞争更加激烈，增加机构发展难度；也有极少数机构（占 3.54%）悲观地认为，人力资源服务业将逐渐消亡。

信息化和互联网对人力资源服务机构的作用多种多样，主要体现在提高经营效率、创新产品和服务模式、加强机构品牌建设上。对信息化和互联网效果的调查显示：71.18% 的机构认为能够提高经营效率，50.59% 的机构认为能创新产品和服务模式，41.8% 的机构认为能加强机构品牌建设。

2. 人力资源服务机构实施"互联网+"的效果

从融合效果来看，信息化和互联网对人力资源服务经营发展所产生的效果比较明显。调查结果表明，认为效果一般的机构占 46.41%，较明显的占 35.18%，很明显的占 12.16%，极少数机构认为无效果（约占 5.93%），极个别机构认为会产生负面效果（占 0.31%）。

综合实施"互联网+"人力资源服务机构的特征，有两个方面：

一方面，一些机构凭借敏锐的市场嗅觉和对信息技术应用的强大能力，大力推进了人力资源服务和互联网的融合，开发出一批颇具市场前景的产品，创新了企业运营模式，比如以移动互联技术在招聘领域进行创新的欧孚视聘、以人力资源服务外包网络化为主要产品的金柚网和 Zenefits 公司、对薪酬外包和人事代理业务进行流程优化的中智公司、以线上信息交换为主的 58 同城跨界到招聘领域、以人力资源服务软件（e-hr）为主的万古科技等。这些创新对提高招聘效率、降低企业用人成本、提高人力资源管理效率具有良好的推动作用。

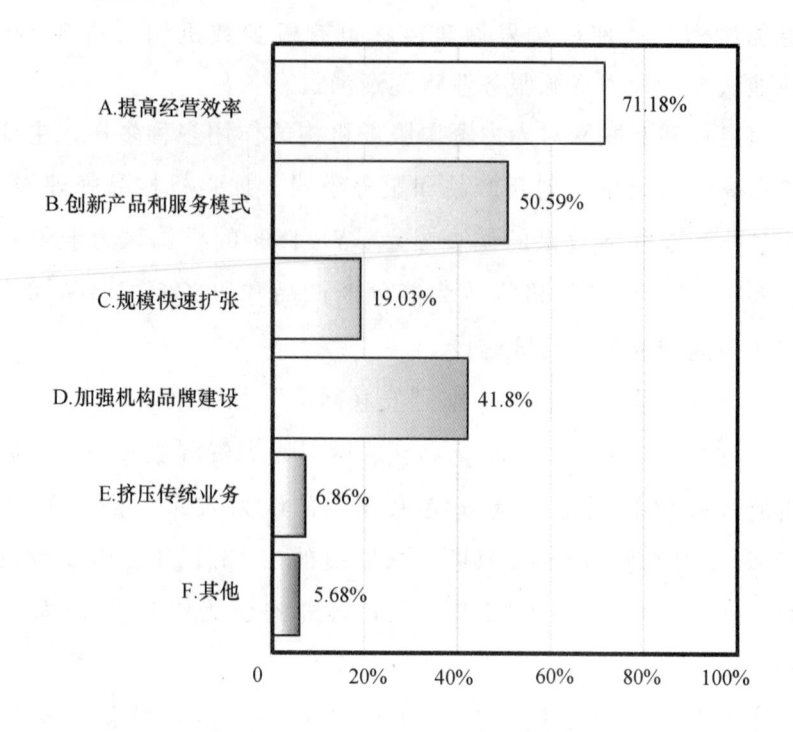

图4—23 互联网对人力资源服务的作用

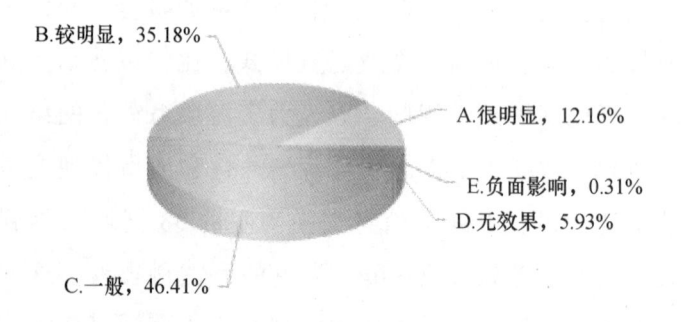

- A.提高经营效率 71.18%
- B.创新产品和服务模式 50.59%
- C.规模快速扩张 19.03%
- D.加强机构品牌建设 41.8%
- E.挤压传统业务 6.86%
- F.其他 5.68%

图4—24 互联网对人力资源服务的效果

- A.很明显,12.16%
- B.较明显,35.18%
- C.一般,46.41%
- D.无效果,5.93%
- E.负面影响,0.31%

另一方面,从全行业来看,实施互联网和人力资源服务融合的状况基本停留在计划或者没有计划阶段,"互联网+人力资源服务业"发展还具有较大潜力。造成这种现状的原因,主要在于专业人才缺乏、资金不足、缺乏政府的帮助与支持、现有技术的市场应用性差。

调查数据显示,认为人力资源服务机构缺乏专业人才的占63.38%,认为资金不足的占53.46%,认为缺乏政府的帮助与支持的占33.87%,认为现有技术的市场应用性差的占26.08%,信息安全性差的占15.91%。

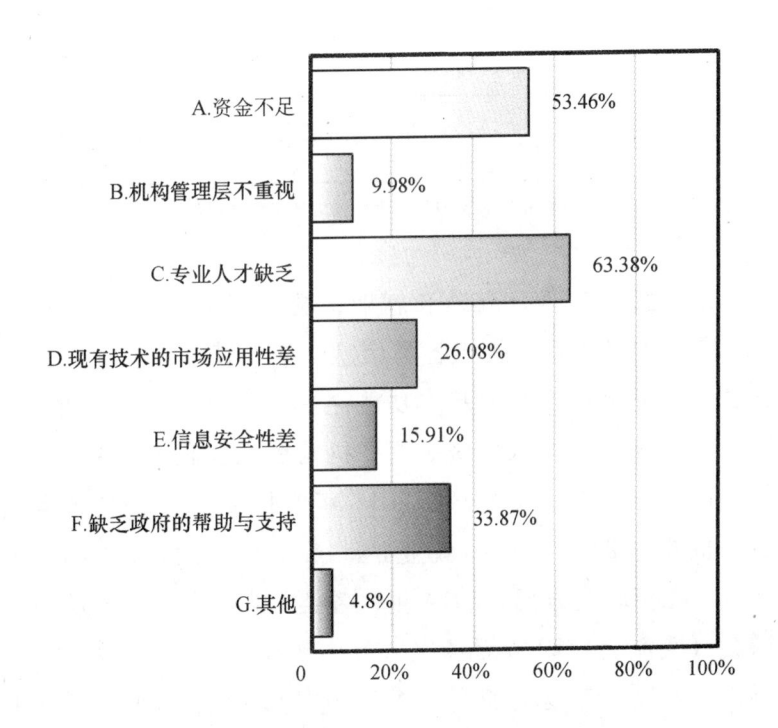

图4—25 人力资源服务与信息技术和互联网融合存在的主要问题

四 人力资源服务业发展对劳动力市场的影响

人力资源服务业的发展,较好地满足了用人单位对人才和劳动力的需求,有力地提高了劳动者的人力资本水平,推动了劳动力在区域间、行业间和不同组织中的流动配置。

一是通过培训、职业指导等服务,促进了劳动者素质的提高。

从培训服务来看，各类人力资源服务机构提供的服务主要包括职业技能培训、各类职业资格考试培训和中高级人才开发培训等。据不完全统计，2011年开始，每年举办的各类培训班保持在20万次左右；而参加培训的人数近几年稳步增长，2011年为830万人，2014年达1048万人，4年累计达3790万人。

表4—7   2011—2014年培训人数   单位：万次/万人

年份	举办培训班	参加培训人数
2011	22	830
2012	18	873
2013	21	1039
2014	25	1048

资料来源：根据人力资源和社会保障部人力资源市场司数据制作。

二是促进了劳动力流动和就业，提高了劳动力市场的配置效率。为劳动力供需双方提供各类信息、帮助其实现快速、高效的匹配，是人力资源服务业的基本功能之一。人社部的统计数据显示，2014年，在全国各类人力资源服务机构登记求职和要求提供流动服务的人员达24539万人次，比2011年增长28.4%；在各类人力资源服务机构帮助下实现的就业达11652万人次，比2011年增长53.4%。在招聘会方面，2014年，各类人力资源服务机构举办现场招聘会（交流会）23.6万场次（其中，高校毕业生专场交流会6.8万场次，农民工专场交流会6.4万场次）；参会求职人员12040万人次，比2013年增长1.72%；参会单位722万家次，比2013年减少4.3%；提供招聘岗位信息11094万条，比2013年增长2.4%。在网络招聘方面，2014年，全国各类人力资源服务机构通过网络发布岗位招聘信息20595万条，发布求职信息41510万条；相关人力资源服务机构管理流动人员人事档案6615万份，比2013年增加22%；依托档案提供工资调整、档案查阅、开具相关证明等服务3658万人次，比2013年增长12.2%。

表4—8　　　　　　　2011—2014年人力资源流动配置情况

单位：万人次/万家次/万人

年份	服务人员总数	登记要求流动人员数	服务用人单位数	实现就业和流动人数
2011	33653	19118	1530	7597
2012	42978	24532	1888	9547
2013	43479	22537	2002	10167
2014	48895	24539	2211	11652

资料来源：根据人力资源和社会保障部人力资源市场司数据计算制作。

在服务劳动力供给方——劳动者方面，2014年，全国各类人力资源服务机构共为各类劳动者提供了48895万人次的服务，比2011年增长45.2%。其中，公共服务机构提供服务16600万人次，国有性质的服务企业提供服务2507万人次，民营性质的服务企业提供服务12541万人次，外资及港澳台资性质的服务企业提供服务17093万人次，民办非企业等其他性质的服务机构提供服务154万人次。在服务劳动力需求方——用人单位方面，2014年，全国各类人力资源服务机构共为2211万家次用人单位提供了人力资源服务，比2011年增长44.5%。服务的用人单位中，国有企事业单位167万家次，占7.6%；民营企业1547万家次，占70.4%；外资企业262万家次，占11.8%；其他用人单位235万家次，占10.6%。

三是创新了劳动力匹配和人力资源管理手段，为更好地实现人岗匹配和发挥劳动者潜力提供了有力支撑。近年来，随着人力资源服务业的发展，人才测评、人力资源管理咨询、人力资源服务外包等专业性服务实现了较快增长，这些提高人岗匹配效率、提升用人单位人力资源管理专业化和科学化的人力资源服务正在对中国的劳动力市场运转效率发挥着越来越重要的推动作用。根据人社部的统计数据，2011—2014年，全国各类人力资源服务机构每年提供猎头服务并成功推荐的规模在85万人左右；人才测评服务波动较大，2011—2013年，每年约582万人；2014年，为186万家用人单位提供人力资源管理咨询服务，基本与2011年持平，4年间年均约

民营企业，1547，70.4%
国有企事业单位，167，7.6%
其他企业，235，10.6%
外资企业，262，11.8%

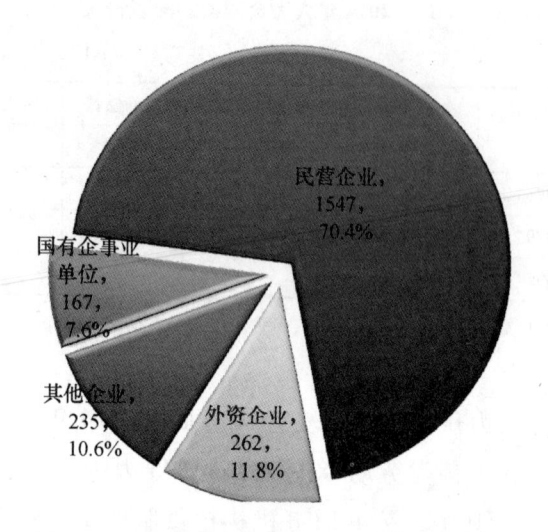

图4—26 服务用人单位情况（单位：万家次）

171.5万家；为49万家用人单位提供人力资源外包服务，比2011年低32.6%，但比2013年增长12.7%。

表4—9　　　　2011—2014年人力资源管理咨询等服务　　单位：万家/万人

年份	人才测评服务测评人数	猎头服务成功推荐人才数	人力资源管理咨询服务用人单位数	人力资源外包服务服务用人单位数
2011	969	83	188	65
2012	279	88	145	43
2013	499	80	167	43
2014	—	87	186	49

资料来源：根据人力资源和社会保障部人力资源市场司数据制作。

在看到人力资源服务业对劳动力流动、配置发挥了积极作用的同时，还应该注意到，该行业还存在一些不规范的情况，对劳动者权益保护、劳动关系等产生了一些负面影响。除了部分中介服务不规范，存在所谓的"黑中介"的违法问题外，这几年快速发展的劳务派遣业务，成为该行业问题比较突出的一个业态。其问题主要表现为，在劳务派遣业务实践中，存在对派遣员工的权益侵害的问题。倪雄飞（2013）指出，自《劳动合同法》实施以来，派遣工与正式工同工不同酬问题仍然存在，许多派遣机构从派遣工工资中提取高额管理费，甚至克扣或拖欠被派遣员工的工资。尹明生（2013）认为我国劳务派遣中存在大量问题，相当部分派遣单位经营不规范；普遍突破"三性"岗位限制，劳务派遣用工呈现出主流化趋势；派遣工的加入工会权、职业培训权、民主管理权基本落空；异地派遣导致劳动监管与争议处理难实施。王啸林、韩新磊（2014）提出，尽管劳务派遣机构促进了农民工的就业，但当前我国劳务派遣组织及农民工就业中仍存在劳务派遣机构管理人员整体素质不高、派遣组织违反劳务派遣用工原则、农民工同工不同酬及农民工维权渠道不畅通的问题。赵英杰（2015）认为，劳务派遣企业方面，行业准入条件有待细化，政府对派遣方的监督监管工作不到位；用工单位方面，同工不同酬问题仍未得到解决，对派遣人数和适用岗位的限定相对模糊，自设派遣、虚拟派遣等现象得不到有效规制；劳务派遣员工维权困难。为了解决上述问题，人社部于2014年出台了《劳务派遣暂行规定》（中华人民共和国人力资源和社会保障部令第22号），指出，"使用的被派遣劳动者数量不得超过其用工总量的10%"，同时，对于这一目标规定了两年的过渡期，其目的就是规范当前劳务派遣用工行为。

第三节 劳动力市场变革与人力资源服务业发展

一 人力资源服务业发展相关研究综述

人力资源服务业在国民经济发展中地位的提升及其快速发展，引起了政府和学术界的重视。在政策方面，人力资源服务业的发展被提升到国家发展的战略层面，《国家中长期人才发展规划纲要（2010—2020年）》提出要大力发展人才服务业，2014年发布的《国务院关于加快发展生产性服务业促进产业结构调整升级的指导意见》将人力资源服务业作为生产型服务业的一个重要组成部分，专门对其发展做了部署。同年，人社部、财政部、国家发改委联合下发《关于加快发展人力资源服务业的意见》，对人力资源服务业的发展做出了全面规划。一些学者也对人力资源服务业的发展做了探讨，韩树杰（2008）、顾家栋和鲍静（2007）、姚战琪（2012）、莫荣和陈玉萍（2013）、王晓辉和田永坡（2014）等结合相关统计数据，对我国人力资源服务业的发展现状、问题及对策进行了研究，为我国人力资源服务业发展提供了良好的理论支撑。但是，从这些研究看，多数是集中于人力资源服务业行业自身状况，而对与人力资源服务业发展相关的劳动力市场状况、产业环境关注不足。而从行业发展的角度看，劳动力市场状况是必须要专注的一个因素。作为劳动力市场运行的支撑产业，人力资源服务业服务和使用的要素主要包括劳动力市场供需双方，即劳动者以及用人主体，对劳动者来说，它通过培训、招聘、职业指导等服务，提高劳动者素质并将其匹配到更为合适的岗位，对于用人主体来说，它通过招聘、管理咨询、测评等人力资源外部服务，为用人主体发现和使用合格的劳动力提供支持。本节将结合劳动力市场的变化，分析其对人力资源服务发展的影响，并提出发展人力资源服务业、推动劳动力市场建设的对策。

二 劳动力市场供需的主要变化

人力资源服务业作为优化劳动力配置、提高企业效率、促进经济转型升级的支撑性产业，与劳动力市场状况密切相关。目前劳动力市场的供需结构、工资水平等正在经历一系列重要变革，这些变革与人力资源服务业的发展密切相关。

（一）劳动力供给发生根本性变化

1. 劳动年龄人口绝对数量和占比出现"双降"，人口老龄化程度加重

2012—2015 年，中国劳动年龄人口（16—59 岁）的绝对数量

和占人口的比例都出现了下降的趋势。2015年,中国劳动年龄人口(16—59岁,含不满60周岁)劳动年龄人口91096万人,比2012年末减少2631万人;占总人口的66.3%,比2012年年末下降2.9个百分点。与此相伴的是,老龄人口逐年上升。2015年,60周岁及以上人口为22200万人,比2012年增加2810万人;占总人口的比例为16.1%,比2012年增加1.8个百分点。

除了老龄人口规模增加以外,中国人口平均期望寿命已经大大延长。《2013年世界卫生统计报告》称,2011年,中国人均期望寿命就达到了76岁,一些大中城市的人均期望寿命更高,比如,2013年北京的人均期望寿命达到81.5岁,上海达到82.47岁。

表4—10　　　　　2012—2015年年末人口数及其构成　　　单位:万人,%

指标	年末数 2012	2013	2014	2015	比重 2012	2013	2014	2015
全国总人口	135404	136072	136782	137462	100.0	100.0	100	100
其中:城镇	71182	73111	74916	77116	52.6	53.73	54.77	56.10
乡村	64222	62961	61866	60346	47.4	46.27	45.23	43.90
其中:男性	69395	69728	70079	70414	51.3	51.2	51.2	51.2
女性	66009	66344	66703	67048	48.7	48.8	48.8	48.8
其中:0—15岁(含不满16周岁)	22287	23875	23957	24166	16.5	17.5	17.5	17.6
16—59岁(含不满60周岁)	93727	91954	91583	91096	69.2	67.6	67	66.3
60周岁及以上	19390	20243	21242	22200	14.3	14.9	15.5	16.1
其中:65周岁及以上	12714	13161	13755	14386	9.4	9.7	10.1	10.5

资料来源:历年《中华人民共和国国民经济和社会发展统计公报》,http://www.stats.gov.cn/tjsj/tjgb/ndtjgb/。

2. 劳动力素质逐步提升

受教育年限是国际通行的反映人口素质的关键指标之一。从这一指标看,中国的人均受教育年限已经从2003年的8.33年上升到

2012年的9年以上。在就业人员中，受过高等教育的比例由2003年的6.8%上升到2012年的13.68%。在这些变化中，有一个现象值得注意，就是劳动力市场新进入者的受教育水平明显提高，这体现在两个群体：一是新生代农民工，他们是中国建设的中流砥柱，根据中国劳动科学研究所的一项调查，新生代的农民工的受教育状况显著高于老一代农民工，他们当中，受过高中/中专、高等教育的比例远远大于老一代农民工。二是初次进入劳动力市场的劳动力学历高，2011—2013年，中国普通高等教育毕业生人数分别为608.2万人、624.7万人、638.7万人，呈逐年增加之势；中等职业教育毕业生人数也是逐年上升，分别为662.7万人、673.6万人、678.1万人。

表4—11　　　　　　　　两代农民工受教育构成

	小学及以下	初中	高中/中专	大学及以上
老一代农民工	12.9	33.6	38.4	15.1
新生代农民工	1.5	26.8	54.7	17

3. 劳动力市场的流动性逐年提高

在第二章，本书从区域间流动、城乡间流动、劳动者的就失业变动三个角度对劳动力市场的流动性进行了分析，三个角度的分析都显示，劳动力市场的流动性在加速，特别是近年来，更是如此。值得注意的是，在城乡之间的流动上，外出农村剩余劳动力的增速在降低。关于流动更为具体的阐述，可参见第二章的相关内容。

4. 劳动力成本逐年上升

随着劳动力供给增速的放缓，不同群体的工资水平均呈现出上升的趋势，这一点可以从以下两个方面加以佐证。一是城镇就业人员收入增长，根据《中华人民共和国2015年国民经济和社会发展统计公报》的数据，2015年，城镇居民人均可支配收入31195元，比上年增长8.2%，扣除价格因素，实际增长6.6%；城镇居民人均可支配收入中位数为29129元，增长9.4%。二是农民工工资增长，农村居民人均可支配收入11422元，比上年增长8.9%，扣除价格因素，实际增长7.5%；农村居民人均可支配收入中位数为10291元，增长8.4%。相关研究的测算增长更快，根据对农民工的需求、新增农民工数量的综合预测，未来3000万左右的农村剩余劳动力将在2017年前后转移完毕。按照剩余劳动力下降速度与农民工工资实际增长速度之间的数量关系来推算，这一期间农民工名义工资年均将增长14%左右（金三林、朱贤强，2013）。

（二）劳动力需求主体的结构正在调整

1. 高科技中小企业的比例将大大增加

受自然资源禀赋约束、环境压力增大等因素的影响，中国将创新驱动战略作为未来发展的主线，而创新驱动战略关键需要依靠科技创新来实现，需要一大批充满活力的中小企业来推动，这意味着，中国未来将涌现出一批科技创新型企业。此外，中国为了吸引人才，鼓励创业，进行了大规模的留学人员创业园建设，截至2012年年底，全国已建成各级各类留学人员创业园近240家，在园企业超过1.3万家，累计孵化企业超过3.2万家，有超过2.6万名留学人员在园创业和工作。相对于大中型企业来说，由于规模、经营经验等问题，中小企业对人力资源服务需求更为迫切，大量增加的中小科技企业将成为未来人力资源服务潜在的需求主体。

2. 区域产业结构调整

近年来，东部沿海地区劳动力成本日益上升，产业竞争力开始有所削弱，因此，部分产业必须从东部向中西部地区转移，以劳动密集型为主的制造业已经形成了由东部长三角、珠三角地区向中西部转移的态势。2012年7月，工业和信息化部专门出台了《产业转移指导目录（2012年本）》，对不同地区产业转移的定位和目录进行了详细规定。2014年6月25日，国务院会议也专门对产业转移做了部署。由于劳动密集型产业对劳务派遣的需求量比较大，因此区域间的结构调整将会对劳务派遣业的地区分布产生影响。

三 促进人力资源服务业进一步发展的对策建议

劳动力市场的一系列深刻变革将对人力资源服务业的发展产生直接或者间接的影响，需要采取以下措施加以应对：

（一）转变企业竞争模式，推动企业经营由规模取胜转向品质提升

劳动力供给结构的变化将从两个方面对人力资源服务业的发展产生影响：一方面，劳动年龄人口的下降将使得劳动力的供给数量由过去的无限供给向有限供给和结构性短缺转变，这增加了企业的雇用难度和雇用成本，近年来的工资上升也印证了这一点；另一方面，随着劳动者素质的提高，对人力资源管理水平提出了更高要求，高素质劳动者对人力资源服务的需求更具个性，更加关注个人发展和工作环境因素。

为了应对上述变化，人力资源服务企业需要从过去的规模取胜转变为品质提升，把核心竞争优势由过去扩大人力资源服务数量转变为服务产品创新和服务模式优化，推动人力资源管理从以满足经济回报向满足多元化、高级化的需求发展。在整个行业中，首要的是对劳动者规模变化敏感的、占据大半壁江山的劳务派遣，其发展路径要由过去依靠规模优势转变为依靠数量和员工素质提升并重上来，要由过去的简单、粗放式管理转变为精细化、内涵式管理。

（二）扩大服务对象范围，加大老年人力资源的开发力度

老龄化加速及人均期望寿命的延长，意味着未来的劳动供给中，老龄人口将会成为一个越来越重要的组成部分。日本等老龄化程度较高国家的实践已经证明，老年人口在形成劳动力有效供给中发挥着重要作用。

对人力资源服务企业来说，劳动者中老年人口的增加，则要求其更新观念，摒弃老年人口只是社会负担的传统观念，把老龄人口作为一种可开发的人力资源。实际上，随着教育、健康事业的发展，老年人口也蕴藏着巨大的人力资本。因此，针对老龄人口的特

点，设计和开发适合老年人的岗位，提供适合老年人行为方式的职介、培训等服务将是未来人力资源服务业发展的一个细分市场。同时，要调整相关产业政策，鼓励企业去开发老年人力资源。这一点可以吸取韩国的经验，在韩国，随着老龄人口的增加，高龄劳动者（55岁以上）派遣业务获得了法律的许可。

（三）延伸产业链条，优化人力资源服务和产品结构

小微企业在我国企业中占据着绝对的数量优势，国家工商总局在其网站公布的《全国小型微型企业发展情况报告》显示，截至2013年3月底，我国实有小微企业1169.87万户，占企业总数的76.57%。若将4436.29万户个体工商户视作微型企业纳入统计，则小微企业在工商登记注册的市场主体中所占比重达到94.15%，随着创新驱动战略的实施和创业活动的发展，这一比例还会增加。从人力资源服务需求来讲，中小型企业特别是创业初期的企业，不仅需要人力资源服务的专业服务，还需要与之相关的法律、知识产权、金融等服务。

为应对这些变化，需要进一步延伸人力资源服务业的产业链条，拓宽人力资源服务内容，将法务咨询、财务管理、知识产权代理等纳入人力资源服务业发展的范畴，形成以人力资源服务业为核心、吸纳其他行业的生产型服务业新格局。

（四）鼓励企业技术升级和产品创新，推动行业结构调整和转型升级

《劳务派遣暂行规定》的实施改变了劳务派遣业发展的政策环境，这将导致派遣业发生两个变化：一是业内企业竞争加剧，一批小型派遣公司将会消失，同时产生一批管理规范、服务能力强的中大型劳务派遣公司；二是传统的派遣向业务外包转变，扩大业务外包的市场规模。因此，在相关政策上，应该通过创新奖励等手段，鼓励企业进行业务调整，使整个行业结构更趋合理。日益变化的信息技术和互联网思维正在对行业发展的传统模式产生越来越深远的影响，政府应该通过研发成本税前扣除的政策，鼓励企业进行技术研发和应用，推动整个行业的技术进步和管理创新。

第五章

劳动力市场发展的测量与评估

作为主要的要素市场之一，劳动力市场的发展状况得到了众多学者的关注，而政府也将加快劳动力市场建设作为实施就业优先战略和人才强国战略的重要举措。本章首先对我国劳动力市场发展评估的相关文献进行综述，在此基础上构建评价劳动力市场发育的指标体系，然后使用相关统计数据，对我国劳动力市场发育状况进行评估。

第一节 劳动力市场发展的相关研究综述

关于劳动力市场的测量和评估，有两个角度。一是认为劳动力市场信息在衡量宏观经济状况、监测劳动力市场正常运行、有效规划人力资本及制定劳动政策方面具有非常重要的作用，因此制定相关的统计指标，通过这些指标的统计结果对劳动力市场进行测量，其目标是为未来劳动力市场状况的预测提供最重要的定量基础，从而有效地制定并评估经济政策（Louis J. Ducoff and Margaret Jarman Hagood，1946）。随着国家工业化程度加深、工作结构的复杂化及生产技术的多元化，发展一个正规的劳动统计体系也变得日益重要起来（Robert S. Goldfarb and Arvil V. Adams，1993）。从最一般意义上看，劳动力市场测量不仅反映了劳动力市场状况，而且反映了整个宏观经济状况；并且由于劳动力市场直接涉及劳动者的利益，因而对个人选择、家庭福利与社会稳定也至关重要。国际劳工组织提出，劳动统计应该主要包括经济活动人口、就业、失业、显性的就业不足、工资和工时、消费价格指数、劳动生产率等一系列指标（ILO，1985），并分别制定了针对不同统计内容的标准和原则以及具体的指标设计等更为完整详尽的信息。杨伟国、孙媛媛（2007）在分析国际劳动组织统计指标的基础上，结合中国劳动力市场的统计实践，提出了适合中国劳动力市场的统计指标体系和统计方法。

二是在劳动力市场和相关统计数据的基础上，运用一定的方法构建一套指标体系，对劳动力市场的发展状况进行综合评估。这种评估通常见诸两类文献：一类是在对我国整个市场经济体系的评估中，将劳动力市场作为其中的一部分进行评估；另一类是针对劳动力市场的内容和特点，设计专门的指标体系进行评估，这是本书关注的重点，下面将结合相关研究，对劳动力市场评估指标体系进行介绍。

一 劳动力市场发展状况评估的相关研究

一些国际机构从经济体的市场化、自由度等角度对市场发展进行了评估。美国传统基金会和华尔街杂志（1995）发布了经济自由化指数，并将该指数不断改进。传统基金会的经济学家们首先将经济自由化定义为"对于政府在生产、分配、消费等方面管束的消除"，基于此定义，他们将经济自由化指数的测量确定为考察政府对于经济所施加的束缚程度，对于劳动力市场化程度的考察亦是如此。《世界经济自由2008年度报告》指出，经济自由的核心内容是个人选择、私有财产的保护以及交换的自由。该报告分为7个主要领域，共23项指标。弗雷泽研究所将经济自由的"产出"作为考察对象，强调针对经济增长率变动的解释，而不关注经济活动所需的政治、经济、社会环境等，因而经济自由"产出"的研究反映的是政府政策的后果以及人们对于政策的行为上的反应，所有领域的指数值构成经济自由综合指数的数值。该报告中的各个领域的具体指标中没有直接涉及劳动力市场化程度，而是主要着眼于直接的经济自由产出，不针对间接的政策。

在国内的研究中，学者们主要是从既有的数据和我国劳动力市场的实际情况出发，建立指标体系进行评估。江晓薇等（1995）在对中国市场经济度的探索中，利用劳动用工权、人事管理权、工资奖金分配权三个与劳动力市场有关的二级指标来反映劳动力市场化程度。国家计委课题组（1996）利用产品市场和要素市场的市场化程度来衡量整体经济市场化水平，并认为产品市场和要素市场的市场化程度就是国家已经开放、主要由市场进行调节的那一部分占全部市场的比重，那么劳动力市场的市场化程度就是用受市场机制调节劳动力占全部劳动力的比重来测度。顾海兵（1997）在测量整体市场发展状况时，提出劳动力市场化应该从农村劳动力市场、城镇劳动力市场、城乡分割的户口管理体制及城、乡的户口封闭体制上去考察。张灿等（1998）从劳动力择业自由度、用人单位用工自由度、劳动力流动自由度、劳动工资决定自由度四个维度来评价我国劳动力市场的现状，发现我国劳动力市场发育起步较晚，但发展较快，劳动力市场的作用范围和作用程度都在逐步增强，劳动力市场机制已在劳动力资源的配置中发挥了基础性作用。陈宗胜（1998）在测量劳动力市场化程度时选取了劳动力自由择业程度、单位用工自由度、劳动力的自由流动性、城镇劳动合同签约率、农村劳动力流动比例、工资的市场化程度等指标。周振华（1999）在广义价格自由度和要素重组度两项内容中对劳动力要素进行了测量，前者即非国家定价的比重，用要素价格自由度平均数表示，后者指资产存量、劳动力等要素重新自由组合的程度，用企业收购、兼并、控股、参股比重以及劳动力在地区和部门间流动的速率等，指标表示。徐明华（1999）测算了市场化程度，其研究在所有制结构、政府职能转变和政府效率方面涉及劳动力市场，分别是非公有制从业人员占全部从业人员的比重、党政机关和社会团体从业人员占全社会从业人员的比重两项指标，在要素市场发育方面，则用合同制职工占全部职工的比重，每万人职业介绍机构数等5项指标来直接测量劳动力市场化程度。常修泽等（1999）从产品市场化、生产要素市场化、企业市场化、政府对市场的适应程度、我国经济的国际化程度五个方面衡量我国经济市场化程度，在生产要素的市场化中涉及劳动力市场，认为农村劳动力（包括在乡务农者、乡镇企业职工和进城农民工）的择业行业已基本受市场调节，城镇中的非公有制经济劳动者、国有单位的下岗人员以及城镇登记失业人员也基本上进入市场。他结合企业的用工制度改革现状以及工资水平由市场决定的情况，估算了劳动力市场化程度。赵彦云等（2000）对市场化进程水平测度的统计指标体系包括市场经济基本要素、市场发展、政府职能市场化三个方面，在市场发展方面的指标中包括商品市场、劳动力市场、资本市场，劳动力市场用劳动力市场化程度、工程师的市场化程度、劳动力市场的国际化程度三项指标来测算。樊纲等（2001）从五个方面分19个指标对中国各地市场化程度进行了测评，这五个方面分别是政府与市场的关系、非国有经济的发展、产品市场的发育程度、要素市场的发育程度、市场中介组织发育和法律制度环境。在要素市场的发育程度方面涉及了劳动力要素，并用劳动力流动性反映劳动力市场发育程度，认为劳动力流动性可由外来劳动力占当地全部从业人员的比重表示。具体指标有外来劳动力就业占该地区全部从业人员总数的比重、单位国内生产总值所拥有的外来劳动力数量。余子鹏（2002）利用劳动力市场的信号——工资一致性来测量劳动力市场化程度，同时还分析了劳动力市场人才比例、劳动工资差别与走向、单位纯生产力工资率差异以及三者之间的关系，从数量角度揭示了劳动力市场变化的内在规律，反映了劳动力市场建设中存在的问题。徐长玉（2008）通过劳动力商品化程度、劳动力市场机制、劳动力市场制度、劳动力市场组织及劳动关系五个方面对我国劳动力市场化程度的评估，发现我国的劳动力市场化程度已经达到转轨后期市场经济的水平，但与欠发达市场经济及成熟市场经济相比，还存在较大的差距。评估表明，我国的劳动力市场机制完善程度最高，以下依次是劳动力商品化程度、劳动力市场组织和劳动力市场制度,完善程度最低的是劳动关系。因此,新阶段加快我国劳动力市场培育的重点是在继续提高劳动力商品化程度、加强劳动力市场组织建设和制度建设的同时,着力改善劳动关系。封学军、徐长玉(2008)从工资机制、竞争机制和供求机制三个方面测量了我国劳动力市场的发展程度,发现我国劳动力市场的竞争机制完善程度最高,已经达到了欠发达经济的水平,其次是工资机制,已经达到了转轨后期市场经济的水平;而完善程度最低的供求机制仍然处于转轨中期的市场经济水平。《中国市场经济发展报告2010》中关于劳动力市场发展程度的部分从劳动力的自主择业程度、工资自主决定程度、劳动力流动的自由度、用人单位用人自由度、劳动力工资反映地区经济水平差异的程度以及劳动力市场服务体系建立的完善程度六个方面来测量劳动力市场发展的程度,是一个比较全面的对劳动力市场的系统测量。于挺(2010)从劳动力供给主体与需求主体发展的角度对我国劳动要素市场化进程进行了梳理。在劳动力供给方面,变化主要体现为劳动力供给结构的变化、劳动力供给数量的变化以及劳动力供给质量的变化。就劳动力需求而言,主要分析了非国有经济、国有经济和其他社会单位三种主体在劳动力市场的变化,以及随着劳动要素宏观管理机制的改革所出现的劳动中介组织的发展情况。

表5—1　　　国内有关研究使用的劳动力市场化程度指标

作者	一级指标	二级指标
江晓薇、宋红旭(1995)	企业自由度	劳动用工权、人事管理权、工资奖金分配权、产品劳务定价权等
	市场国内开放度	农业生产、工业生产、价格调节等
	市场对外开放度	进口依存度、直接投资实际额等
	宏观调控度	税赋负担、政府补贴等

续表

作者	一级指标	二级指标
陈宗胜（1998）	劳动力自由择业程度	
	单位用工自由度	
	劳动力的自由流动性	
	城镇劳动合同签约率	
	农村劳动力流动比例	
	工资的市场化程度	
国家计委市场与价格研究所课题组（1996）	商品市场化程度	生产环节行政管制程度、流通环节行政管制程度
	生产要素市场化程度	劳动力市场化程度、资金市场化程度
	经济总体市场化程度	上述指标加权平均
顾海兵（1997）	劳动力市场化程度	乡村劳动力市场、城镇劳动力市场、户口管理
	资金市场化程度	主体结构、资金结构、利率结构
	生产市场化程度	农业市场化程度、二产市场化程度、三产市场化程度
张灿（1998）	劳动力择业自由度	城镇新增劳动力择业自由度、农村劳动力择业自由度、
	劳动力流动自由度	城镇劳动力流动自由度、农村劳动力流动自由度
	用工自由度	国有经济单位、非国有经济单位、政府机关事业单位
	工资决定自由度	城镇劳动工资决定自由度、农村劳动工资决定自由度

续表

作者	一级指标	二级指标
陈宗胜（1998）	劳动力自由择业程度	
	单位用工自由度	
	劳动力的自由流动性	
	城镇劳动合同签约率	
	农村劳动力流动比例	
	工资的市场化程度	
周振华（1999）	广义价格自由度	要素价格自由度平均数
	要素重组度等	企业并购控股参股比重、劳动力在地区和部门间流动的速率
徐明华（1999）	所有制结构	
	政府职能转变和政府效率	
	投资的市场化	
	商品市场发育	
	要素市场发育	合同制职工占总职工的比重、每万人口中职业介绍机构数、技术市场成交额与工业总产值之比、第三产业中金融保险业所占比重、第三产业中房地产所占比重
	对外开放	
	经济活动频度	
	人的观念	

续表

作者	一级指标	二级指标
常修泽、高明华（1998）	产品的市场化	
	要素市场化	资本市场化、土地市场化、劳动力市场化
	企业市场化	企业制度自由度、企业经营者的市场选择率、企业经营自主权落实率、目标最大化企业比重、企业产权主体到位率、履约率、民营经济综合比重
	政府对市场的适应程度	
	中国经济的国际化程度	
赵彦云、李静萍（2000）	市场经济基本要素	价格市场化、企业市场化、社会市场化
	市场发展	商品市场、劳动力市场、资本市场、技术市场
	政府职能市场化	维护市场环境、参与经济活动
樊纲、王小鲁（2001）	政府与市场的关系	市场分配资源的比重、减轻农民的税费负担、减少政府对企业的干预、减轻企业的税外负担、缩小政府规模
	非国有经济的发展	
	产品市场的发育程度	
	要素市场的发育程度	金融市场化、引入外资程度、劳动力流动性、技术市场成果转化
	市场中中介组织的发育和法律制度环境	
余子鹏（2002）	劳动力市场化程度	工资一致性、劳动力市场人才比例、劳动工资差别与走向、单位纯生产力工资率差异

续表

作者	一级指标	二级指标
徐长玉（2008）	劳动力商品化程度	市场化劳动力占总劳动力的比重
	劳动力市场机制的完善程度	工资机制、竞争机制、供求机制
	劳动力市场组织的完善程度	职工工会参会率、工会在不同类型企业或行业发展的均衡程度、工会在劳动力市场上的作用效果、集体合同人数占全部签订劳动合同人数的比重、职业介绍机构的覆盖率、通过职业介绍机构介绍就业的劳动力在全部就业者中的比例、职业介绍机构工作的成功率与职业培训率
	劳动力市场制度的完善程度	劳动力市场法律体系、失业预警体系、劳动力价格指导体系、劳动监察与劳动争议仲裁体系、劳动关系三方机制
	劳动关系的和谐程度	劳动合同签约率、失业率、收入分配差距、最低工资制度的实施情况、劳动争议案件增长率、社会保障体系的完善程度
封学军、徐长玉（2008）	工资机制	用工单位决定工资的自由度及工资受市场影响的程度、工资或收入对劳动者择业与流动的影响程度、集体谈判工资的比例、劳动力价格指导体系的完善程度、最低工资制度的完善程度
	竞争机制	劳动者择业的自由度、用工单位用工的自由度
	供求机制	劳动力流动自由度、劳动力供给状态综合指标、劳动力就业状态综合指标、失业率
北师大经济与资源管理研究院课题组（2010）	劳动力的自主择业程度	
	工资自主决定程度	
	劳动力流动的自由度	
	用人单位用人自由度	

续表

作者	一级指标	二级指标
北京师范大学经济与资源管理研究院课题组（2010）	劳动力工资反映地区经济水平差异的程度	
	劳动力市场服务体系建立的完善程度	

从上述指标可以看出，多数研究是针对一个国家或地区的市场化整体进程情况展开的，直接针对劳动力市场化程度的文献较少，主要内容集中于劳动力市场化程度的测量，具体见表5—2。

表5—2　　　　　部分研究对市场化程度的估算结果

作者	主要内容	结论
卢中原、胡鞍钢（1993）	市场化改革对我国经济运行的影响	中国市场化程度1992年为62.2%
江晓薇、宋红旭（1995）	中国市场经济度的探索	中国市场化程度1994年为37.6%
世界银行（1995）	各国市场化进程测算	中国市场程度1995年为5.3%
国家计委课题组（1996）	我国经济市场化程度的判断	中国市场化程度1994年为65%
顾海兵（1997）	中国经济市场化程度的最新估计与预测	1997年劳动力市场化程度为35%，处于市场转轨时期
陈宗胜（1998）	中国经济体制市场化进程研究	劳动力市场化程度1979年为5.1%，1985年为24.3%，1990年为34.8%，1995年为64.7%，1997年为65%

续表

作者	主要内容	结论
张灿、谢思全、董莉（1998）	中国劳动力市场进程测度	1995年农村劳动力择业自由度为50%，企业用工自由度为50%，政府机关、事业单位人事管理制度正进入法制完善阶段，其单位自由度为50%，城镇集体经济单位和非国有经济单位的劳动工资决定自由度为100%，而农村工资决定自由度为92.6%。总体来看，劳动力市场化程度1979年为3.24%，1985年为24.2%，1990年为34.7%，1995年为60%
Bryan T. Johnson（1998）	Methodology: Factors of Economic Freedom	中国市场化程度1997年为3.5%
徐明华（1999）	经济市场化进程：方法讨论与若干地区比较研究	比较全国9个省市的市场化程度，并做了排名
常修泽、高明华（1999）	我国国民经济市场化程度	1997年中国劳动力市场化程度为70%
Gwartney, James and Robert Lawson（2000）	Economic Freedom of the World: 2000 Annual Report	中国市场化程度1999年为5.8%
樊纲、王小鲁（2001）	中国市场化指数	给出了全国除西藏外各省（区、市）市场化程度排名
封学军、徐长玉（2008）	我国劳动力市场机制完善程度评估	已达到转轨后期市场经济的水平，但与欠发达经济和成熟市场经济相比，还存在较大差距

二 成熟度相关理论

"成熟度"一词最早起源于质量管理领域，由菲利浦·克劳士比在质量管理成熟度方格（QMMG）中提出，他认为，成熟度模型就是描绘一个实体随着时间而发展的过程，这个"实体"可以是人、技术、产品、商业行为、组织功能等。综合学界的看法，成熟度模型思想的来源可以归纳为三种：一是马斯洛需求层次理论。马斯洛将人的基本需求分为五个层次，代表了人类从低到高的五种需求，一般来说，在较低层次需要得到满足后，人类会要求向更高层次的需求发展。在此情境中，实体就是人，沿着需求不满提升自我层次。二是企业成长阶段理论。企业成长阶段理论将企业的发展看作有不同阶段的过程，分析每个发展过程的主要特征及问题。成长阶段模型能够帮助企业管理者清楚了解企业发展的阶段及问题，即使企业掌握其在发展过程中的关键转折点，调整发展战略。三是能力成熟度模型。1987年，美国卡耐基—梅隆大学的软件工程研究所率先从软件过程能力的角度，提出了软件能力成熟度模型（Capability Maturity Model for Software，SW－CMM，CMM）。该模型包括5个成熟度等级、18个过程域、52个目标以及300多个关键实践。

成熟度模型为使用者提供了一种评估项目或者企业管理能力的基本方法，用来评价项目或者企业当前的管理状况以及制订改进计划、提高项目管理水平和企业竞争力。成熟度模型可以应用于不同行业，不同背景，不同规模的任何企业或者项目。21世纪初，随着成熟度模型的不断完善，它在各个领域中的应用也逐渐广泛起来。一方面，它广泛应用于发展和管理"最终产品"的领域，如软件开发、系统工程、综合产品开发、服务过程评价、咨询服务、财务管理、现金管理、非营利组织等；另一方面，它也适用于发展和管理与其功能性相关的领域，如关系管理、信息质量、知识管理、人力资源能力管理等。

在信息咨询服务行业，冯秀珍等（2011）借鉴由美国国防部与SEI研究所和美国国防工业协会共同开发的集成能力成熟度模型（CMMI），构建了信息服务成熟度模型，根据信息服务行业的业务特征，他们将信息服务成熟度划分为包括原始级、基础服务级、网络服务级、用户中心级和持续优化级五个等级的成熟度模型。在对信息服务成熟度进行评价时，笔者将证据理论的研究成果应用到评价体系中来，利用了在质量控制过程中使用的DS证据理论信息融合信息处理方法。成熟度模型还可应用于图书馆用户服务等其他服务领域，其构建方法大多以集成能力成熟度模型为基础，根据各个咨询服务产品的特点，设计适合本研究领域的成熟等级。并根据数据调查和综合判断，确定衡量咨询服务产品发育状况的多个关键性指标，设置其在每个定义级的目标及任务。

职业成熟度是成熟度模型在人力资源管理领域的一个重要应用，它描述个体在从探索到衰退的职业生涯发展的连续线上所达到的位置，是指个体职业行为的总体发展状态，即个体在不同的年龄阶段所对应的不同的职业准备状态和水平。职业成熟度强调职业是一个动态的、发展的、毕生的过程，它总是与特定的年龄阶段或职业生涯发展阶段联系，反映了参与主体对于职业从事的准备程度。因此，职业成熟度的测量主要基于个体的能力及认知水平。职业成熟度最常用的测量工具是 Crites（1978）的职业成熟问卷（CMI）、Super（1981）的职业发展问卷（CDI）以及以这两类问卷为基础的修订版本。在我国，职业成熟度的研究对象主要包括学生、教师、图书馆专业技术人员等。对学生调查的样本多来自一个学校的学生，或者一个城市的几个学校的学生，除了职业认知相关信息外，被试者的人口学变量也被同时搜集，并探索人口学变量与职业成熟的关系。刘红霞（2009）对大学生职业成熟度的性别差异进行了研究，她结合台湾学者孙仲山等编制的高职学生职业成熟度的测量问卷，根据我国的特点设计了大学生职业成熟度的调查问卷，该问卷包括3个维度（职业选择与发展知识、能力和态度）、34个项目，采用李克特五点计分方式。

对某些行业或者产业发展程度的评估是成熟度模型应用的又一个主要领域，目前，"成熟度"概念被广泛应用于各个行业评估之中，涵盖了软件开发、物流、房地产、电子政务等领域。软件开发能力成熟度模型（CMM，Capability Maturity Model）由卡耐基—梅隆在1987年开发，主要运用于软件开发行业，依据卡耐基—梅隆提出的软件开发的能力成熟度模型，王侃昌、闫秀霞、高建

(2006) 结合我国物流企业的发展实际情况,构建了我国物流能力成熟度模型(LCMM,Logistics Capability Maturity Model),他依照卡耐基软件开发过程中成熟度的五个等级,将衡量物流能力的售前顾客服务、售后顾客服务、物流服务运作速度、物流服务运作可靠性等 11 个衡量指标分为初始级、基本级、可重复级、定量管理级和优化级五个等级,并将模型的每个等级分解为关键过程区域、关键实践类和关键实践三个层次,关键过程区域在于明确等级目标,关键实践类阐述每个等级的有关职责,关键实践描述了物流基础设施或运作活动。三个层次的划分明确了每个等级必须实施的关键过程。在工程管理行业领域,组织项目管理成熟度模型(OPM3)近年来应用比较广泛。组织项目管理成熟度模型是一个三维的模型,第一维是成熟度的四个阶梯,第二维是项目管理的九个领域和五个基本过程,第三维是组织项目管理的三个版图层次。陈璧辉、汪剑娜、杨薇(2007)结合市场演进周期理论与产品生命周期理论,从外包市场发展阶段和外包服务专业化水平两个维度对外包市场的成熟度进行分析。根据市场演进周期理论,外包市场发展会经历五个阶段：市场具体化阶段、市场扩展阶段、市场分裂阶段、市场再结合阶段和市场终止阶段。产品周期理论为外包服务专业化水平提供判断的依据,可以据此将外包服务产品生命周期分为四个阶段：发育阶段(萌芽期)、成长阶段(成长期)、成熟阶段(成熟期)、萎缩阶段(衰退期)。依据以上理论,陈璧辉等人用 6 点量表(0—5)设计了分析外包市场成熟度指标的判断准则,根据其评测结果,将我国人力资源外包服务分为：有能力进行外包服务的业务(得分在 3 分及 3 分以上)、外包市场勉强能够提供服务的业务(得 2 分)以及目前外包市场无力提供外包服务的业务(得分 1 分及以下)。董润涛(2011)在综合其他模型的基础上,构建了我国房地产项目管理成熟度的模型。该模型按成熟度等级、评价要素和生命周期分为三个维度进行评价。管理成熟度水平由低到高分别为初始级、成长级、提高级、成熟级和持续改进级。评价指标体系的十二大要素包括前期策划、勘察与设计、招投标与合同管理、进度控制、质量控制、安全控制等。四个生命周期阶段指前期策划阶段、勘察设计阶段、项目施工阶段和后期管理阶段。对房地产项目管理成熟度的评价结果分为五个等级：初始级、成长级、提高级、成熟级、持续改进级。该模型研究通过发放调查问卷搜集数据，然后将利用对评价对象调查结果的平均值代入评价的体系之中，从而得到了具体的等级评分。

在市场发育特别是要素市场的评估研究中，"成熟度"这一个概念也得到了较好的应用，土地、资本、碳排放等市场的要素都是研究者所关注的对象。李娟、吴群（2007）在以南京市为例的土地市场成熟度的评价体系研究中，依据上述原则，构建了以城市土地市场成熟度为评价总目标，以市场化、供需、竞争、价格、配套机制五方面为评价准则层，包括 15 个评价因子的土地市场成熟度指标体系。侯为义、徐梦洁、张笑寒（2012）构建了基于土地市场土地交易情况、土地金融情况、土地市场竞争情况和政府宏观调控的土地市场发育成熟度评价指标体系，并使用 2003—2007 年 31 个省（市）的统计数据，采用主成分分析法测算了我国东、中、西部三大区域土地市场的发育成熟度，结果表明：与经济发展相对应，我国土地市场发育程度也存在显著的区域梯度差异，东部土地市场发育成熟度远远高于中部和西部；三大地域内部省（市）之间土地市场发育程度也存在差异，西部地区尤为明显。张传勇、丁祖昱、段芳（2014）采用因子分析等方法对我国 286 个地级以上城市的城市分级和投资前景进行了实证分析，结果发现，房地产市场成熟度与投资前景并不是直接的线性关系，相比一、二线城市，三、四线城市房地产市场成熟度较低，但投资潜力较大，因此，要注重培育和提高房地产市场的成熟度，着力提升物业和城市的软性条件。张晔、邓楚雄、谢炳庚、胡倞、雷国强（2015）从土地市场交易情况、土地市场供求均衡度、土地市场地价敏感度、土地市场竞争度、土地市场政府干预度五个方面入手，构建了包含 11 个单项指标的土地市场成熟度评价指标体系，并运用熵权可拓物元模型，定量评价2012年湖南省土地市场成熟度。结果表明：湖南省土地市场成熟度总体上处于"过渡期"，并有向"成熟期"转变的趋势；在具体指标上，土地闲置率、土地价格供给弹性、土地税收占财政收入比重、协议地价与出让地价差额率四个指标处于"成熟期"，土地转让率、土地供给率、土地价格需求弹性、地价弹性系数、土地投资来源多样化率五个指标处于"过渡期"，土地出让金溢出率、土地有偿出让率两个指标分别处于"发展期"和"发育期"。

张建军、陈晨（2012）在借鉴国内外关于"成熟度模型"研究的基础上，构建了区域金融成熟度的相关指标体系，以我国东中西部有代表性的9个省市的相关金融数据为研究对象，采用主成分分析法对其区域金融成熟度进行测算并排序，计算的结果显示，我国区域金融发展由东向西呈现出明显的梯度差异，亟须采取相应的措施来促进区域金融协调发展，尤其是加强中西部区域金融支持体系建设。朱航（2013）构建了保险市场成熟度综合性的评价模型，对保险市场的发育成熟状态进行了定量研究，在成熟度指数模型的指标体系中，包括规模维度、结构维度和效率维度三个维度12指标，利用主成分分析法和相关数据，他分析了2000—2009年我国保险市场成熟度的发展曲线。从模型结论所反映的结果来看，该指数能够较好地反映当前我国保险市场的发展态势及所面临的问题。方意、谢晓闻（2014）基于最新发展的非线性Granger因果检验等技术方法，对中国多层次资本市场间非线性关联效应及其成熟度问题进行了量化研究，并从动态分析的视角深入探究了非线性关联机制在不同时期的演变轨迹。研究结果发现，中小板市场推出时，主板市场与中小板市场在价格层面存在双向非线性Granger因果关系，在交易量层面也存在主板市场到中小板市场的单向非线性Granger因果关系，因而主板市场对中小板市场存在较为显著的"挤压"效应，中小板市场在价格层面对主板市场也具有一定的"冲击"效应，故多层次资本市场发展不太完善。借鉴中小板市场建设的相关经验，创业板市场推出之后，三个市场之间不存在任何非线性Granger因果关系，因而三个市场之间不存在任何"挤压"效应和"冲击"效应，故此时多层次资本市场已相对比较成熟。

为了探讨碳排放权的确认和计量问题，为碳排放权的会计处理提供基础，刘亚蒙、汤银河、刘玲（2015）结合我国建立强制碳交易试点第一年的履约情况，从市场运行时间、交易机制、政府监管、法律法规、公司参与度五个方面对我国碳市场进行了成熟度分析，发现我国碳市场目前处于不成熟与成熟之间的过渡阶段。

三　文献评述

综合上述研究，对于中国劳动力市场的发展，主要集中在两个方面：一是从我国市场经济体制改革的宏观大局出发，对我国整个经济体的市场化进程进行评估，为学者、政府及社会各界形成对我国市场经济建设的科学判断提供支持，在此类研究中，劳动力市场通常会被作为其中一个有机的组成部分，从要素市场发育的角度加以评估；二是以劳动力市场为研究对象，针对劳动力市场的特点，从劳动力供需、流动等方面加以评估，尽管这类研究的着眼点略有不同，但基本上是围绕劳动力市场化进程这条主线展开，考察的是劳动力这一要素配置的市场机制是如何发展的。

这些研究对转轨时期我国劳动力市场的发育状况进行了多角度的研究，为了解我国的劳动力市场发展状况提供了有益参考，但对区域劳动力市场的发育状况关注不足。事实上，中国是一个经济发展不均衡的国家，劳动力市场同样存在较大差异。因此，有必要对中国区域间劳动力市场的相对发育状况进行评估，以更好地反映我国劳动力市场的发育状况。从市场成熟度的角度看，对某一市场成熟度的评估主要集中在土地、资本等要素市场，但对劳动力这一要素市场的研究尚属鲜见，因此，本章以中国转轨时期劳动力市场的特征为基础，在劳动力市场评估中引入"成熟度"这一概念，通过构建劳动力市场的评估指标体系对中国各地区的劳动力市场发展程度进行评估。

第二节 劳动力市场成熟度评估的理论基础和指标体系构建

一 劳动力市场成熟度评估指标体系的理论和现实基础

如前所述，成熟度模型是描绘一个实体（Entity）随着时间的推移而不断发展的过程，这个实体可以是任何感兴趣的事物，如人力资源、组织职能、商业行为、技术、产品等（Klimko, 2001; Khatibian et al., 2010）。根据成熟度模型的核心含义，对劳动力市场成熟度的评估，可以理解为"对劳动力市场从产生到发展过程的评估"。而要构建其评估体系，首先需要搞清楚劳动力市场的构成要素包括哪些，而这些要素在中国劳动力市场发展过程中的变化情况，则是评估的主要内容。

劳动力市场作为劳动力配置的机制和手段，其核心包括市场和政府两个方面。从其在国外的发展历程看，首先是肯定和承认市场在资源配置中的作用，劳动者在市场机制调解下，实现供需平衡。由于市场调节在一定程度上具有盲目性，失业等问题在所难免，因此，政府在劳动力市场中的作用逐步得到重视。从当前来看，劳动力市场的运行和管理，基本上是在市场和政府这两只手之间寻求一种均衡，并形成"灵活性"和"安全性"两个概念（桑德林·卡则斯，2005）。从已有研究看，对于安全性和灵活性的定义并没有统一和确定的说法。对于灵活性，主流观点是将灵活化视为恢复劳动力市场自身调节功能、消除市场刚性的手段或成果，使得劳动力市场能够在经济的高速发展下，根据经济条件变化做出迅速的调整，解决失业、劳动生产率低下等问题。安全性是指面对市场灵活性的变化，劳动者在劳动市场就业时，能够得到相关保障，包括体面的工资、良好的工作环境、免受不公平待遇和歧视等，以及在其失业后能够尽快返回到劳动力市场当中去的各种保障措施的总和。

从各国的劳动力市场政策看，各国都在追求灵活性和安全性的平衡，总体趋势是要在企业调整的灵活性和工人就业及收入的安全感之间建立一种新的、合理的平衡，使之能为双方接受。围绕劳动力市场灵活性和安全性，一些学者对其在中国劳动力市场的应用、理论指标、测量及影响进行了研究（孙乐，2010；张原等，2012；周申等，2012；方浩，2013；王章佩，2015）。

对于中国来说，劳动力市场的发展历程正好与西方国家相反，是一个由政府全面干预调节到市场调节和政府调控并重的过程。新中国成立以后，中国实行了高度集中的计划经济体制，所有的生产要素都是通过计划手段——政府"这只有形的手"来配置，劳动力这一要素也不例外。随着社会主义市场经济体制改革的进行，资源配置逐步由计划手段向市场手段改变，"无形的手"在资源配置中逐步占据了基础性地位。从就业构成看，原有的计划性较强或者说体制内单位的就业比例不断降低，市场化程度较高的私营、外资企业以及非正规就业的比例不断上升。从城镇就业人员的构成看，在改革开放伊始的1978年，国有单位和集体单位的比例高达99.84%，而到了2011年，这一比例则降至20.25%。流动是优化要素配置的基本前提，在劳动力流动方面，城乡劳动力流动规模逐年增加，2006—2010年，中国累计转移农业劳动力4500万人（人力资源和社会保障部，2011）。在制度和政策层面，1993年11月的十四届三中全会通过了《关于建立社会主义市场经济体制若干问题的决定》，正式使用了"劳动力市场"的概念。原劳动和社会保障部在1993年的《关于建立社会主义市场经济体制时期劳动体制改革总体设想》中提出，要建立一个竞争公平、运行有序、调控有力、服务完善的现代劳动力市场。通过培育劳动力市场用人主体、发展公共就业服务、引入工资市场调节机制等措施，积极促进劳动力市场建设。为了规范劳动力市场，促使劳动力这一要素市场的发展，1999年原劳动和社会保障部在全国100个下岗职工和失业人员再就业任务较重、就业服务和失业保险工作具有一定基础的城市，开展劳动力市场"科学化、规范化、现代化"建设（张小建，2008）。2010年中国又提出了"坚持发挥市场机制在人力资源配置中的基础性作用，健全统一规范灵活的人力资源市场"。十八届三中全会更是把市场的作用提到了一个更高的地位，提出要发挥市场在资源配置中的决定性作用。

综合劳动力市场中市场和政府两个角色的作用以及中国劳动力市场的特点，考察中国劳动力市场的成熟度或者发育程度，可以围绕市场和政府两者的作用这一条主线来进行。具体来说，劳动力市场作为配置劳动力资源的空间和系统，其发育程度可以从市场发育和政府调节两个方面加以考察。从一个基本的市场构成看，劳动力市场应该包括劳动力市场的供需主体以及这些主体在市场机制的调解下不断调整、最终实现劳动力市场均衡，因此，考察市场发育，也就细化为劳动力市场主体、流动性、灵活性三个维度，劳动力市场主体反映了一个国家或地区劳动力市场上供需主体的数量和质量；劳动力市场流动性和灵活性则反映了劳动力市场中市场调节作用的发挥情况。政府作用主要指劳动力市场上政府的作用或者角色。由于信息不完善、制度管制等因素，会导致所谓的市场失灵，在这种情况下，需要政府进行干预和调控，对劳动权益和市场主体的行为进行监督和保护，并提供相关的公共服务，以此弥补市场在配置资源方面所存在的缺陷。

由于劳动力市场本身的特殊性，在建立市场成熟度的指标体系过程中，指标体系必须能直接或间接反映市场成熟度，同时其本身还需具有合理性和有效性。建立市场成熟度指标体系要考虑指标的系统性、动态性、可行性和可比性。系统性是指指标体系能够全面系统地反映市场的各个方面，同时指标之间避免重复和交叉。动态性要求指标评价结果能反映市场的现状和变化趋势。可行性原则指标数据在现实中可获得，且数据来源可靠真实。可比性要求整个指标体系在各个城市、区域等主体间能够进行对比，具有普遍适用性。下面对这两大方面四个维度进行详细论述。

二 市场发展测量与评估的相关模型和方法

劳动力市场化的测量是多因素、多层次的定量研究工作，这一过程包括分项指标的赋值、指标加总形成指数以及判定标准三个方面，分而述之。

（一）评估指标的赋值方法

对具体指标的赋值方法主要包括绝对比率赋值法、等级记分法、相对指数法、占位赋值法等几种。绝对比率赋值法是根据具体指标的经济内容在相应范围所占比例，或者达到的程度，通常用百分数表示。例如实行劳动合同制的劳动力所占比例等。等级记分法在传统的基金会研究中应用较多，需要预先确定记分标准、分值等级，再根据有关具体指标的百分率或出现的数值进行分析打分，最后给指标赋值。相对指数法应用较广，首先用公式 $Score_i = [(X_i - X_{min})/(X_{max} - X_{min})] \times 100$ 或 $Score_i = [(X_{max} - X_i)/(X_{max} - X_{min})] \times 100$ 来计算较高的原始数反映较高的市场化程度，弗雷泽研究所、樊纲、王小鲁等的研究报告均使用了这一方法。占位赋值法主要是根据设计指标的原始数据对考察的国家和地区在每个指标中的排队占位，以名词顺序来比较分析，例如徐明华（1999）的研究以及赵彦运等（2000）的研究就应用了这一方法。

（二）指标权重确定方法

在指标赋值的基础上，需要通过一定的加总，才能将各个指标包含的信息综合到一个指数上，实现这个目标的方法有简单平均法、加权平均法和占位名次叠加法。简单平均法是最直观的综合指标合成方法，实际研究中很多学者都使用了该方法，且可以分层次多次使用（国家计委课题组，1996）。加权平均法是指对不同层次、不同经济内容的指标进行汇总时，按照指标反映的重要程度对不同的指标采用不同的权重，可以主观判断分配权重（卢中原、胡鞍钢，1993），也可以使用客观方法计算得到权重，例如主成分分析法（樊纲等，2001）、因子分析法等，其权重完全根据数据特征确定。占位名次叠加法，是指对各个层次的指标的数值排序，并将名次相加，来求出最终的综合指标值及名次。徐明华（1999）选择了8大类共31个指标，对9个省份按照每一项指标进行排序，将每一大类中各指标的排序相加，得到各省在此类中的位次，最后将每一省在八大类中的位次相加，即得到各省份市场化程度的位次。赵彦云等（2000）首先求出不同层次即不同方面市场化指标，然后根据参与比较的国家或地区各指标的占位，确定占位的中间水平，依据各个国家或地区某个指标占位顺序与中间水平的距离，计算其市场化进程的资产或负债多少，再判断各个国家或地区市场化进程的状况。

无论是哪种加总方式，都需要确定各个指标在整个指标体系中的权重，这是此类评估中的一个难点，也得到了众多学者的关注，从目前来看，评价指标权重确定方法可以分为主观确定法、客观确定法和综合确定法三类。

1. 主观确定法

主观确定法主要是基于赋权者根据自己对指标间关系的把握，较为合理地确定各个指标的权重。主观确定法主要有专家打分法（Delphi法）、层次分析法（AHP法）和因素成对比较法。其中，专家打分法是将指标体系中的各个指标确定相应标准分数，然后由专家进行逐项打分，最后汇总专家的分数结合标准分数生成指标权重。这个过程可以反复进行多轮。平均赋权法是一种极端的专家打分法，即将指标权重直接打成相同的分数（国家统计局课题组，2006；陈婉清，2008）。层次分析法是由美国学者萨特（T. L. Saaty）于20世纪70年代创建的系统分析综合方法，用于求解层次结构或网络结构等复杂系统的评价问题。其采用指标成对比较方法构造比较判断矩阵，利用求解和最大特征根相应的特征向量的分量作为相应指标权重的办法确定指标权重，并根据各层次的指标权重和指标值作出综合评价。因素成对比较法主要通过因素间成对比较，对比较结果进行赋值、排序。该方法是系统工程中常用的一种确定权重的方法。该方法应用有两个重要的前提：(1) 因素间的可成对比较性。即因素集合中任意两个目标均可通过主观性的判断确定彼此的重要性差异。(2) 因素比较的可转移性。设有 A、B、C 三个因素，若 A 比 B 重要，B 比 C 重要，则必有 A 比 C 重要。

主观确定法的优点是简单方便、易于使用，在一定程度上可以确定各个指标权重的排序，但主观性太强，容易造成指标实际权重和最优权重之间的偏差，这是主观确定法的缺点，同时由于不同的专家对指标体系的把握不同，对于同一个指标体系的权重设计也会有不同，这种差异不会因为增加专家数量、精选专家而明显缩小，反而可能因专家选择偏离最优专家群体，造成设计权重和最优权重偏离较大。在实际应用中，层次分析法在科学研究中使用更多一些。

2. 客观确定法

客观确定法是依据评价对象各指标数据，按照某个计算准则得出各评价指标权重。客观确定法可以减小主观影响，避免人为因素带来的偏差，得到客观而有说服力的权重结果。但由于忽略了指标本身的重要程度，有时确定的指标权数与预期的不一致，另外同样的指标体系在不同的样本中确定的权数也不同，这也是一个让人困惑的问题（郭显光，1995）。客观确定法主要有主成分法、因子分析法、熵值法、神经网络法、灰关联分析法等。其中，主成分法是一种统计分析方法，它把给定的一组相关变量通过线性变换转成另一组不相关的变量，这些新的变量按照方差依次递减的顺序排列。在变换中保持变量的总方差不变，具有最大的方差的新变量，称为第一主成分。每个主成分之间的相关系数为 0。主成分的贡献率越大，说明相应的主成分综合原变量组信息的能力越强。对 n 个指标的数据进行主成分分析，如果第一主成分的贡献率 >85%，则其对应的特征向量可以粗略地看成原始指标的权重向量。熵值法是通过计算每个指标的熵值，然后通过熵值计算出每个指标的熵权重来判断某个指标对综合评价的贡献度方法。"熵"是一个源自热力学的概念，在信息论中，熵是对不确定性的一种度量，又称平均信息量。信息量越大，不确定性就越小，熵也就越小；相反信息量越小，不确定性越大，熵也越大。灰色关联分析方法，源自1982年邓聚龙教授创造的灰色系统理论，是该理论运用较多的灰色技术之一。它根据因素之间发展趋势的相似或相异程度，亦称为"灰色关联度"，作为衡量因素间关联程度的一种方法。神经网络法是一种自然的非线性建模方法，其通过不断学习训练，能够从未知模式的大量的复杂数据中发现其规律，神经网络的结构由一个输入层、若干个中间隐含层和一个输出层组成。这种方法主要是基于如下问题的存在，即在指标评价体系中，影响因素众多，且其间联系复杂，很难在它们之间建立确定的关系模型，评价目标间的相互关系更无法用定量关系式来标识它们之间的权重。

3. 综合确定法

综合确定法是使用多种指标权重确定方法分别计算指标权重，最后使用组合方法对这些不同方法得出的权重进行组合而得出一个综合权重的方法。由于确定指标权重的方法有很多种，那么对于此类方法的综合确定方法组合，相对较多，且组合类型层出不穷。比如，应天元（1997）结合主成分分析和多维偏好线性规划，在主成分分析的基础上以主成分（综合指标）的得分值及其权重求取相对应的方案优劣有序对，再利用多维偏好线性规划对有序对进行处理，分解出单个指标的权重。于洋、李一军（2003）通过主观赋权方法和熵值法相集成给出各指标的权重，最后通过模糊综合评价方法对各指标进行评价，并得到综合评价结果，将以得到的综合评价结果和各个指标的变换数据为学习样本，建立三层BP神经网络，通过学习把抢价过程中蕴含的知识和经验积累下来，并最后得到各指标的权重。该方法的优点是既可以充分利用人的知识和经验，又可以摆脱人为主观因素的干扰。陈衍泰、陈国宏、李美娟（2004）运用合作博弈的原理，将用于组合评价、具有相同属性的单一评价方法看作合作博弈中的局中人，采用平均值作为单一方法相对于组合评价结论偏差的参考基准,所得组合评价的误差平方和视为合作的结果;应用多种单一评价方法所得结论的偏差相对于组合评价结论总偏差的贡献,来对单一方法进行赋权。袁智敏等(2005)在灰色聚类分析法的基础上提出粗糙集聚类分析法,将灰色聚类评价法中权系数确定问题转化为粗糙集中属性重要性评价问题,并且通过建立单个评价指标的关系数据表模型,计算知识的熵,由此给出各个评价指标的权系数的计算方法。米传民等(2006)针对传统灰色定权聚类方法中权重是事先给定的、不具有客观性的问题,借鉴信息熵的思想,提出了基于熵权确定权重的方法,构造了基于熵权的灰色定权聚类评估方法的算法,对灰色聚类决策理论进行了补充和完善。

(三)评价的判断标准

一般来说,对于市场衡量的标准主要有两种:一种是绝对标准,另一种是相对标准。

(1)绝对标准:绝对标准的评分方法是将最完美的评为100分或者100%,最差的评为0分或者0。即使现实中并不存在这两个极端中的任何一个极端,理论上也需要这么做。南开大学陈宗胜认为,如果不是以100%来界定完全的市场化,而是以现实中某个发达市场经济国家的市场化程度作为100%,那么,各个不同国家的比较就失去了统一的标准,同一国家内各个领域或不同时期的比较也会比较困难。顾海兵(1997)的研究将市场化程度划分成6个阶段,市场化在0—15%为非市场经济,15%—30%为弱市场经济,30%—50%为转轨中期市场经济,50%—65%为转轨后期市场经济,65%—80%为欠发达市场经济或相对成熟市场经济,80%以上为发达市场经济或成熟市场经济。这就是一种典型的绝对标准的判断标准,陈宗胜(1998)的研究也属于此类。

(2)相对标准:顾名思义,在这样一个评分标准下,最高得分的被评价个体被设为100分或者100%,得分最低的个体被定为0分或者0。以市场化程度为例,所有研究样本中,市场化程度最高的区域或者行业的得分为100分或者100%，市场化程度最低的区域或者行业的得分为0分或者0。樊纲等人（2007）认为："迄今为止，经济学理论和经济实践并没有给出一个百分之百市场化的模式和范例。想以一个'纯粹的'市场经济为参照系来衡量市场化的绝对程度是不现实的。"而且，各国的市场经济，尽管在一些基本原则上是相同的，但在具体形式上存在许多差异，很难有一个统一或唯一的标准加以衡量。世界上没有任何一个国家的经济活动是百分之百按市场原则进行的。因此，其著作《中国市场化指数》并不是为了表明各地区本身"离纯粹的市场经济还有多远"，而是研究了中国各省区市场化进程"相对指数"，即将各地的市场化程度进行互相比较，做出排序。同时也尽可能地反映各个省、直辖市、自治区市场化程度沿时间顺序的变化，对它们的进步或退步作出评价。徐明华（1999）对中国市场化程度的测度也采用了此类方法。

三 劳动力市场成熟度评价维度和指标选择

（一）市场发展

对于市场发展来说，包括两个基本方面：一是市场主体；二是市场机制是否可以对劳动力供需双方的行为进行有效调节。

1. 市场主体

市场主体反映了一个国家或地区劳动力市场供需主体的基本状况，没有合格的市场主体，劳动力市场就无从谈起。在这里，反映市场主体状况的指标包括供需两个方面4个指标：劳动力参与率、人均受教育年限、技工比例、城镇单位中公有制企业就业的比例。供给方面，劳动力参与率是反映劳动力市场供给情况的一个重要指标，它表示一个国家或者地区劳动力市场上愿意参与经济活动人口的比例，是一个数量性指标，在国际劳工组织以及大多数国家，它都被作为一个反映劳动力市场基本状况的核心指标。劳动力受教育年限和技工比例是反映劳动者质量的指标，受教育情况是反映劳动者素质的一个国际通行指标，这里使用人均受教育年限来表示，而技能证书的获得情况，则是反映一个国家或地区熟练劳动力的主要指标，这里使用获得技能证书者占劳动年龄人口的比例来表示。在需求方面，本书使用了城镇单位中公有制企业就业的比例，这一指标在相关研究中也常被用来反映我国用人主体的市场化程度。

2. 市场运行机制

市场运行机制是表明劳动力市场发育程度的重要指标，一般来说，在市场机制发挥良好的情况下，人力资源供需状况会在价格机制的调整下灵活调整，而实现这一目标的前提是，劳动力可以充分流动。这里选取了城镇行业间职工变动率、外地人口占本地人口比例、工资弹性、失业率、就业弹性5个指标，从流动性和灵活性两个方面加以评估。

流动是保证人力资源供需在工资变动机制调解下达到均衡的前提，劳动力流动包括多个维度，既包括地区间的流动，也包括行业间、单位间的流动，考虑中国劳动力流动的现状以及数据的可得性，这里选取了城镇行业间职工变动率和外地人口占本地人口比例这两个指标，城镇行业间职工变动率用来反映城镇劳动力的流动状况，这一指标在相关反映劳动力市场发育的研究中被使用（李晓西，2009），外地人口占本地人口比例用来反映跨地区和城乡之间的流动状况。在劳动力市场上，价格主要指工资，这里选取了工资弹性，该指标用来反映工资水平变动的灵活性。在价格机制的调节下，劳动力市场的供需会不断调整并达到均衡状态，这是价格机制调节的结果，这里选取的是失业率、就业弹性两个指标，失业率反映供需匹配的情况，在一个理想的均衡状态下，失业率等于0，就业弹性是反映经济增长拉动就业的情况，主要用来观测经济发展与就业增长是否协调。

（二）政府作用

由于信息不完善、制度管制等因素的存在，会导致所谓的市场失灵的现象，比如供需的结构失衡、失业、劳动力流动不畅等，在这种情况下，需要政府进行干预和调控。这就涉及我们讨论的第二个方面，即政府的作用。在劳动力市场上，其作用主要体现在监督与保护、公共服务两个方面。监督与保护主要依靠两个途径来实现：一是通过政府制定各种相关的法律法规来规范劳资双方的行为，调整双方的关系，这里选取了劳动争议案件结案率来表示，用来反映相关部门依据劳动立法对供需双方的监督和保护力度；二是工会通过各种手段保护劳动者的权益，评估指标选取工会调解效率，用来反映工会在劳动力市场上所发挥的监督和保护作用。劳动力市场的公共服务体系主要是指政府和社会力量为了劳动力市场的有效健康运行，改变市场机制在配置资源时的盲目性、提高市场透明度并改善市场配置资源的效率时所提供的职业培训和职业介绍等各种公共服务。这里选取了通过职业介绍机构成功就业的比例这一指标，主要目的是用来反映政府在改善劳动力市场信息不充分、促进供需双方达成匹配的情况，这也是各国公共就业服务的主要内容之一。

四 数据来源和评估方法选择

（一）数据来源和处理方法

1. 数据来源

本书所使用的数据，主要来自《中国统计年鉴》《中国劳动统计年鉴》《中国人口与就业统计年鉴》以及各省（区、市）的统计年鉴。

在本书使用数据中，存在一些数据缺失，对此我们进行了缺失值填补处理。对有趋势性的数据使用了线性插值法，这种方法可以使所填补数据不受奇异值的影响，因此所填补的数据可以体现基本数据总体的发展趋势；对随机性数据利用平均值进行填补，保证了填补的数据体现总体数据的随机性。由于西藏自治区的基础数据缺失较多，填补结果的正确性难以保证，所以本报告的分析没有包括西藏自治区。

2. 数据的标准化

为了保证指标数值大小变化和最终的劳动力市场成熟度综合指数在经济含义上保持同向相关关系，我们利用线性功效函数对存在正负相关关系的指标数值分类进行标准化。需要说明的是，我们设计的指标包括两类：一类为正指标，是指实际值越大在考核评价中所起的正面效应也越大的指标，另一类则指标方向为负，称为逆指标，这两类指标的标准化公式如下：

正相关指标得分公式为：$Score_i = [(X_i - X_{min}) / (X_{max} - X_{min})] \times 100$；

负相关指标得分公式为：$Score_i = [(X_{max} - X_i) / (X_{max} - X_{min})] \times 100$；

其中 $Score_i$ 代表第 i 个指标的得分，X_i 是第 i 个指标的原始数据，X_{max} 是第 i 个指标在全国各省（区、市）中原始数据的最大值，X_{min} 是第 i 个指标在全国各省（区、市）中原始数据的最小值。乘以100是为了将指数变换成百分制，即最终指数取值在 0—100 区间内。

经标准化后的指标得分越高，说明在该指标所评价的范围内，劳动力市场成熟度越高，反之越低。

（二）评估方法

劳动力市场成熟度是一种与经济发展相辅相成的市场状态，要用数量化的方法加以度量是一项十分困难的工作。我们利用所选取的12个指标来合成劳动力市场成熟度指数，实际上是一个由多方面、多指标到综合性、单一值指数的处理过程。这一过程在统计学中称为降维，是一种将多个指标通过线性加和的方法组合成一个抽象的、能够反映总体水平的指标的过程。常见的解决指标降维问题的计量分析方法有专家咨询法、层次分析法和主成分分析法等，其中专家打分法和层次分析法的计算过程都包含对指标进行定性分析的主观判断环节，是一种主客观因素较强的方法；主成分分析法主要通过对原始数据自身特征（相关性）的分析来确定指标系数，是一种完全客观的定量分析方法。考虑到本书是一个探索性的工作，之前没有一个固定的评估方法，我们综合使用了专家咨询法和主成分分析法，旨在把主观和客观评价方法结合起来，以保证评估结果的科学性，这也是目前此类评估中的一个发展趋势。

在专家咨询法方面，为了增加指标的科学性，课题组编制了《劳动力市场成熟度评估指标体系》调查表，邀请了人口学、社会保障、劳动关系学、劳动经济学、人力资源管理等多个专业领域的专家对指标体系提出设计和修改意见，并针对专家提出的意见修改指标体系构成，25位专家来自中国社会科学院、清华大学、中国人民大学、北京师范大学、浙江大学、首都经济贸易大学、河北大学、北京工商大学、武汉大学、南京财经大学、中国人事科学研究院等单位。其主要目的是，请每位专家结合评估期内中国劳动力市场的特点，对各个维度二级指标的正负方向进行判定。对于二级维度指标的权重，课题组采用主成分分析方法，使用Stata统计软件对指标得分数据进行主成分分析，并进行特征值分解，按照特征值大小对12个指标分配权重。最后，按照加权平均的方法求得各省（区、市）的综合指数得分。

表5—3　　　　　　　劳动力市场成熟度评估指标体系

评价维度	维度权重（%）	评价指标	指标权重（%）	指标变动方向
市场主体	40.15	劳动参与率	7.58	+
		人均受教育年限	12.71	+
		技工比例	7.41	+
		城镇单位非公有制单位就业比例	12.45	+
流动性	21.61	城镇行业间职工变动率	7.29	+
		外地人口占人口比例	14.33	+
灵活性	18.79	工资弹性	6.41	+
		失业率	4.58	—
		就业弹性	7.81	+
政府作用	19.45	劳动争议案件结案率	6.67	+
		工会调解效率	7.13	+
		通过职业介绍机构成功就业的比例	5.65	+

第三节 劳动力市场成熟度的实证分析

一 全国劳动力市场成熟度分布特征

（一）全国劳动力市场成熟度分布特征

1. 全国劳动力市场成熟度分布特征

估算结果显示，2000—2014年，我国劳动力市场成熟度水平总体呈上升趋势，劳动力市场成熟度的平均值由2000年的32.99分上升到2014年的34.26分；中位数由2000年的31.95分上升到2014年的33.15分，其中，成熟度得分最高的年份为2011年。从得分的平均值和中位数的总体变动趋势来看，得分的平均值在28.46—37.74分之间波动，中位数在26.96—37.43分之间波动。

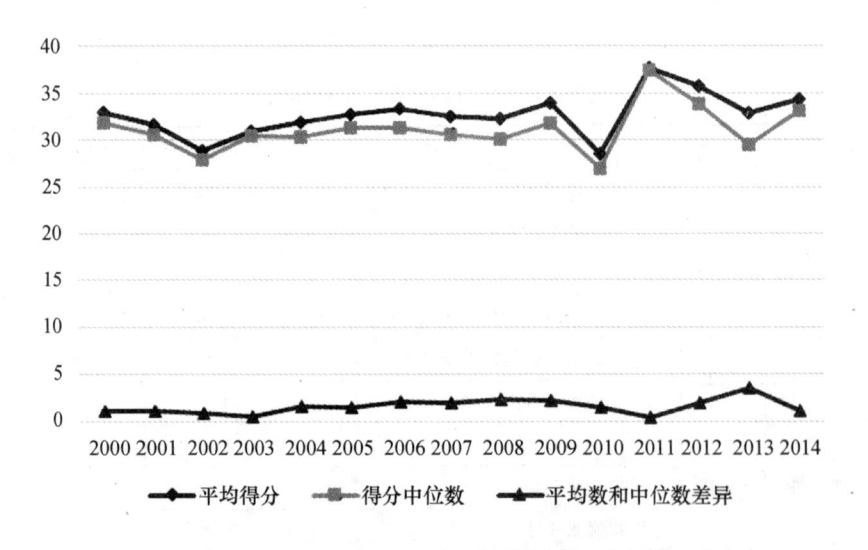

图5—1 全国人力资源市场成熟度得分平均水平变化

从均值和极值的差异变动来看，得分的平均值与最低值距离较近，与最高值距离较远。这说明我国各省（区、市）劳动力市场成熟度呈现一种正金字塔形的结构，成熟度较高的劳动力市场的省份

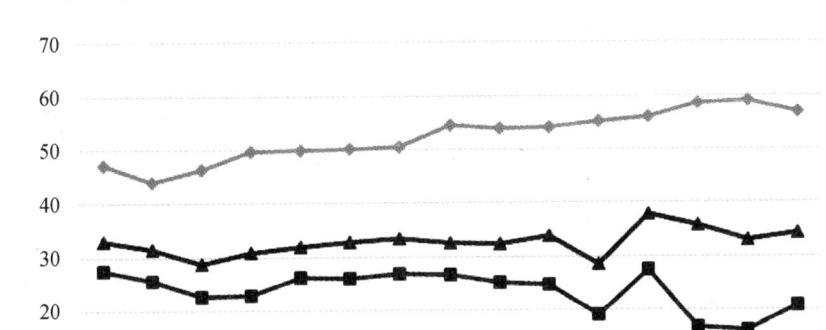

相对较少，成熟度属于中等或中等以下水平的省份较多。

图 5—2　全国劳动力市场成熟度总体分布变动趋势

2. 全国劳动力市场分布收敛情况

为了进一步说明差异性的变动水平，我们计算了极值与平均值的距离，这里用最大偏离值和最小偏离值来表达。计算公式为：

最大得分偏离值 = 各省（区、市）得分最大值 - 各省（区、市）得分平均值　（3）

最小得分偏离值 = 各省（区、市）得分平均值 - 各省（区、市）得分最小值　（4）

从得分偏离值变动的发展趋势中可以发现，最高得分和最低得分偏离均值的幅度都在不断扩大，说明不同省份市场成熟度之间的差距在不断扩大，表现出"好的更好，差的更差"的"马太效应"。

通过各省（区、市）得分的标准差来分析全国区域间劳动力市场成熟度差异的变动趋势，结果显示，随着时间的推移，我国各省（区、市）劳动力市场成熟度得分的标准差呈扩大趋势，说明我国各地区间劳动力市场发育程度的差异逐步扩大。这与图5—3得到的结论一致。

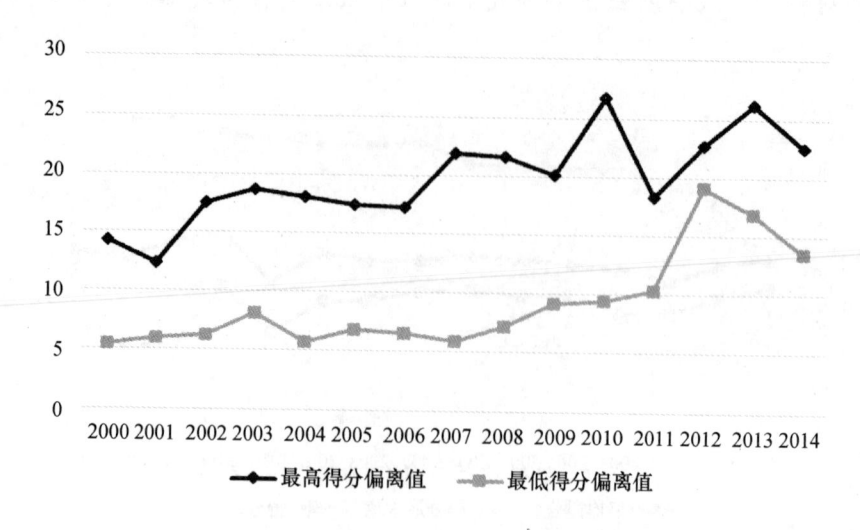

图 5—3 全国各省（区、市）劳动力市场成熟度最大偏离值和最小偏离值变动

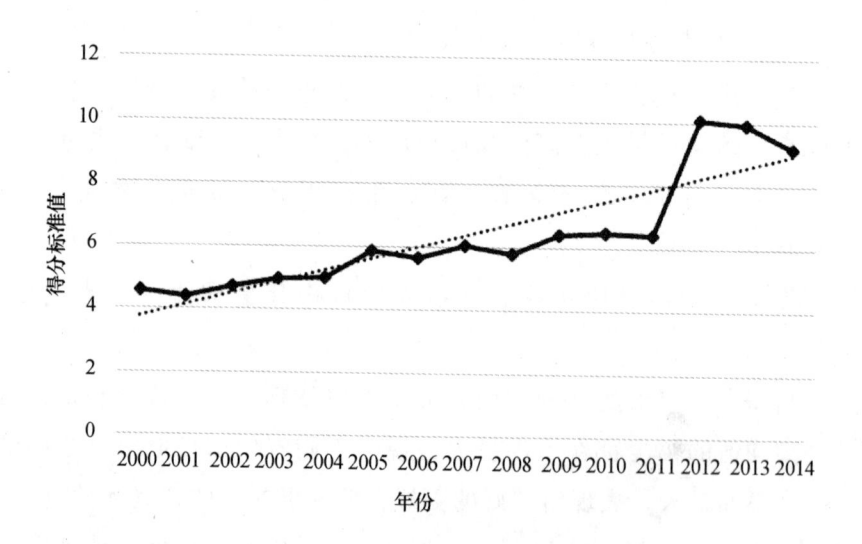

图 5—4 全国各省（区、市）劳动力市场成熟度得分标准差变动

（二）劳动力市场成熟度的区域特征

我们根据15年来劳动力市场成熟度的平均得分，将研究涉及

的30个省（区、市）进行排名并将前十名、中十名和后十名分成三类地区，通过地理分布观测可以发现，我国劳动力市场成熟水平变动与经济社会发展存在一定的关联性，经济发展水平越发达，省（区、市）劳动力市场成熟度水平越高，反之亦然。

将三类地区分组与中、东、西部三大经济地区进行对比可以发现，这一特征更加明显。由东向西属于较高级类型的省（区、市）逐渐减少。属于较低级类型的省（区、市）逐渐增多。劳动力市场成熟度排名靠前的省集中在东部，排名靠后的省集中在中西部。

表5—4　　省（区、市）劳动力市场成熟度得分分类与中东西部三大经济地区对比表

地区编号	城市	平均得分	地理区分	名次	地区编号	城市	平均得分	地理区分	名次
11	北京	51.52	东	1	32	江苏	36.26	东	7
31	上海	43.28	东	2	37	山东	33.68	东	8
44	广东	42.90	东	3	46	海南	32.07	东	10
33	浙江	41.69	东	4	21	辽宁	30.92	东	16
35	福建	38.70	东	5	13	河北	29.59	东	22
12	天津	37.24	东	6					
41	河南	31.28	中	12	15	内蒙古	30.41	中	20
42	湖北	31.25	中	13	43	湖南	30.05	中	21
34	安徽	30.93	中	15	45	广西	29.03	中	23
36	江西	30.65	中	17	22	吉林	28.51	中	26
14	山西	30.46	中	19	23	黑龙江	26.17	中	30
50	重庆	33.36	西	9	53	云南	28.72	西	25
64	宁夏	31.73	西	11	63	青海	27.04	西	27
65	新疆	31.05	西	14	52	甘肃	26.55	西	28
51	四川	30.48	西	18	62	贵州	26.28	西	29
61	陕西	28.89	西	24					

（三）指标体系中因子贡献度变动分析

指标体系中各指标的权重变化可以反映该因子对评价结果影响

程度的变化，代表各个指标对劳动力市场成熟度的贡献，这里对各指标的贡献程度进行简单分析。

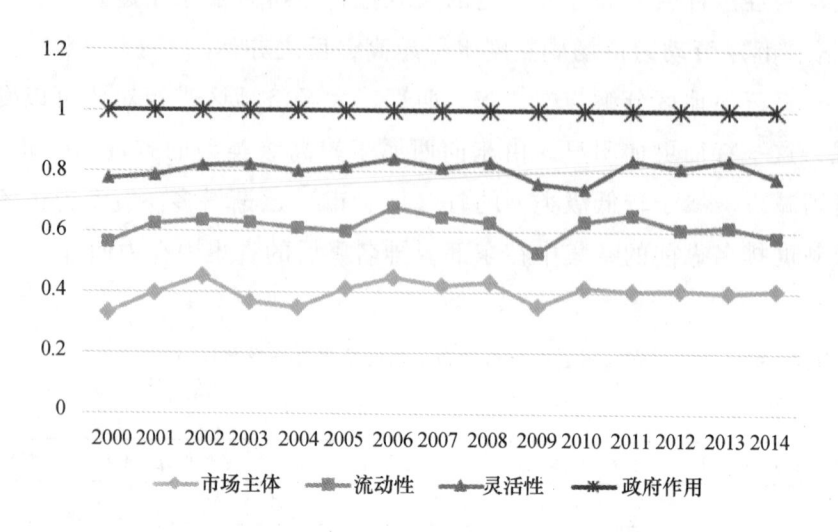

图5—5　评价维度内指标变动趋势

图5—5为不同年份各指标贡献程度的累计，其中市场主体包括四个二级指标（劳动参与率、人均受教育年限、技工比例、城镇单位非公有制单位就业比例），流动性包括两个二级指标（城镇行业间职工变动率、外地人口占人口比例），灵活性包括三个二级指标（工资弹性、失业率、就业弹性），政府作用包括三个二级指标（劳动争议案件结案率、工会调解效率、通过职业介绍机构成功就业的比例）。每个一级指标的贡献率基本保持稳定，其中，市场主体的平均贡献率为40%，流动性的平均贡献率为22%，灵活性的平均贡献率为19%，政府作用的平均贡献率为19%。由此可见，在影响劳动力市场发育的因素中，市场类因素的作用更大。具体来看，各指标因子贡献度的平均水平为8.33%，贡献度超过10%的指标有三个，分别是人均受教育年限、城镇单位非公有制单位就业比例和外地人口占人口比例，说明这三个因素对劳动力市场成熟度影响较大，其他指标的贡献度均不超过10%。

二　结论及启示

改革开放以来，我国通过制度改革、培育市场主体、增加公共服务等途径，不断推动劳动力市场的建设。根据本书的研究，我国各地区的劳动力市场成熟度得分呈现出金字塔形的分布特点，成熟度较高的地区较少，而成熟度较低的地区居多；在地理分布上，劳动力市场发展程度呈现出明显的地域差异，这种差异与各地区的经济发展水平差异表现出较大的一致性；从劳动力市场发展的影响因素看，市场类的因素起到了较大作用。

本书的政策含义包括：第一，加快全国市场体系建设，促进劳动力市场一体化发展。本书的研究结果表明，我国的劳动力市场存在比较明显的地区差异，并且这些差异跟经济发展水平呈现正相关关系，因此，要促进劳动力市场一体化进程、建立统一的劳动力市场，就需要大力加快全国的市场体系建设，为劳动力市场发展提供良好的外部环境。第二，减少不必要的政府干预，为劳动力市场发展提供更大空间。从本书的研究看，在影响劳动力市场成熟度的因素中，市场类指标的作用相对较大，这意味着，要推动劳动力市场的发展进程，主要还是依靠市场自身的力量，依靠市场的流动性和灵活性的增加，要做到这一点，就必须进一步改革束缚劳动力流动的户籍、就业制度，完善社会保障制度，逐步减少乃至消除不同群体之间社会保障待遇的差距。

当然，这是一个探索性的研究，由于数据可获得性和研究方法的局限，评估指标体系还不完善，这也是此类研究普遍面临的一个问题，在未来，我们将从研究方法上进一步完善，使评估结果更加准确。

第六章

主要结论、政策建议和研究展望

第一节 主要结论和政策建议

一 主要结论

本书以我国劳动力市场改革和发展为主线,从劳动力市场发展状况、劳动力市场的制度变革、人力资源服务业发展、劳动力市场发展的测量与状况评估四个方面,对我国劳动力市场的发展现状和历程进行了全面研究,各章主要发现分述如下:

劳动力市场发展状况的研究主要侧重于劳动力市场结果及影响这一结果的运行机制和基础,主要内容包括供需状况、市场机制以及劳动力市场基础建设三个维度。在劳动力供需状况方面,本书选择就业作为研究的落脚点。众所周知,就业是劳动力供需双方选择的一个结果,是反映劳动力市场状况的一个关键内容。数据分析显示,改革开放以来,就业状况也发生了巨大变化,表现在两个方面:(1) 就业规模快速扩大,1978 年,全国就业人数为 40152 万人,其中城镇就业人数为 9514 万人,乡村就业人数为 30638 万人,截至 2014 年年底,全国就业人数上升至 77253 万人,城镇就业人数为 39910 万人,乡村就业人数为 37943 万人,分别比 1978 年增加了 92.4%、319.5% 和 23.8%。(2) 就业结构不断调整。第一,在产业和行业结构上,呈现出从第一产业向第二产业和第三产业转移的趋势,在不同行业之间,就业人数增加量处于上升趋势的行业主要有电力煤气及水的生产和供应业、金融保险业、房地产业、租赁和商务服务业以及教育、卫生行业。第二，在城镇就业中，呈现公有制经济就业比例逐步下降、非公有制经济就业逐步上升并超过公有制就业比例的特点。第三，在农村劳动力市场上，从事私营和个体经济的农民占农民总数的规模和比例不断上升，农民的就业形式从单一的农业生产向农业生产和私营就业、个体经营并存转变。

在劳动力市场机制方面，本书从最为核心的流动和价格机制两个方面进行了分析。"劳动力流动"是一个含义相对丰富的概念，这里选取了区域间流动、城乡间流动、劳动者的就失业变动三个角度加以分析，数据显示，无论在区域之间、城乡之间还是劳动者的就失业转化，都呈现出流动性逐步提高的特点。劳动力市场的价格机制实际上就是收入分配机制，总体来看，竞争机制在劳动者收入分配中的作用逐步增强，本书从人力资本收益率和国有企业收入分配两个角度进行了分析，相关估算显示，以教育为人力资本变量的收益率呈现逐年增高之势力，而国有企业的薪酬制度改革也增加了竞争机制，以体现能者多劳、多劳多得的原则。

劳动力市场基础建设是劳动力供需双方参与市场活动、发挥市场配置作用和政府调控作用的必要保障。本书从劳动力市场"三化"建设、公共服务体系和信息化发展方面进行了分析。结果显示，"三化"建设以来，取得了包括初步形成全国自下而上的劳动力市场信息网络、就业服务网络建设取得长足进步、劳动力市场职业供求分析信息和工资指导价位信息发布制度初步建立等在内的10个方面的成效；在公共服务体系建设上，建立了覆盖中央、省、市、区县、街道（乡镇）、社区（行政村）五级管理、六级服务的公共就业和人才服务网络，包括职业指导员、劳动保障协理员、职业信息分析师等工作人员队伍不断壮大，一批人力资源服务标准和公共服务标准出台，公共服务标准化程度不断提高。在信息化方面，以互联网为代表的新一代信息技术为劳动市场的求职、招聘和人力资源管理等活动提供了强大支撑，并被劳动者和用人单位广泛应用。同时，公共就业服务的信息化水平也持续提高，建立起了对全国重点城市劳动力市场监测和分析体系，依托金保工程，全国社会保障管理和服务的信息建设得到大幅提高，全国 31 个省份和新疆生产建设兵团均已建设城乡居民养老保险信息系统。

劳动力市场的制度变革以改革开放以来的制度变革为对象，从劳动力供需主体培育、劳动力市场运行机制以及公共服务和社会保障三个方面进行了分析，旨在寻找劳动力市场建设过程中制度变迁的轨迹和特征。从政策分析的结果看，劳动力市场的制度变革以我国社会市场经济发展需求和劳动力市场自身发展规律为基础展开，大致可以分为两类性质：一是改革或者废除束缚劳动力供需双方自由选择的制度，为其参与劳动力市场活动提供宽松空间，此类内容集中在劳动力市场改革的早期；二是适时推出劳动力市场相关管理和规范制度，以维护劳动力市场的公平竞争环境，协调劳动关系，保护弱势群体的就业、收入等权益。具体来说，在劳动力供需主体培育的制度改革中，主要包括以赋予用人单位用工自主权为核心的用工制度改革以及提升劳动者自主择业权和流动的就业制度改革，其根本目的是建立劳动力供需双方平等协商、双向选择、自由流动的就业制度。"劳动力市场机制"是相对抽象的一个概念，本书从两个维度进行了探讨：一是为了促进劳动力市场流动和价格（即工资）的市场决定机制而进行的一系列制度改革，此类改革的内容主要是消除原有计划经济体制对劳动力市场运行带来的制度成本，为发挥市场在劳动力配置中的基础性作用扫清障碍，目的是起到提高劳动力市场灵活性的作用，包括户籍制度以及以户籍制度为基础的就业制度、社会保障制度改革等；二是为了弥补市场失灵、保障劳动力市场规范有序而出台的相关制度，包括劳动合同、劳动报酬、职业教育和培训、劳动（人事）争议处理四个方面，目的是为劳动力供需双方提一个平等的环境，使其按照市场规则开展劳动力市场活动，同时，为劳动力市场的弱势群体提供生存的保障，从效果上讲，此类制度主要是提高劳动力市场安全性。

人力资源服务业是我国生产性服务业的重要组成部分，是发挥市场在人力资源开发中的决定性作用、提升劳动力配置效率的重要载体。本书发现：（1）人力资源服务业发展所需要的政策环境已经形成，以互联网为代表的新一代信息技术快速发展，为人力资源服务业创新发展提供了技术支撑；（2）在政策和技术等发展要素的推动下，人力资源服务业发展取得了长足发展，截至2014年年末，全国各类人力资源服务机构2.5家，从业人员40.7万元，行业年营业收入达到8058亿元，比2010年增加了5755亿元；（3）人力资源服务业在增加人力资本投资，促进劳动力流动等方面发挥了重要作用。2011—2014年，累计约3790万人参加了人力资源服务机构提供的各类技能、职业资格等培训；2014年，在全国各类人力资源服务机构登记求职和要求提供流动服务的人员达24539万人次，比2011年增长28.4%；在各类人力资源服务机构帮助下实现的就业达11652万人次，比2011年增长53.4%。

劳动力市场发展的测量与评估是一项带有探索性的研究，本书将成熟度的概念引入对劳动力市场发展的评估过程中，建立了包含市场主体、流动性、灵活性、政府作用4个维度12个指标的评估体系，在对比各种评估方法的基础上，综合使用专家咨询法和主成分分析法，对2000—2014年中国区域劳动力市场成熟度进行了评估。研究结果表明：我国各省（区、市）劳动力市场成熟度呈现一种正金字塔形的结构，少数地区的劳动力市场成熟度较高，大多数省份处于中等或中等以下水平；地区间劳动力市场发育程度的差异化逐步扩大；一个地区的经济发展水平越发达，则其劳动力市场成熟度水平越高；从劳动力市场发展的影响因素看，市场类的因素起到了较大作用。

二 政策含义

本书的政策含义主要包括：

（一）根据经济社会发展阶段和劳动市场变化，动态调整劳动力市场制度

劳动力市场是整个经济体系的有机组成部分，其发展既有自己独立的规律，又与经济社会发展紧密相连。比如，为了满足20世纪末21世纪初推行的国有企业改革，解决下岗失业人员的再就业问题，我国加大了公共就业服务的制度建设，对公共服务就业机构、服务内容、服务对象对进行了系统规定。同样，为了解决21世纪以来劳动力市场上部分农村剩余劳动力和非正规就业人员权益被侵害频发的问题，中国相继颁布或者修订通过了《就业促进法》《劳动合同法》以及相关配套法规，以增加对劳动者的法律保护。

从劳动力市场的经济环境看，中国经济正在进入一个以中高速增长为特征的新阶段，而且这一阶段还将持续较长时期。2015年，我国GDP达到67.67万元，但增速从2010年的10.6%下降到2015年的6.9%。在增速放缓的同时，中国的经济结构也在进行较大幅度调整：第一产业和第二产业比重逐步下降，服务业比重明显上升，根据国家统计局的数据，2012年，我国第三产业增加值占GDP比重为45.5%，首次超过第二产业，2015年，我国第三产业增加值占GDP比重达到50.5%；为了提高发展质量，中国还在推行以"去产能、去库存、去杠杆、降成本、补短板"为主要内容的供给侧改革，其实质是推动"结构性改革"和"结构性补短"。同时，为了推动经济发展，我国还在实行"创新驱动"战略，大力推行"双创"活动，希望通过创新创业来激发经济发展的新动力，新创企业屡创新高，根据国家统计局数据，2015年全年新登记注册企业同比增长21.6%，平均每天新增1.2万户。开放也正在由过去的"请进来"变为"请进来、走出去"的格局，优进优出态势正在形成。2015年，我国对外非金融类直接投资创下1180.2亿美元的历

史最高值，同比增长 14.7%，实现中国对外直接投资连续 13 年增长，年均增幅高达 33.6%；2015 年年末，中国对外直接投资存量首次超过万亿美元大关。2015 年全国实际使用外资金额 7813.5 亿元人民币（按照当年 12 月 31 日汇率计算，约合 1203.3 亿美元），同比增长 6.4%（未含银行、证券、保险领域数据）。关于劳动力市场自身的变革，本书在第三章对其进行了分析，结果显示，劳动力供给结构正在发生变化，劳动年龄人口增速下降，中国正在进入一个快速老龄化的阶段；进入劳动力市场人口的素质逐步提升，劳动者诉求呈现出多样化的特点；劳动力市场流动速度逐年提升；劳动力成本逐步提高。

增速放缓、化解产能过剩、淘汰落后产能、产业转型升级等变化都会对工作岗位带来总量和结构性的变化，而劳动力结构、流动、成本和诉求的变化，会对企业雇用成本、雇用总量以及内部人力资源管理产生影响，因此劳动力市场制度也要根据这些变化做出相应调整：一是继续推进劳动力市场制改革，减轻就业制度、社会保障制度对劳动力雇用、流动所产生的制度成本，为劳动力就业、再就业提供支持；二是提升公共服务质量，适应劳动力需求多样化的特点，充分利用现代信息化技术，增加公共服务的个性化、精细化水平；三是制定针对老年人力资源开发的政策，随着老龄人口的增加和退休人口素质的提高，其所拥有的人力资本完全可以继续发挥作用，但其身体状况、工作特点等又有别于劳动年龄人口，特别是青壮年，因此，要探索适合老年人口工作的就业、社会保障和福利政策。

（二）加快全国市场体系建设，促进劳动力市场一体化发展

根据本书对劳动力市场评估的结果，我国的劳动力市场存在比较明显的地区差异，如果将研究涉及的 30 个省（区、市）进行排名并将前十名、中十名和后十名分成三类地区，通过地理分布观测可以发现，我国劳动力市场成熟水平变动与经济社会发展存在一定的关联性，经济发展水平越发达，省（区、市）劳动力市场成熟度

水平越高，反之亦然，这结果也与其他对中国市场化进程的研究类似。因此，要促进劳动力市场一体化进程、建立统一的劳动力市场，就需要大力加快全国的市场体系建设，消除地方保护主义造成的区域间要素流动障碍，发展共享经济和平台经济，降低要素流动成本，为劳动力市场发育提供良好的外部环境。

同时，要顺应行政体制改革的趋势，减少不必要的政府干预，为劳动力市场发展提供更大空间。从本书的研究看，在影响劳动力市场成熟度的因素中，市场类指标的作用相对较大，这意味着，要推动劳动力市场的发育进程，主要还是依靠市场自身的力量，依靠市场的流动性和灵活的增加，要做到这一点，就必须进一步改革束缚劳动力流动的户籍、就业制度，完善社会保障制度，逐步减少乃至消除不同群体之间社会保障待遇的差距。当然，减少不必要的干预不意味着政府不作为，而是应该在减少的同时，提高制度的针对性和有效性，关于这一点，已在前面论述，不再赘述。

（三）发挥市场作用，推动人力资源服务业健康、可持续发展

根据本书的研究，人力资源服务业不仅具有良好的经济效应，在加快产业结构调整、促进服务业发展扮演中重要角色，而且还对劳动力流动、配置、使用等具有重要促进作用，是推动劳动力发展的重要的市场化力量。下一步，要结合我国劳动力市场变革趋势，从以下几个方面发展人力资源服务业：

第一，转变企业竞争模式，推动企业经营由规模取胜转向品质提升。人力资源服务企业把核心竞争优势由过去扩大人力资源服务数量转变为服务产品创新和服务模式优化，推动人力资源管理从以满足经济回报向满足多元化、高级化的需求发展。在整个行业中，首当其冲的是对劳动者规模变化敏感的、占据大半壁江山的劳务派遣，其发展路径要由过去依靠规模优势转变为依靠数量和员工素质提升并重上来，要由过去的简单、粗放式管理转变为精细化、内涵式管理。

第二，扩大服务对象范围，加大老年人力资源的开发力度。人

力资源服务机构更新观念,摒弃老年人口只是社会负担的传统观念,把老年人口作为一种可开发的人力资源。实际上,随着教育、健康事业的发展,老年人口也蕴藏着巨大的人力资本。因此,针对老龄人口的特点,设计和开发适合老年人的岗位,提供适合老年人行为方式的职介、培训等服务将是未来人力资源服务业发展的一个细分市场。同时,要调整相关产业政策,鼓励企业去开发老年人力资源。这一点可以吸取韩国的经验,在韩国,随着老龄人口的增加,高龄劳动者(55岁以上)派遣业务获得了法律的许可。

第三,延伸产业链条,优化人力资源服务和产品结构。随着创新驱动战略的实施和创业活动的发展,中小微企业的数量将加速增加,从人力资源服务需求来讲,中小型企业特别是创业初期的企业,不仅需要人力资源方面的专业服务,还需要与之相关的法律、知识产权、金融等服务。为此,需要进一步延伸人力资源服务业的产业链条,拓宽人力资源服务内容,将法务咨询、财务管理、知识产权代理等纳入人力资源服务业发展的范畴,形成以人力资源服务业为核心、吸纳其他行业的生产型服务业新格局。

第二节 研究展望

一 本书仍需要解决的问题

劳动力市场是一个颇具研究意义的领域,对于一个拥有13多亿人口的发展中国家,更是如此。本书从劳动力市场现状和演变、制度变革、人力资源服务业等角度,对劳动力市场发展进行了分析,同时构建了一套用于劳动力市场发展测量的指标体系,对劳动力市场发展状况进行了定量评估,以期从多个角度对劳动市场的发展进行刻画。在这个研究过程中,感觉仍有些问题需要在来来的研究中加以探讨和深化。

第一,关于劳动力市场的研究边界的确定,劳动力市场包含的内容非常丰富,从广义上讲,就业、流动、收入分配、社会保障等可以算入其范畴，实际上，在众多研究中，也的确是将劳动力市场作为一个重要变量来对相关领域的问题进行分析，但如果将这些问题都纳入进来，则远远超过一本书所能解决的范畴，因此，本书抓住改革和发展这条主线，对政府和市场两个角色在市场中的作用进行考量，政府的作用主要分析其在推行制度变革方面所做的努力，而市场角色则主要放眼于近年来快速发展、对劳动力配置发挥着重要作用的人力资源服务业，分析其发展状况及对劳动力市场的影响，应该说，这个思路可以反映劳动力市场发展基本框架，但所涉及的具体内容在边界上仍旧可能与其他问题相交叉，甚至会偏离到其他的问题研究中，这是本书的一个难点，且把握得不一定准确，所述内容也仅能代表一己之见。

第二，关于制度变革，这又是一个相对复杂的问题，正如对劳动力市场内容的把握一样，制度变革同样有一个边界确定的问题，如何用一个合理的理论框架来对其进行分析而不是泛泛而谈，是本书面临的第二个难题，本书借用经济学关于市场构成的基本框架，从市场主体、市场机制等角度进行了分析，但仍感觉这一个框架尚显粗浅，同时，本书的制度变革跨期较长、涉及制度内容较多，如何准确地将合适的内容放到研究视野之内同时避免挂一漏万之嫌，是一个难点，同时，对于政策定位和信息的把握也不一定完全准确，这也是本书需要在未来研究中需要进一步改进的问题。

第三，关于劳动力市场发育程度的评估，此前有学者对市场化的评估进行过研究（李晓西，2009；樊纲，2011），但采用指数化的方法来对劳动力市场发展定量评估，尚属少见，因此，本书既是对此类研究的一个发展，也带有一定探索性，由于数据可获得性和研究方法的局限，评估指标体系还不完善，这也是此类研究普遍面临的一个问题，未来将从研究方法上进一步完善，使评估结果更加准确。

二 未来研究的重点

结合我国经济社会发展和劳动力市场的发展以及本书仍需要解决的问题，未来的研究可在如下方面加以推进：

（一）在劳动力市场相关制度变革和发展要素的影响分析中加强定量研究的比重

毫无疑问，无论是政府推行的制度改革，还是促进劳动力供需匹配、由市场化运营的人力资源服务机构所提供的各类服务，都对形成统一、灵活、规范的劳动力市场具有重要的促进作用，本书对这些因素进行了系统阐述，并对其作用进行了粗浅的分析，但对其作用的分析尚不全面，定量化的成分尚需增强，因此，下一步，需要借助计量经济学、政策评估的方法，使用相关数据，对这些政策进行定量评估，为政策调整提供科学依据。

（二）构建全面的劳动力市场数据分析体系

现代信息技术以及数据分析方法的发展，为客观、全面分析劳动力市场提供了可能，但是，基础数据缺失一直是困扰劳动力市场相关研究的大问题。近年来政府管理部门、相关研究机构乃至人力资源服务机构，积累了大量的数据，但由于管理体制和部分技术问题，形成了一个个信息孤岛，数据的共享、整合还有较大空间，因此，要借助当前国家实施大数据的战略、"互联网+"行动的机会，建立数据共享和开发机制，搭建数据开发平台，加大对劳动力市场数据监测和分析，开发一批包括劳动力市场指数在内的数据分析工具，为劳动力市场建设、经济社会发展的科学决策和研究提供支撑。

（三）对劳动力供需主体的行为研究给予更多关注

与其他要素市场不同的是，劳动力市场的参与主体与交易对象密切相连，会对劳动力市场规则、发展产生较大影响，因此劳动力市场本身也更加复杂。随着劳动力人力资本水平的提高，20世纪八九十年代出生的人涌入劳动力市场以及信息技术所带来的工作方式、人力资源管理模式的变化，劳动力供需主体行为对劳动建设的影响将会进一步加强，对于劳动者来说，他们对劳动条件、职业发展环境的诉求更高、个性化更强，对于某些用人单位来说，特别是中小企业来说，其劳动力使用方式、管理方式变得更具弹性化、灵活化，此外，在国家产业政策和专业化分工深化的推动下，提供第三方服务的人力资源服务业快速发展，对劳动力市场用工模式、人力资源管理方式产生深远影响，这些变化都给劳动力市场的就业、劳动关系和社会保障等制度带来新的挑战，因此，在未来的研究中，要加大对劳动力市场参与主体的关注，借助行为经济学、劳动经济学等理论，对其参与劳动力市场的行为以及对劳动力市场所产生的影响进行科学分析。

附　　录

现行有效的人力资源和社会保障规章目录

序号	制定机关	规章名称	施行日期
1	人力资源和社会保障部	企业职工带薪年休假实施办法	2008.9.18
2	人力资源和社会保障部	劳动人事争议仲裁办案规则	2009.1.1
3	人力资源和社会保障部、档案局	社会保险业务档案管理规定（试行）	2009.9.1
4	人力资源和社会保障部	公务员录用考试违纪违规行为处理办法（试行）	2009.11.9
5	人力资源和社会保障部	劳动人事争议仲裁组织规则	2010.1.20
6	人力资源和社会保障部	人力资源社会保障行政复议办法	2010.3.16
7	人力资源和社会保障部	关于废止和修改部分人力资源和社会保障规章的决定	2010.11.12
8	人力资源和社会保障部	工伤认定办法	2011.1.1
9	人力资源和社会保障部	非法用工单位伤亡人员一次性赔偿办法	2011.1.1
10	人力资源和社会保障部	部分行业企业工伤保险费缴纳办法	2011.1.1

续表

序号	制定机关	规章名称	施行日期
11	人力资源和社会保障部、银监会、证监会、保监会	企业年金基金管理办法	2011.5.1（2015.4.30）
12	人力资源和社会保障部	专业技术人员资格考试违纪违规行为处理规定	2011.5.1
13	人力资源和社会保障部	实施《中华人民共和国社会保险法》若干规定	2011.7.1
14	人力资源和社会保障部	社会保险个人权益记录管理办法	2011.7.1
15	人力资源和社会保障部	社会保险基金先行支付暂行办法	2011.7.1
16	人力资源和社会保障部	在中国境内就业的外国人参加社会保险暂行办法	2011.10.15
17	人力资源和社会保障部	企业劳动争议协商调解规定	2012.1.1
18	人力资源和社会保障部、监察部	事业单位工作人员处分暂行规定	2012.9.1
19	人力资源和社会保障部	劳务派遣行政许可实施办法	2013.7.1
20	人力资源和社会保障部	社会保险费申报缴纳管理规定	2013.11.1
21	人力资源和社会保障部	工伤职工劳动能力鉴定管理办法	2014.4.1
22	人力资源和社会保障部	劳务派遣暂行规定	2014.3.1
23	人力资源和社会保障部	人力资源和社会保障部关于修改《就业服务与就业管理规定》的决定	2015.2.1

续表

序号	制定机关	规章名称	施行日期
24	人力资源和社会保障部	人力资源和社会保障部关于修改部分规章的决定	2015.4.30
25	人力资源和社会保障部	专业技术人员继续教育规定	2015.10.1
26	人力资源和社会保障部	人力资源和社会保障部关于废止《招用技术工种从业人员规定》的决定	2015.11.12
27	人力资源和社会保障部	工伤保险辅助器具配置管理办法	2016.2.16
28	人力资源和社会保障部	人力资源和社会保障部关于废止部分规章的决定	2016.4.12
29	人事部	关于调整使用不当、不能充分发挥专长的留学回国人员工作的办法	1990.4.14
30	人事部	全民所有制机关、事业单位职工人数和工资总额计划管理暂行办法	1990.8.14
31	人事部	企事业单位评聘专业技术职务若干问题暂行规定	1990.11.10
32	人事部	干部调配工作规定	1991.2.4
33	人事部	关于改进国务院各部门从北京外调（迁）入有关人员审批办法的暂行规定	1994.3.25
34	人事部	专业技术资格评定试行办法	1994.10.31
35	人事部	机关、事业单位工人技术等级岗位考核暂行办法	1994.12.22

续表

序号	制定机关	规章名称	施行日期
36	人事部	职业资格证书制度暂行办法	1995.1.17
37	人事部	国家机关、事业单位贯彻《国务院关于职工工作时间的规定》的实施办法	1995.5.1
38	人事部	事业单位工作人员考核暂行规定	1995.12.14
39	人事部	机关、事业单位增人计划卡暂行管理办法	1996.6.17
40	人事部、国家工商总局	人才市场管理规定	2001.10.1 (2005.4.22) (2015.4.30)
41	人事部、商务部、国家工商总局	中外合资人才中介机构管理暂行规定	2003.11.1 (2005.6.24) (2015.4.30)
42	人事部	事业单位公开招聘人员暂行规定	2006.1.1
43	人事部	公务员录用规定（试行）	2007.11.6
44	人事部、商务部、国家工商总局	关于《中外合资人才中介机构管理暂行规定》的补充规定	2008.1.1
45	人事部	机关事业单位工作人员带薪年休假实施办法	2008.2.15
46	劳动人事部、国家教委	技工学校工作规定	1987.1.1 (2010.11.12)
47	劳动部、国家税务总局	城镇集体所有制企业工资同经济效益挂钩办法	1991.10.5
48	劳动部	职业技能鉴定规定	1993.7.9

续表

序号	制定机关	规章名称	施行日期
49	劳动部、财政部、国家计委、国家体改委、国家经贸委	国有企业工资总额同经济效益挂钩规定	1993.7.9
50	劳动部、人事部	职业资格证书规定	1994.2.22
51	劳动部	劳动监察员管理办法	1995.1.1（2010.11.12）
52	劳动部	企业职工患病或非因工负伤医疗期规定	1995.1.1
53	劳动部	企业经济性裁减人员规定	1995.1.1
54	劳动部	违反和解除劳动合同的经济补偿办法	1995.1.1
55	劳动部	工资支付暂行规定	1995.1.1
56	劳动部	未成年工特殊保护规定	1995.1.1
57	劳动部	关于企业实行不定时工作制和综合计算工时工作制的审批办法	1995.1.1
58	劳动部	企业职工生育保险试行办法	1995.1.1
59	劳动部、财政部、审计署	国有企业工资内外收入监督检查实施办法	1995.4.21
60	劳动部	违反《劳动法》有关劳动合同规定的赔偿办法	1995.5.10
61	劳动部、审计署	社会保险审计暂行规定号	1995.10.1

续表

序号	制定机关	规章名称	施行日期
62	劳动部、公安部、外交部、外经贸部	外国人在中国就业管理规定	1996.5.1（2010.11.12）
63	劳动部	劳动行政处罚听证程序规定	1996.10.1
64	劳动部、国有资产管理局、国家税务总局	劳动就业服务企业产权界定规定	1997.5.29
65	劳动部	技工学校教育督导评估暂行规定	1997.9.1
66	劳动保障部	社会保险登记管理暂行办法	1999.3.19
67	劳动保障部	社会保险费征缴监督检查办法	1999.3.19
68	劳动保障部	中华技能大奖和全国技术能手评选表彰管理办法	2000.8.29
69	劳动保障部	失业保险金申领发放办法	2001.1.1
70	劳动保障部	工资集体协商试行办法	2000.11.8
71	劳动保障部	社会保险基金监督举报工作管理办法	2001.5.18
72	劳动保障部	社会保险基金行政监督办法	2001.5.18
73	劳动保障部	社会保险行政争议处理办法	2001.5.27
74	劳动保障部、国家工商总局	中外合资中外合作职业介绍机构设立管理暂行规定	2001.12.1（2015.4.30）
75	劳动保障部	社会保险稽核办法	2003.4.1
76	劳动保障部	因工死亡职工供养亲属范围规定	2004.1.1

续表

序号	制定机关	规章名称	施行日期
77	劳动保障部	企业年金试行办法	2004.5.1
78	劳动保障部	最低工资规定	2004.3.1
79	劳动保障部	集体合同规定	2004.5.1
80	劳动保障部	企业年金基金管理机构资格认定暂行办法	2005.3.1 (2015.4.30)
81	劳动保障部	关于实施《劳动保障监察条例》若干规定	2005.2.1
82	劳动保障部	台湾香港澳门居民在内地就业管理规定	2005.10.1
83	劳动保障部	中外合作职业技能培训办学管理办法	2006.10.1 (2015.4.30)
84	劳动保障部	就业服务与就业管理规定	2008.1.1 (2015.2.1) (2015.4.30)
85	劳动保障部	关于废止部分劳动和社会保障规章的决定	2007.11.9

资料来源：《人力资源和社会保障部关于公布现行有效规章目录的公告》。

主要参考文献

Blau F, Kahn L. Institutions and Laws in the Labor Market [M]. *Handbook of Labor Economics*, Ashenfelter O C, Card D, Amsterdam: North-Holland, 1999: Vol. 3A, 1399 – 1461.

Ducoff L J, Hagood M J. Objectives, Uses and Types of Labor Force Data in Relation to EconomicPolicy [J]. Journal of the American Statistical Association. 1946, 41 (235): 293 – 302.

Goldfarb R S, Adams A V. Designing a System of Labor Market Statistics andInformation [J]. *World Bank Discussion Papers*, no. 205. 1993.

Gottschalk P. Maturity Levels for Interoperability in DigitalGovernment [J]. *Government Information Quarterly*. 2009 (26): 75 – 81.

Holt C C, David M H. The Concept of Job Vacancies in a Dynamic Theory of the Labor Market [M]. *The Measurement and Interpretation of Job Vacancies*, New York: Columbia University Press, 1966.

Humphrey W S. Characterizing the Software Process: A MaturityFramework [J]. *Software Engineering Institute*, CMU/SEI – 87 – TR – 11, DTIC Number ADA182895. 1987.

International Confederation ofPrivate Employment Agencies. CIETT Economic Report 2014 Edition [R]. 2014.

Junsen Zhang, Yaohui Zhao, Albert Park. Economic returns to schooling in urban China, 1988 to 2001 [J]. *Journal of Comparative Economics*. 2005, 4 (33): 730 – 752.

Klimko G. Knowledge Management and Maturity Models: Building Common Understanding: Proceedings of the 2nd European Conference on KnowledgeManagement [Z]. BledSlovenia: 2001.

Neda K, Pour T, Abedijafari H. Measurement of Knowledge Management Maturity Level withinOrganizations [J]. Business Strategy Series. 2010 (11): 54 – 70.

Pember R J, Djerma H. Development of Labour StatisticsSystems [Z]. 2005.

Summers L H. UnderstandingUnemployment [M]. Cambridge, Massachusetts: The MIT Press, 1990.

Svejnar J. Labor markets in the transitional Central and East EuropeanEconomies [M]. Handbook of Labor Economics, Elsevier, 1999: Volume 3, Part B, 2809 – 2857.

Topel R. Labor Markets and EconomicGrowth [M]. Handbook of Labor Economics, Elsevier, 1999: Volume 3, Part C, 2943 – 2984.

北京师范大学经济与资源管理研究院:《中国市场经济发展报告2010》,北京师范大学出版社 2010 年版。

蔡昉:《中国劳动力市场发育与就业变化》,《经济研究》2007 年第 7 期。

蔡昉、都阳:《我们需要什么样的劳动力市场制度》,《吉林大学社会科学学报》2005 年第 15 期。

蔡昉、都阳、高文书:《就业弹性、自然失业和宏观经济政策——为什么经济增长没有带来显性就业?》,《经济研究》2004 年第 9 期。

蔡昉、都阳、王美艳:《劳动力市场总体状况》,载孔泾源主编《中国劳动力市场发展与政策研究》,中国计划出版社 2006 年版。

蔡昉、王美艳:《非正规就业与劳动力市场发育——解读中国城镇就业增长》,《经济学动态》2004 年第 2 期。

常修泽、高明华:《中国国民经济市场化程度分析》,《宏观经济管理》1996年第6期。

常修泽、高明华：《中国国民经济市场化的推进程度及发展思路》，《经济研究》1998年第11期。

陈纯槿、胡咏梅：《劳动力市场分割、代际职业流动与收入不平等》，《教育与经济》2016年第3期。

陈晓宇、陈良焜、夏晨：《20世纪90年代中国城镇教育收益率的变化与启示》，《北京大学教育评论》2003年第2期。

陈玉萍：《国外人力资源服务业发展对我们的启示》，《理论月刊》2013年第4期。

陈宗胜等：《中国经济体制市场化进程研究》，上海人民出版社1999年版。

崔华华、苗鹏凯：《新中国成立以来我国历次国务院机构改革述评》，《山西大学学报》（哲学社会科学版）2011年第1期。

都阳：《劳动力市场制度的国际比较及其对中国的启示》，《劳动经济研究》2014年第4期。

樊纲、王小鲁、朱恒鹏：《中国市场化指数——各地区市场化相对进程2011年报告》，经济科学出版社2011年版。

范随、艾伦·汉森、戴维·普瑞斯：《变化中的劳动力市场：公共就业服务》，中国劳动社会保障出版社2002年版。

方浩：《灵活性与安全性的两难抉择——OECD国家就业保护制度改革及其启示》，《人口与经济》2013年第1期。

封学军、徐长玉：《我国劳动力市场机制完善程度评估》，《商业时代》2008年第23期。

冯正好、潘文富：《浅论欧盟的公共就业服务机构》，《齐齐哈尔大学学报》（哲学社会科学版）2015年第9期。

符平、唐有财、江立华：《农民工的职业分割与向上流动》，《中国人口科学》2012年第6期。

顾海兵：《中国经济的市场化与非农化》，《经济理论与经济管理》2001年第1期。

顾海兵：《中国经济市场化程度的最新估计与预测》，《管理世界》1997年第2期。

顾海兵：《中国经济体制的市场化改革：背景与沿革、现状与前瞻》，《经济理论与经济管理》2000年第2期。

顾家栋、鲍静：《对我国人力资源服务业趋势的思考》，2008年。

国家计委市场与价格研究所课题组：《我国经济市场化程度的判断》，《宏观经济管理》1996年第2期。

哈罗德·科兹纳：《项目管理的战略规划——项目管理成熟度模型的应用》，张增华、吕义怀译，电子工业出版社2002年版。

韩树杰：《我国人力资源服务业的发展现状与趋势》，《中国人力资源开发》2008年第1期。

侯增艳：《我国人力资源服务产业园区发展状况及对策研究》，《经济研究参考》2014年第56期。

黄剑跃、周琼：《江东"梧桐小镇"引凤来栖》，《宁波日报》2016年3月21日。

江晓薇、宋红旭：《中国市场经济度的探索》，《管理世界》1995年第6期。

解垩：《残疾与劳动力市场——中国城镇男性的证据》，《管理世界》2011年第4期。

金三林、朱贤强：《我国劳动力成本上升的成因及趋势》，《经济纵横》2013年第2期。

卡则斯·桑德林：《转型中的劳动力市场：平衡灵活性与安全性：中东欧的经验》，中国劳动保障出版社2005年版。

赖德胜：《教育、劳动力市场与收入分配》，《经济研究》1998年第5期。

赖德胜、田永坡：《对中国"知识失业"成因的一个解释》，《经济研究》2005年第11期。

赖德胜、纪雯雯：《人力资本配置与创新》，《经济学动态》2015年第3期。

李娟、吴群、刘红：《土地市场成熟度及其量度体系研究》，《中国土地》2006年第11期。

李丽林：《中国转型时期劳动参与率的测量、变化及其意义》，《中国人力资源开发》2006年第3期。

李实、丁塞：《中国城镇教育收益率的长期变动趋势》，《中国社会科学》2003年第6期。

李实、马欣欣：《中国城镇职工的性别工资差异与职业分割的经验分析》，《中国人口科学》2006年第5期。

李松辉：《区域创新系统成熟度的测定与实证研究》，华中科技大学2004年版。

李晓西：《中国市场化进程》，人民出版社2009年版。

梁童心、齐亚强：《地区差异还是行业差异？——双重劳动力市场分割与收入不平等》，《社会学研究》2016年第1期。

刘海莺、张华新：《国外公共就业服务制度研究综述》，《兰州学刊》2011年第9期。

卢中原、胡鞍钢：《市场化改革对我国经济运行的影响》，《经济研究》1993年第12期。

罗锡莉、张进辅：《大学生职业成熟度结构及问卷编制》，《心理学探新》2008年第2期。

莫荣、陈玉萍：《国外人力资源服务业的发展》，《第一资源》2013年第4期。

莫荣、杨洋：《对上海人力资源产业园建设发展的初步评估》，2016年。

倪雄飞：《企业劳务派遣用工的制度困局：实质与路径》，《现代管理科学》2013年第3期。

农业部课题组：《农村劳动力转移就业：现状、问题及对策》，《农业经济问题》2005年第8期。

人力资源和社会保障部：《人力资源和社会保障事业发展"十二五"规划纲要》，2011年。

刘薇薇:《中国基本形成覆盖城乡的公共就业服务体系》,http://politics.people.com.cn/n/2012/1102/c1026-19477147.html。

宋长青:《就业统计新概念》,《中国统计》2003年第6期。

宋长青:《特殊时期、特殊现象、特殊方法——对下岗及下岗人员统计的理论思考》,《中国统计》1998年第3期。

孙乐:《中国劳动力市场灵活性与安全性平衡探讨》,《人口与经济》2010年第3期。

孙宁华、堵溢、洪永淼:《劳动力市场扭曲、效率差异与城乡收入差距》,《管理世界》2009年第9期。

唐正芒、陈正良:《国民经济恢复时期的粮食政策及其影响》,《衡阳师范学院学报》2009年第1期。

田永坡:《工作搜寻与失业问题研究:基于中国转轨时期劳动力市场的分析基于中国转轨时期劳动力市场的分析》,中国社会科学出版社2010年版。

田永坡:《劳动力市场分割与保留工资决定》,《人口与经济》2010年第5期。

田永坡:《劳动力市场和产业环境变革下的我国人力资源服务业发展对策》,《理论导刊》2016年第6期。

田永坡、郑磊、曹永峰:《人口老龄化、社会保障与人力资本投资》,《财经问题研究》2008年第2期。

汪怿:《国外人力资源服务业:现况、趋势及其启示》,《科技进步与对策》2007年第7期。

王春娟:《20世纪50年代以来中国社会保障制度变迁研究》,西北大学,2005年。

王春雷:《新中国户籍制度产生的历史背景及发展演变》,《商业时代》2013年第3期。

王大鹏:《我国劳动力市场行业分割问题研究》,《现代管理科学》2006年第11期。

王全斌:《关于我国市场化进程的研究》,《经济研究参考》2003年第1期。

王小鲁、樊纲:《中国市场化指数》，经济科学出版社2001年版。

王晓辉、田永坡:《我国人力资源服务业发展现状》，载余兴安、陈力主编《人力资源发展报告蓝皮书（2014）》，社会科学文献出版社2014年版。

王啸林、韩新磊:《劳务派遣：促进农民工就业的重要途径——兼谈劳务派遣组织规范化发展》，《农业经济》2014年第4期。

王亚柯、罗楚亮:《经济转轨背景下的中国劳动力市场发育》，《中国人民大学学报》2012年第3期。

王章佩、展黛:《平衡劳动力市场的灵活性与安全性：荷兰的政策实践》，《中国劳动关系学院学报》2015年第6期。

王枝茂、张璐琴:《我国劳动力市场制度变迁中的政府行为》，《宏观经济管理》2008年第3期。

吴克明、田永坡:《劳动力流动与教育收益率：理论与实证》，《华中师范大学学报》（人文社会科学版）2008年第6期。

吴愈晓:《劳动力市场分割、职业流动与城市劳动者经济地位获得的二元路径模式》，《中国社会科学》2011年第1期。

肖红梅:《国内就业稳定性问题研究历程与文献述评》，《北京劳动保障职业学院学报》2015年第3期。

徐丽梅:《浅谈我国非正规部门的发展与统计》，《上海统计》2002年第3期。

徐明华:《经济市场化进程：方法讨论与若干地区比较分析》，《中共浙江省委党校学报》1999年第5期。

徐长玉:《中国劳动力市场化程度评估》，《江汉论坛》2008年第5期。

严善平:《人力资本、制度与工资差别——对大城市二元劳动力市场的实证分析》，《管理世界》2007年第6期。

杨明海:《人力资源能力成熟度模型》，经济管理出版社2007年版。

杨伟国:《转型中的中国就业政策》，中国劳动社会保障出版社

2006年版。

杨伟国、孙媛媛：《中国劳动力市场测量：基于指标与方法的双重评估》，《中国社会科学》2007年第5期。

杨宜勇：《城市化创造就业机会与城市就业空间分析》，《管理世界》2000年第2期。

杨云彦、陈金永：《转型劳动力市场的分层与竞争——结合武汉的实证分析》，《中国社会科学》2000年第5期。

姚先国、瞿晶、钱雪亚：《劳动力市场的职业隔离——基于浙江省的分析》，《人口与经济》2009年第1期。

姚战琪：《我国人力资源服务业发展现状、趋势与政策建议》，《经济研究参考》2012年第46期。

佚名：《我国劳动力市场"三化"建设试点工作成效显著》，《劳动保障通讯》2001年第12期。

尹明生：《废除我国劳务派遣制度之实证与理论探析》，《西南民族大学学报》（人文社会科学版）2013年第11期。

余兴安、陈力：《中国人力资源发展报告》，社会科学文献出版社2015年版。

余兴安、田永坡：《人力资源服务概论》，中国人事出版社2016年版。

余子鹏：《关于中国劳动力市场化程度测量的研究》，武汉理工大学，2003年。

曾湘泉：《变革中的就业环境与中国大学生就业》，《经济研究》2004年第6期。

曾湘泉等：《中国就业战略报告2005—2006：面向市场的中国就业与失业测量研究》，中国人民大学出版社2006年版。

张灿、谢思全、董利：《中国劳动力市场化进程测度》，《经济改革与发展》1998年第5期。

张车伟：《中国30年经济增长与就业：构建灵活安全的劳动力市场》，《中国工业经济》2009年第1期。

张车伟、薛欣欣：《国有部门与非国有部门工资差异及人力资本贡献》，《经济研究》2008年第4期。

张福明：《制度变迁视角下的城乡劳动力市场一体化研究》，山东农业大学，2009年。

张小建：《中国的就业改革发展》，中国劳动保障出版社2008年版。

张原、沈琴琴：《平衡中国劳动力市场的灵活安全性——理论指标、实证研究及政策选择》，《经济评论》2012年第4期。

张昭时：《中国劳动力市场的城乡分割——形式、程度与影响》，浙江大学，2009年。

章元、高汉：《城市二元劳动力市场对农民工的户籍与地域歧视——以上海市为例》，《中国人口科学》2011年第5期。

赵彦云、李静萍：《中国市场化水平测度、分析与预测》，《中国人民大学学报》2000年第4期。

赵英杰、郭璐：《论我国劳务派遣法律制度的完善》，《学术交流》2015年第2期。

中国互联网络信息中心：《中国互联网络发展状况统计报告》，2015年。

中国就业网：《对人力资源服务产业园区发展的多维审视》，2014年。

周申、杨红彦：《劳动力市场灵活性对FDI区位分布的影响——基于中国31省市数据的实证经验》，《经济与管理研究》2012年第1期。

周振华：《体制改革与经济增长》，上海人民出版社1999年版。

朱跃：《浅议江苏人力资源服务产业园的管理模式及其对区域经济发展的作用》，《人才资源开发》2015年第20期。

后　　记

　　劳动力市场是一个令人着迷的研究领域。一方面，它关系着就业、收入、社会保障等诸多民生议题，与我们的生活密切相关，另一方面，它有着诸如劳动力市场分割、工作搜寻、歧视、收入不平等高深的理论问题值得研究并引得诸多学者的关注乃至倾其毕生精力去探索，在这些学者中间，不乏获得诺贝尔经济学奖的著名学者，比如以人力资本理论著称的西奥多·舒尔茨，在搜寻理论方面做出重要贡献的彼特·戴蒙得、戴尔·莫滕森以及克里斯托弗·皮萨里德斯。

　　中国的劳动力市场带有典型的转型特征，无论是其自身的转变特征和规律，还是其在中国三十多年的经济高速发展所发挥的作用，都值得研究者和政策实践者去思考，去探索。然而，这并非一件容易的事情，因为它涉及就业、收入、监管等多个议题，而如何全面刻画改革开放以来劳动力市场变革特征并给出客观评价，可以看作众多议题之中的一个。出于一种好奇心的研究，本书尝试构建一个基本的分析框架，从多个角度对劳动力市场的发展进行了描述和评估，力图给读者描绘出一个相对完整的劳动力市场面貌。这一工作是在与众多相关领域的学者探讨的过程中完成的，许多老师、领导和同事对本书的撰写工作提供了有益的启迪和有力的支持，在书稿付梓之际，以寥寥数语表达内心对他们的谢意，当然，这也难免挂一漏万。

　　感谢赖德胜教授、李实教授、曾湘泉教授、杨伟国教授、杨河清教授、王诚教授，他们在本书的写作过程中提供了中肯而宝贵的修改意见。感谢张宇泉会长、朱庆阳秘书长、张锦荣总裁、聂有诚院长等行业资深人士，他们为本书的写作提供了颇具价值的支撑。感谢李长安教授、孟大虎教授、郑勤华教授、朱宁洁博士、王均博士、陈光教授、王轶编审、纪雯雯博士、刘涛研究员，他们对本书的写作提出了建设性意见。感谢高曼博士、蓝媛媛博士、李羿博士、吴腾宇分析师对本书写作中提供的有力支撑，他们要么在资料和数据搜集方面，要么在研究方法方面，为本书的写作提供了很好的帮助，而与他们的讨论，也给我带来许多写作的灵感。

感谢中国人事科学研究院余兴安院长、蔡学军副院长等各位院领导以及一同工作的各位专家、同事，他们对本书的写作、出版提出了很好的建议，为本书内容的完善和观点的提炼提供了很大帮助，与他们一起工作的过程总会为我的研究工作带来很好的启迪。

感谢中国人事科学研究院学术出版基金对本书出版的支持，感谢科研处处长刘艳良研究员、柏玉林在本书出版过程中的支持和有益建议。同时，本书的写作和出版也得到了作者承担的中国人事科学研究院"区域人力资源市场状况研究"课题的支持。感谢中国社会科学出版社孔继萍编审细致而耐心的审稿和编辑工作，这些资助和支持是本书得以顺利出版的重要保障。

感谢我的家人。写作是一个辛苦和历练的过程，本书从下笔开始到最后成稿，连续四年之久，在本书的写作过程中，他们对我的生活给予无微不至的关怀，并分担了写作中我所经历的辛苦和苦闷。父母的关心、爱人的支持和女儿所带来的点滴快乐，都为本书写作提供了源源不断的动力。